U0089975

目次

下篇　揚州學派的思維方式分析

　　由上篇的探究後可知，揚州諸儒的學術成果呈現在經學與義理學兩個部分。首先，在經學的層次上，可說是以實事求是的考據法做為治經主軸，除涉及歷代儒者熟悉的「三禮」、「周易」外，另外對於訓詁，甚至是曆算與數學等方面亦有所涉及，並朝向復興古學的方向處理。其二，在義理層次上，汪中、凌廷堪、焦循、阮元等諸位儒者皆承繼著戴震的義理思想，可謂是著重在道德學的經驗面之闡釋與發揮。此不免令筆者產生好奇，何以多數清儒皆專注於考據，而上述幾位揚州儒者卻與戴震一樣涉入道德學的經驗面向，其因究竟為何？思維方式的探討可能為此一脈絡提供線索。

　　「思維方式」抑或稱為「思維模式」，是做為研究邏輯或認知方式的重要課題，此一研究起源自十九世紀的西方學界，發展至今，其所涉及的層面相當廣泛，除了邏輯學，尚有人類文化學、社會學、腦神經科學、語言學等等，可謂是跨學科的研究範疇。〔註1〕然而在臺灣研究思維方法的學者比重較少，包括研究中國傳統學術思想者在內。

　　學者黃俊傑將中國傳統學術思想範疇的研究方向及其成果分為兩個層次：即「第一序」與「第二序」。其所謂的「第一序」包含了以歷史學、哲學與社會科學等三種不同學科，分別做為研究中國傳統學術思想的切入點，且認為近數十年來，台灣學界的主流研究多半關注於「第一序」，其云：

> 以上關於中國思想研究的三大主流，不論其研究取向或方法有何差
> 異，其所探討之問題皆屬「第一序」（first order）的問題，如經世思

〔註 1〕　參見勞埃德（Geoffrey Ernest Richard Lloyd）著、池志培譯：《認知諸形式——
　　　　反思人類精神的統一性和多樣性》，南京，江蘇人民出版社，2013 年。

想的實際內容如何、儒家道德形上學如何與康德哲學結合、儒家價值在臺灣社會中如何轉化等問題，較少涉及屬於「第二序」（second order）之問題，如中國思想家之思維方式有何特徵等。〔註2〕

三大研究主流中，分別包括錢穆（1895～1990）、徐復觀（1901～1980）、余英時（1930～）的歷史學性質研究；方東美（1899～1977）、唐君毅（1908～1978）、牟宗三（1909～1995）的哲學性質研究；尚有黃光國、楊國樞的社會科學性質研究，雖然三大主流均致力於闡述中國傳統思想領域，然而對於傳統思想背後的模式如何建構的論述，卻是相當少見，但是並非是指思維研究的成果付之闕如，正確的說，是相對於第一序的研究而言，第二序的成果較爲少。

以上是黃氏對於研究中國思想領域研究現況做一整體的概述，但本文所能處理的範疇不可能涵蓋所有中國思想領域，僅聚焦於清中葉的汪中、凌廷堪、焦循與阮元等幾位揚州儒者之上。而本文上篇的內容，亦屬於黃氏所分類的「第一序」層次，即著墨於揚州儒者們學術的內容分析。基本上，思維方式的研究確實和思想內容的研究微有所區隔，前者著重的是了解思想架構可能形成的原因；後者則是依據思想內容進行研究與闡發。

對於思維方式的理解應屬於一項重要的課題，自上個世紀中葉以降，兩岸均有學者陸續對此領域進行研究，大抵上也得到初步的基礎與成果。〔註3〕筆者以爲，以中國傳統學術而言，包含揚州儒者在內，必定有一個共通性的思維方式，此一部分可歸納爲普遍性的文化傳承；另一部份可能是偏向地區

〔註2〕 包含以上兩層次、三大流派等論述，皆見《中國古代思維方式探索‧引言》（楊儒賓、黃俊傑編：《中國古代思維方式探索》，臺北，正中書局，1996年），頁2～3。

〔註3〕 臺灣方面，1994年清華大學舉辦過一次「中國古代的思維方式」研討會，會後出版《中國古代思維方式探索》論文集；2005年臺灣大學舉辦「東亞傳統思維方式與學術語言的基本特性」研討會，會後出版《傳統思維方式與學術語言的基本特性論集》（吳展良編：《傳統思維方式與學術語言的基本特性論集》，臺北，國立臺灣大學出版中心，2010年）。中國方面，自上世紀70年代以降即進行相關的研究，以筆者所見爲例，2009年，中國邏輯史專業委員會、上海社會科學研究院哲學所等單位亦有「中國傳統思維方法學術研討會」，出版《中國傳統思維方法研究》（周山編：《中國傳統思維方法研究》，上海，學林出版社，2010年）。個人專著，林啓屏：《儒家思想中的具體性思維》，臺北，臺灣學生書局，2004年；王中江：《近代中國思維方式演變的趨勢》，成都，四川人民出版社，2008年；李曉春：《張載哲學與中國古代思維方式研究》，北京，中華書局，2012年。

性質抑或時代性質，而上述兩部分均涉及其如何認知世界？如何思考問題？以及相關的「自然環境、社會環境又如何交互滲透或影響」？如果能藉由研究此一課題，則對於揚州學派在儒學相關領域的認識，理應會有更「深層結構的了解」，〔註4〕相較於「第一序」的研究途徑，「第二序」的思維方式研究，可謂是上溯式的分析，亦可以是「跨學科」的分析。〔註5〕

而在此一領域中具有轉折性地位的學者，至今仍是不少研究者都會關注到的，應屬法國哲學家路先・列維－布留爾（1857～1939），〔註6〕其《原始思維》揭示了「地中海文明」與「低級社會」兩種類型，〔註7〕以今日的視角來看，上述二類的區隔不啻為一種帶著極度偏見的論述，然而，列維－布留爾的研究，卻在思維方式本身的意義上給予研究者一條思考的途徑，即研究思維方式除了關注於邏輯思考外，不免需由文化、社會、語言以及認知系統等等方面切入，〔註8〕而上述幾項會因地域、民族等有所不同而產生若干的差異，事實上英國社會人類學派的研究亦是依賴大量的文化、語言等紀錄，但該學派卻只聚焦在搜尋邏輯思維如何一致性的問題上。

由上可知，思維方式的研究與研究對象所處的歷史、文化、社會等諸多層面有密切關係，今日的研究者亦擺脫早期的窠臼，學會以更開放的態度，審慎的分析研究對象。是以吾人可以利用這些途徑來探究揚州儒者的思維方式，當然，必須注意的是揚州儒者的身分為知識分子，是以有更多的資料是來自於他們本身的著作，藉由其文字，分析出傳承的治學觀念、思想層面有哪些？又有那些面向是具有其時代性的特色與意義？因此，吾人應會得出兩種關於揚州學派的思維方式：其一，是屬於具體性的思維方式，如揚州儒者強調實事求是的理由為何？凌廷堪、阮元等人，其諸人延續戴震學術思想的特性，必定是某種思維方式的影響所致。

〔註4〕 引文皆見《中國古代思維方式探索・引言》，頁4。

〔註5〕 《認知諸形式──反思人類精神的統一性和多樣性・導論》，頁4。

〔註6〕 楊儒賓云：「法國學者列維－布留爾在本世紀初撰寫一系列討論原始思維的著作，在學界曾掀起震天駭浪。……中國的思維模式之概念，也因法國學者的開拓，而得大顯於世。」見《中國古代思維方式探索・序》，頁01。

〔註7〕 《原始思維・譯者前言》（路先・列維－布留爾 Lucién Lévy-Brühl 著；丁原譯：《原始思維》，臺北，臺灣商務印書館，2001年），頁002～003。

〔註8〕 黃俊傑云：「自本世紀初，布留爾的《原始思維》一書發表以來，更吸引了人類學家及社會學家投入此一領域之研究。」見《中國古代思維方式探索・引言》，頁3。

　　其二，是屬於歷史文化的共通性，中國歷代的知識分子其邏輯思維方式皆可歸類到類比式的邏輯，而非西方知識分子常見的演繹邏輯，而此一類比式的邏輯如何而來？揚州諸儒又在甚麼面向顯示出其類比式的邏輯思維？當然，這也就涉及到面對某一對象時的處理方法，即面對該對象時，是如何來理解對象？此一理解過程中，經類比式邏輯的思維方式介入後，其趨向爲何會是如此？或是呈現的結果爲何是如此？本文乃盡可能的去分析出其中的脈絡。

第五章　揚州學派形而下爲主體的思維方式

　　揚州諸儒的思維方式，可以由幾個面向嘗試來論述，包括前文已論述的依據經學考證以求得儒學核心價值的治學方式，此背後蘊含了自詡承接孔孟之道的思維方式。另外，即是捨棄了宋明理學的先驗道德學思想，再次定義義與利的非衝突性，關於這幾個部分，皆朝同一個趨向，即側重於形而下層面的現實與經驗性，並據此做爲儒學正統

第一節　爭義理學正統的深層動機

　　清中葉時期的揚州諸儒，無論是汪中（1745～1794）、凌廷堪（1757～1809）、焦循（1763～1820）與阮元（1764～1849），於學術思想的其中一項特色，便是標榜「實事求是」，此一特色不僅是研究精神，亦是治學的方法，而關於「實事求是」的內容，本書的第二章業已論述過，因此本節的重點便是欲探討揚州諸儒爲何會以「實事求是」作爲其研究精神與治學方法論？其背後的思維方式爲何？

　　依據「實事求是」方法所處理的對象，研究者普遍認知的是落在訓詁、文字、聲韻，甚至是禮制、曆法、地理等方面，就此幾種類別來看，似乎爲不同領域的研究對象，然而繼續追溯下去，便會發現，這些領域皆可聯繫到傳統經學的範疇。換言之，汪中、凌廷堪到阮元等儒者主張「實事求是」的精神與方法，所關注的、投射的範疇，就是儒家的經學。然而，經學並非是上述諸位揚州儒者所專擅，早在清初，儒者們對於回歸經學的倡導已是不餘

遺力，至清中葉時佐以發達的考證學，則更是顯學。是以，在清儒普遍回歸經學文本的共識下，揚州儒者除了關注經學範疇之外，筆者以爲更重要的乃是其諸位繼承戴震義理學之動機。吾人先由以下幾點來觀察揚州儒者關注經學範疇的脈絡，除了出自於乾嘉以降的考證風潮外，還有更爲核心的層次，此即牽涉到汪中、淩廷堪、焦循等人欲延建構出非形而上路徑的義理學模式。

首先，需大致了解宋明理學家對形塑儒學的思維；再者，要論述揚州諸儒的學術前導：被揚州諸儒視爲清代經學導師的顧炎武（1613～1682），以及對揚州學派在義理思想上有著極大影響力的戴震（1724～1777）等重要的儒者；最末則是論述主軸──揚州諸儒──的部分。顧炎武云：「愚獨以爲理學之名，自宋人始有之。古之所謂理學，經學也。」〔註1〕又，戴震嘗云：「六經者，道義之宗，神明之府也。」〔註2〕以上述二則引文來看，顧氏與戴氏二儒對於由經學通達至「道」（義理）的重視程度乃可見一斑。

一、理學的形而上思維

理學家所建構的形而上理路，有一部分是來自於內部的經學變古與經學範疇的轉移。自唐代啖助（724～770）、趙匡（生卒年不詳）、陸淳（？～806）三位儒者扭轉了漢儒解經的繁瑣與拘泥於師門的弊病後，始給予宋儒一個創新經義的契機。〔註3〕但基本上，宋儒皆同意通曉「聖人之道」應從經典入手，然而「聖人之道」與經書的關係是否爲對等的關係？換言之，聖人之道是否全涵蓋於經書之中？再者，注疏者能否完全體認聖人之道？對於此問題，宋代儒者做了一些處理，並體現在對經書與注疏進行重新審視之中。

通過對經典的研究，宋儒認爲經書並非等同聖人之道，況且經典中還有不少闕文。歷經戰火、傳鈔與詮釋訛誤所造成的不周備，足以影響了聖人之道的義理內涵。經典有殘缺、謬誤，這就要求對經書進行刊正補緝工作。宋

〔註1〕 《亭林文集·卷三·與施愚山書》（顧炎武：《亭林文集》，《清代詩文集彙編》第42冊，上海，上海古籍出版社，2010年），頁658。

〔註2〕 《戴震全書·古今解鉤沈序》（戴震：《戴震全書》，合肥，黃山書社，1995年），頁377。

〔註3〕 《經學歷史·經學統一時代》（皮錫瑞：《經學歷史》，北京，中華書局，2008年），頁214～215。

儒還通過總結漢唐以來經學的種種謬誤，指出治經應以切於實用為目的，應以彰顯聖道、求得義理。他們認為，由於經學分裂，注疏破碎，解釋互異，莫衷一是，甚至互相矛盾，令人難以適從。是以在宋儒的視角中，漢儒的注疏更大的問題是在於對經書的解釋違背了儒學義理。既然漢唐注疏沒有真正把握聖人之道，沒有窮盡經旨，更無法阻擋住佛、老等異端，證明在此一框架中難以令儒學的核心價值獲得闡揚，難以使儒學重現生機。是以欲使儒學重回學術主導之位，必須進行變革，包經學方法、經學內容，即要從詮釋經學的根本上產生質變。總的來說，宋儒的思維方式，就是「該如何掌握聖人之道？」在歷經漢唐注疏之學不復知識分子青睞後，要改以何種途徑與聖人之道接軌？

必須注意的是，宋儒指出上述的問題，在某種程度上是為了維護經書的神聖性，追求經書的純粹性，以期能彰顯出一條正確的聖人之道，他們體認到孔孟的心性論是一條通往內聖的大道，因此宋儒（此處所指涉的是以周敦頤（1017～1073）、張載（1020～1077）、程顥（1032～1085）、程頤（1033～1107）以及朱熹（1130～1200）、陸九淵（1139～1193）等為首的理學家）普遍對於《易傳》、《論語》、《孟子》、〈大學〉與〈中庸〉的重視程度高於其他經書，當然《易傳》、《論語》在宋代之前即列入經書，包含日後被宋儒置入經學的《孟子》，故吾人可以如此理解，宋儒所關注的仍然是經書，但重心和對象顯然與前代有差異，漢唐儒與清儒所重視的是五經系統；宋儒所重視的是《易傳》加上《四書》（即朱熹統整的《論》、《孟》、〈學〉、〈庸〉），簡稱《四書》系統。換言之，宋儒肯定《四書》系統的純粹性可與聖人之道接軌。

在重新釐定經學內容，並標榜以心性論之「實」來呈現聖道，固然屬於宋儒的創發，然而不可諱言此路徑卻較少著墨於經世致用的「外王之學」，因為「心性」的論述是其認定的主軸，無論是朱熹的「性即理」，抑或是陸九淵的「心即理」，均為如此。換言之，在宋儒的思維方式下，儒學是一個以內聖之學作為核心價值的學術體系，而討論心性與天理的關係更是其中至要的主體。因此，吾人可以說，於宋儒所建構下的儒學體系，其認定的「正統性」乃是建立在於心性論、在於內聖的途徑之中。至於外王的部分，則非程朱與陸王著重的對象，亦不是儒學的核心價值，以朱熹為例，其〈大學章句序〉云：

三千之徒，蓋莫不聞其説，而曾氏之傳獨得其宗，於是作爲傳義，

以發其意。及孟子沒而其傳泯焉，則其書雖存，而知者鮮矣！〔註4〕

孔門弟子大抵可歸納爲四科，即德行、言語、政事與文學，除德行之外，言語、政事、文學等其本質皆可與事功有所關連，但朱熹認爲孔門弟子之中，能掌握孔子核心思想者，只有曾子一人，是以曾子將孔子義理傳授下來，其弟子再記錄之，〈大學〉內容才得以傳世。但由《論語》內容觀察，孔子最欣賞的弟子是顏回，至於曾子在儒學範疇中，一直到唐宋以降，才逐漸被儒者所提起，而元至順元年（1330）始有「宗聖」之封，與顏回並列。事實上，〈大學〉在北宋以前僅是作爲《禮記》的其中一篇，直至司馬光（1019～1086）與二程等人編撰後，〈大學〉成爲單本《大學》，其重要性亦隨之彰顯，〈中庸〉、《孟子》部分的亦然。

朱熹〈中庸章句序〉中亦有類似於上述引文的主旨，其云：「子思子憂道學之失傳而作也。蓋上古聖神繼天立極，而道統之傳有自來矣。」〔註5〕引文點出〈中庸〉內容即具傳承道學的重要性，顯然朱熹將「道學」與「道統」分爲二，實際上「道統」的概念源自於《孟子・盡心》，〔註6〕韓愈（768～824）則明確提出「道統」說，〔註7〕但到了朱熹，又析離出另一個「道學」來，足見析離出「道學」，就是要推崇儒學的主體——心性論——來，而〈中庸〉一篇便是屬於闡述「道學」思想的重要文獻，而朱熹將「道學」巧妙的與〈大禹謨〉接續：「人心惟危，道心惟微，惟精惟一，允執厥中。」〔註8〕人心與道心皆存之於方寸之內，此意謂著人欲和天理兩端，必須謹守天理而不離，相對的人欲就必須捨棄，宋儒認爲，道心彰顯天理，而人的「本然之性」於焉在此。

〔註4〕　《四書章句集注・大學章句序》（朱熹：《四書章句集注》，北京，中華書局，2008年），頁2。

〔註5〕　《四書章句集注・中庸章句序》，頁14。

〔註6〕　《四書章句集注・孟子集注・卷十四》云：「由堯、舜至於湯，五百有餘歲；若禹、皋陶則見而知之，若湯則聞而知之。由湯至於文王，五百有餘歲；若伊尹、萊朱則見而知之，若文王則聞而知之。由文王至於孔子，五百有餘歲；若太公望、散宜生則見而知之，若孔子則聞而知之。由孔子而來，至於今，百有餘歲，去聖人之世，若此其未遠也；近聖人之居，若此其甚也。然而無有乎爾！則亦無有乎爾！」頁376～377。

〔註7〕　參見《朱文公校昌黎先生集・卷十一・原道》（韓愈：《朱文公校昌黎先生集》，四部叢刊初編子部，上海，上海商務印書館，1929年），頁96。

〔註8〕　同前注。

簡言之，朱熹和歷代儒者的主張一致：儒學的價值就是道德；但朱熹更強調道德的重心落在心性論上（其實陸王一系更重視心性論），而《四書章句集注》便是闡釋此一論述。由此可知儒學重視的「內聖外王」，在程朱一系的取捨上是內聖重於外王，因為涵養心性乃是取決於個人主觀；外王則有客觀環境的絕對影響，是以重內勝於重外的結果在此。理學家藉由孔子、顏回、曾子、子思、孟子的傳承與《論》、〈學〉、〈庸〉、《孟》的脈絡，建構起儒學的心性論線索，完成形而上的「道學」體系，朱熹云：「惟顏氏、曾氏之傳得其宗。及曾氏之再傳，而復得夫子之孫子思」，「自是而又再傳以得孟氏」，〔註9〕其所羅列者皆屬側重內聖一系的儒者。

朱熹又云：「若吾夫子，則雖不得其位，而所以繼往聖、開來學，其功反有賢於堯舜者。」〔註10〕此引文透露出一個訊息：即「道學」的出現，乃揭示出儒學核心的內容即在於此，而能擔任此樞紐者正是孔子，正因為其揭示出儒學的義理內涵，並使義理的核心（即道學）傳承而下，是以孔子的功勞超越堯、舜等統治者。朱熹欲完備的就是確立起「道學」的第一價值義，唯有「道學」是定於儒學學術之中的獨尊地位，理學所關注的心性論述，才是儒學的最高指導原則。換言之，「內聖」之學代表著正統；「外王」之學只能是儒學範疇之一環，其與「道統」的聯繫性雖然高，但不具有義理核心（心性論）的地位，自然也就不屬於第一義。此即是朱熹區隔「道學」與「道統」之目的。因此，若以同心圓來看，「道學」絕對是同心圓的核心；「道統」則是第二圈；漢唐儒所謂的經典，則又在「道統」之外。

朱氏建立的道學傳承，在宋代以前只承認至孟子，意味著孔子的多數弟子乃至於荀子，皆不在此道學體系之內，而兩漢以降，亦無一人能承繼此一「道學」，朱熹的理由是「異端之說日新月盛，以至於老佛之徒出，則彌近理而大亂真矣」，〔註11〕「異端」所指涉的應當是以佛、老為主的教派與學說，然而儒學在漢代至宋代並未完全從知識階層中消失，實際上，儒學於學術上獨尊的歷史正發生於西漢武帝之際，而僅僅是兩漢，就有諸多重要的儒者，如董仲舒（前 179～前 104）、鄭玄（127～200）等，上述儒者卻都被朱熹屏除於「道學」之外，即完全是以「內聖」之學的標準予以評斷。

〔註 9〕　《四書章句集注·中庸章句序》，頁 15。
〔註 10〕　同前注。
〔註 11〕　同前注。

　　吾人還可由朱熹與陳亮（1143～1194）的論辯中獲得訊息，二人論辯的書信涉及了何謂「盛世」取選的標準，朱熹認爲漢唐盛世皆是「以人欲行」，不能與三代的「以天理行」相提並論，陳亮則反對朱熹的觀念，認爲「人紀」仍可以接續大道而行。〔註 12〕以朱熹的標準來看，漢唐所創建的盛世，是霸道之術，是事功與利益使然，與仁心義行無涉，與救民於水火更無涉。朱熹的觀點是以《孟子》「王霸之辨」的思維來審視，或者更進一步說是「義利之辨」，〔註 13〕主張唯有仁與義才能令人由衷誠服，漢唐乃是「以力服人」，相較於三代的「以德服人」，二者截然有別。理學家們堅持純粹的道德，是以會縮限到必須由動機處考察是否符合「王道」，此一思維正是理學家一貫主張的「內聖」之學，亦即是其唯一承認的正統性。

　　因此，要列入「道學」的脈絡中，堅持純粹的正統路線，朱熹認爲必須等到二程兄弟出現才得以接續得上，其云：「程夫子兄弟者出，得有所考，以續夫千載不傳之緒。」〔註 14〕文中未列入周敦頤、邵雍（1011～1077）、張載等理學家，即意味上述的三位儒者在某個程度上未能符合朱熹評判的標準，其原因應是出在三位尚未建立出以「理」作爲唯一本體的論述。無論是主張「性即理」的程頤、朱熹，抑或是明確主張「心即理」的陸九淵，對於本體論的觀點並沒有歧出，「理」作爲儒學的第一義是兩學派的共識，甚至從儒學內部的發展上而言，二者均視「內聖」爲儒學正統。是以吾人可以釐清出一個觀念，即：必須以「內聖」之學作爲儒學的主軸，既然是內聖之學，必須從涵養道德的心性論入手，並且在此脈絡中「理」乃是純粹至善的本體。

　　在如此的條件下，宋明理學家將以注疏解經爲主並側重外王之學的漢唐儒者擯除是可以理解的，因爲由理學家的視角來看：漢儒只知留意在經學範疇，而經學無法完整的體現聖人之道，故經學不可視之爲等同於道，尚有注疏經學可能的謬誤；因爲漢儒留意的是經學，鮮少論及抽象的思辨層面，與釋、道相較，在形而上的理論顯得不足。基於以上兩項因素，宋儒認定漢唐儒者在道學上缺席，即便有朱熹認同董仲舒的「正其誼不謀其利，明其道不

〔註 12〕　陳亮〈又甲辰秋書〉云：「故亮以爲漢唐之君本領非不宏大開廓，故能以其國與天地并立，而人物賴以生息。」（頁 281）〈又乙巳春書之一〉云：「亮深恐儒者之視漢唐，不免如老莊之視三代也。」（頁 285）（陳亮：《陳亮集》，臺北，鼎文書局，1978 年）

〔註 13〕　《四書章句集注・孟子集注卷三・公孫丑上》，頁 235。

〔註 14〕　《四書章句集注・中庸章句序》，頁 15。

計其功」亦然。〔註15〕由上述可知，朱熹在列舉「道學」系統時，是以一種嚴峻的方式進行選擇，排除一切的「異端」，是宋儒在自詡為闡揚孔孟儒學時的一種途徑，而且，以廣義的立場來看，此一「異端」甚至包含了漢唐的儒者。

事實上，「異端」一詞並非出自於宋儒之筆，早在《論語・為政》篇已出現過，子曰：「攻乎異端，斯害也已。」〔註16〕孔子雖然沒有明言何說屬於異端，但顯然偏離了聖人之道、禮樂之道者，即是孔子所言的「異端」。而《孟子・滕文公下》則對「異端」有較詳細的論述，孟子云：「楊氏為我，是無君也；墨氏兼愛，是無父也。無父無君，是禽獸也。」〔註17〕君臣與父子關係，前者由政治倫理上言；後者由家族倫理上言，所代表的都是尊卑與上下的秩序，因此孟子指楊朱無君；墨子無父，便是失序亂禮現象的批評，二者當屬異端之說。當然，先秦諸子之林，絕多數都是孟子批判的對象，都是異端之列，甚至是與儒門相關的告子。〔註18〕可知自先秦時期開始，儒學的創始者孔子乃至於擁護者孟子，莫不以掃除異端作為職志，而將自身信奉的學說視之為正統。此一部份，在宋儒的思維上亦是清楚可見。

排除「異端」以創造出適合聖人之道的具體實踐的可能，是所有儒者均會存在的思維方式，亦是儒者們必須面對的課題，只是會因應時代、環境的差異，而所排除的對象也會有所不同。當然，吾人亦不可忽略重要的一點，即所謂的聖人之道，也有詮釋上的差異。以宋明儒者的視角言，因漢唐儒者沒有掌握聖人之道，以至於後儒無法遏止釋、道等異端，即意味著的漢唐經學注疏的不足，難以彰顯儒學的核心價並值獲得知識分子的強烈認同。是以，要重新復興儒學價值，就必須進行變革，包括重新建構道的觀念、工夫論、經學內容的釐清與重新定位等。為了極力排除釋、道二教在形而上思想層面的優勢，也因此專注建構心性論的深度，以期能與釋、道理論抗衡，甚而超越。換言之，從宋明的學術思想史發展來看，理學家們成功的挑戰並完成了

〔註15〕　《春秋繁露・卷九・對膠西王越大夫不得為仁第三十二》（董仲舒：《春秋繁露》四部叢刊初編經部，上海，上海商務印書館，1929年），頁51。

〔註16〕　《四書章句集注・論語集注卷一・為政》，頁57。

〔註17〕　《四書章句集注・孟子集注卷六・滕文公下》，頁273。

〔註18〕　《孟子・卷第十一・告子章句上》云：「告子者，告姓也，子男子之通稱也。名不害，兼治儒墨之道者，嘗學於孟子。」（趙岐注：《孟子》，四部叢刊初編經部，上海，上海商務印書館，1929年），頁88。

心性論的深度是毋庸置疑，但另一方面，由儒學內部的發展而言，宋明理學成功的結果，卻也失卻了致用與經驗層次的根基，此即是明代中葉至清中葉的部分儒者所亟欲批判與彌補的。

二、清初到清中葉的過渡型思維

上文嘗提及，理學內部有所謂的「道問學」與「尊德性」的工夫論之爭，至明代時仍持續進行，朱、陸之爭因缺乏具體佐證而陷入各持己見的困境，直到明代中葉的羅欽順（1465～1547）提出「義理是非取決於經典」的主張後，原本師心自用、空憑胸臆的學風才又逐漸回歸到核實經學的路徑，但總的來說，清中葉以前，學術的氛圍仍是以朱、陸之爭爲主軸。

明朝覆亡後，部分儒者對於理學著重於形而上的心性論進而缺乏形而下的經驗論述表示不滿，對於原本視爲主流的思想產生質疑，進而提出有別於宋明理學的觀點，然而多數清初的儒者們在思維上尚未對理學體系產生強烈的爭正統觀點，基本上，不是立於陸、王心學一派的範疇中自我修正，就是以程、朱理學一派的學說來企圖駁倒心學。至於要全面的反對理學，以「闢異端」的思維方式來批判宋明儒者，則是等要到乾嘉、乃至於道光前半時期的揚州儒者才有顯著的立論點。但從清初到清中葉，儒者們思維方式的轉化，仍有一條十分明確的路徑，故本文仍要先從清初儒者的思維論起。

顧炎武是批判宋明理學的代表性人物，然而仔細觀察其所批判的「理學」，雖然是指涉所有的理學家，但批判最嚴厲的乃是針對陸王心學這一部分的理學，再者就是二程所代表的理學。顧炎武首先指出「理學」之名，是自宋代開始，接著又云：「古之所謂理學，經學也。」隨即舉例：「君子之於《春秋》，沒身而已矣。」亦即研究一經至通徹的程度，長達數十年實不爲過，而且要能通經而致用。顧氏繼續云：「今之所謂理學，禪學也。」〔註19〕其所謂的禪學，便是與具體的形而下，與經世致用談不上關係的學問。上文提及，理學家所關注的核心是在形而上的「理」，不在於形而下的層面，是以從顧炎武的觀點來看，幾近於抽象的禪學。

以抽象的方式來闡釋儒學，是顧氏無法認同的，在顧氏的諸多文字中均可清楚見到其批判理學的力道，如其云：

〔註19〕《亭林文集・卷三・與施愚山書》（顧炎武：《亭林文集》，《清代詩文集彙編》，上海，上海古籍出版社，2010年），頁658。

今之言學者，必求諸語錄。語錄之書，始於二程，前此未有也。今之

語錄幾乎充棟矣，而淫於禪學者實多，然其說蓋出於程門。〔註20〕

由於宋儒對於漢儒所傳的經學體系存有質疑，是以在重塑儒學正統義理的過程中，會轉而向其師門所講述的內容爲主，宋明二朝的語錄，如《二程遺書》、《朱子語類》以及《傳習錄》等等皆是。實際上，關於語錄體的形式，如先秦《論語》、《孟子》等均爲此形式的典範，是以客觀而言，宋明儒者會仿效孔、孟門生的做法乃屬正常，何以顧炎武要如此批評？並直接點出借助語錄體來談的始作俑者便是二程兄弟。其主因應非在於語錄體而是在語錄體之內容，亦可說是宋明儒者所闡釋的儒學內容涉及了爲數不少的釋、道觀念。從何冠彪〈明末清初思想家對經學與理學之辨析〉一文可知，〔註21〕二程的講學頗有禪家參謁的風格，著重於「提點」，其後繼者則更是忽視儒學傳統的問學工夫，反以語錄、講義爲主體，自是流於空疏。

除了逕指二程之外，其餘如謝良佐（1050～1103）、張九成（1092～1159），而陸九淵更是被點名的對象，顧氏云：

夫學程子而涉於禪者，上蔡也。橫浦則以禪入於儒。象山則自立一說，以排千五百年之學者，而其所謂「收拾精神，掃去階級」，亦無非禪之宗旨矣。〔註22〕

上蔡即指謝良佐，爲程顥門生；橫浦則是張九成，師承楊時（1053～1135），楊時亦是二程門生，因此禪說源於二程之門是顧炎武合理的論點。至於心學一系的陸九淵，其禪宗成分亦是顯著，而「收拾精神，掃去階級」之云云，完全是針對內在修持的指涉。明代心學的指標者王陽明，顧炎武在〈朱子晚年定論〉條中提及：「其在於今，則王伯安之良知是也。」〔註23〕王陽明提倡的良知論，乃是接續陸九淵的思想，而風靡的結果就是明代中葉以來的知識分子普遍是「終日言性與天道，而不自知其墮於禪學」。〔註24〕心性論原本就屬於抽象性質的論述，而王陽明的良知說拓展開來後，更將其轉化爲清談，「舉

〔註20〕　《亭林文集・卷六・下學指南序》，頁 691。
〔註21〕　《明末清初學術思想研究・明末清初思想家對經學與理學之辨析》（何冠彪：《明末清初學術思想研究》，臺北，臺灣學生書局，1991 年），頁 3。
〔註22〕　同前注。
〔註23〕　《日知錄集釋・卷十八・朱子晚年定論》（顧炎武著、黃汝成集釋：《日知錄集釋》，臺北，世界書局，1981 年），頁 439。
〔註24〕　《日知錄集釋・卷七・夫子之言性與天道》，頁 154。

夫子論學論政之大端,一切不問,而曰一貫,曰無言」,〔註25〕尤其以泰州與龍溪王學爲甚,顧炎武云:

> 泰州之學,一傳而爲顏山農,再傳而羅近溪、趙大洲;龍溪之學,
> 一傳而爲何心隱,再傳而爲李卓吾、陶石簣。昔范武子論王弼何晏
> 二人之罪,深於桀紂。以爲一世之患輕,歷代之害重;自喪之惡小,
> 迷眾之罪大。〔註26〕

泰州王學以顏鈞(1504～1596)、羅汝芳(1515～1588)等爲代表;龍溪王學著名的學者有何心隱(1517～1579)、李贄(1527～1602)等,顧氏認爲上述諸人對於儒學與知識階層的殘害與蠱惑非常嚴重,有如魏晉時期的王弼(226～249)、何晏的清談誤國(195～249),實比暴政更爲深層。

上文提及,顧氏批判力道最大的其實不是二程兄弟,而是陸九淵、王陽明這一系的心學,尤其是陽明後學的游談、清談,直接以佛學思維中頓悟的方式套用在儒學之上,如羅汝芳以「捧茶童子」來論道,〔註27〕從其內容看來,這般的澈悟明道,實是一種純粹心境上的轉念而已,亦是一種意念上的短暫體會,並非是具體的實踐工夫,更無法成爲一種待人處事的普遍性準則,因此本質上與儒學完全不同。另外如李贄的狂放無節,顧氏甚爲痛恨,其《日知錄・卷十八》引張問達(1554～1613)彈劾李贄之文,內容大抵爲悖禮巘孔,行爲乖張,如「與無良輩遊庵院,挾妓女,白晝同浴,勾引士人妻女入庵講法」云云,顧氏即評語:

> 自古以來,小人之無忌憚而敢於叛聖人者,莫甚于李贄,然雖奉嚴

〔註25〕 《日知錄集釋・卷七・夫子之言性與天道》,頁154。
〔註26〕 《日知錄集釋・卷十八・朱子晚年定論》,頁438。
〔註27〕 《明儒學案・卷三十四・泰州學案三》云:「童子捧茶方至,羅子指而謂一友曰:『君視此時與捧茶童子如何?』曰:『信得更無兩樣。』頃之復問曰:『不知君此時何所用功?』曰:『此時覺心中光明,無有沾滯。』曰:『君前云與捧茶童子一般,說得儘是;今云心中覺光明,又自己翻帳也。』友遽然曰:『並未翻帳。』曰:『童子見在,請君問他,心中有此光景否?若無此光景,分明與君兩樣。』廣文曰:『不識先生心中工夫卻是何如?』曰:『我的底,也心無個中,也無個外,所用工夫也不在心中,也不在心外。所謂用功也,不在心中,也不在心外。只說童子獻茶來時,隨眾起而受之。已而從容啜畢,童子來接時,又隨眾付而與之。君必以心相求,則此無非是心;以工夫相求,則此無非是工夫。若以聖賢格言相求,則此亦可說動靜不失其時,而其道光明也。』廣文恍然自失。」(黃宗羲:《明儒學案》下冊,北京,中華書局,1985年),頁775。

旨，而其書之行于人間自若也。〔註28〕

因李贄公開宣稱孔子所言的是非不足以做爲依據，又其輕視禮法，亂人倫理，如此叛離綱常的行徑卻風靡當時的知識階層，以至於官方已下令禁其著作，收藏者卻依然眾多，是以顧炎武給予李贄的批評是中國史上最肆無忌憚的小人。

顧炎武的指控不可不謂嚴厲，但心學發展成如此的個人化，人人游談無根，只聚焦於無法確切檢驗的心性徹悟之論，即「以明心見性之空言，代修己治人之實學」，〔註29〕幾乎已失去了儒學修以經世的本質，其最大的原因源自於多數宋明儒者轉向心性之學之故，針對此一部分，以至於儒學原本強調的禮制與社會秩序被陽明後學隱沒，顧炎武批評云：

> 自宋以來，一二賢智之徒，病漢人訓詁之學得其粗迹，務矯之以歸
> 於內，而達道達德九輕三重之事，置之不論，此真所謂「告子未嘗
> 知義」者也，不流於異端而害吾道者幾希。〔註30〕

宋代以降，質疑五經內容者不乏其人，最後就是將漢唐儒者摒除於以內聖爲核心主體之外，但如《子思子・鳶魚》中所提出的達道、達德之法，〔註31〕卻甚少關注。顧氏批評宋明儒者猶如孟子批評告子的「仁內義外」說，宋明儒只重內聖，忽略外王，以致流於抽象清談之學，幾乎與釋道一致。吾人約

〔註28〕 以上引文皆見《日知錄集釋・卷十八・李贄》，頁439。
〔註29〕 《日知錄集釋・卷七・夫子之言性與天道》，頁154。
〔註30〕 《日知錄集釋・卷七・行吾敬故謂之內也》，頁167。
〔註31〕 《子思子・鳶魚第二》云：「天下之達道五。所以行之者三。曰君臣也。父子也。夫婦也。昆弟也。朋友之交也。五者。天下之達道也。知仁勇三者。天下之達德也。所以行之者。一也。或生而知之。或學而知之。或困而知之。及其知之。一也。或安而行之。或利而行之。或勉強而行之。及其成功。一也。仲尼曰。好學近乎知。力行近乎仁。知恥近乎勇。知斯三者。則知所以修身。知所以修身。則知所以治人。知所以治人。則知所以治天下國家矣。凡爲天下國家有九經。曰修身也。尊賢也。親親也。敬大臣也。體羣臣也。子庶民也。來百工也。柔遠人也。懷諸侯也。修身則道立。尊賢則不惑。親親則諸父昆弟不怨。敬大臣則不眩。體羣臣則士之報禮重。子庶民則百姓勸。來百工則財用足。柔遠人則四方歸之。懷諸侯則天下畏之。齊明盛服。非禮不動。所以修身也。去讒遠色。賤貨而貴德。所以勸賢也。尊其位。重其祿。同其好惡。所以勸親親也。官盛任使。所以勸大臣也。忠信重祿。所以勸士也。時使薄斂。所以勸百姓也。日省月試。既廩稱事。所以勸百工也。送往迎來。嘉善而矜不能。所以柔遠人也。繼絕世。舉廢國。治亂持危。朝聘以時。」（《子思子全書》，《文淵閣四庫全書・子部・九・儒家類》冊703，臺北，臺灣商務印書館，1983年），頁703～941。

莫可以理解：何以顧炎武特別提出語錄體的始作俑者是二程，而不是孔孟？原因在於其形而上的內容，非語錄體的形式。

以異端來批判宋明儒所關懷的心性論，意味著在顧氏心目中，形而上的心性論無法涵蓋整個儒學範疇，連帶的宋明理學的正統性亦產生問題，此與上文引過的「今之所謂理學，禪學也」的立場一致。顧氏認爲「命與仁，夫子之所罕言也，性與天道，子貢之所未得聞也」，〔註32〕孔子甚少對學生談論形而上的思辨內容，並非是孔子不解，而是孔子更重視具體的實踐層面以及普遍性問題，顧炎武云：「夫子之教人文行忠信，而性與天道在其中矣，故曰不可得而聞。」〔註33〕亦即孔子所教導的是在待人處事上去體認所謂的道應該是甚麼？人性又是甚麼？都落實在可實踐的範疇之中，並擴及而成爲普遍性的行爲準則。

由上文可見，顧炎武對於宋明理學家的批評，由二程開始，至泰州、龍溪王學，均以「禪學」、甚至「異端」來稱呼他們，但是否能就此論定顧炎武就已經蘊含了與理學爭正統的思維呢？實則不盡如此。顧氏雖批判了諸多宋明理學家，但對於朱熹卻表現出敬重的態度，仔細分析顧氏評論朱熹，即可知其將朱熹的學術分爲兩部分，而取其中之一。首先，顧氏稱頌朱熹云：「朱子一生效法孔子，進學必在致知，涵養必在主敬，德性在是；問學在是。」〔註34〕顯見對朱熹的評價甚高，認爲其一生的學術與言行皆在追隨孔子，並歸結出兩點，即：問學在致知；德性在主敬。致知與主敬，相對於「束書不觀、游談無根」與「收拾精神、掃去階級」，偏向於具體性的實踐，是以顧炎武認爲朱熹在所有的宋明儒者當中，是合乎於儒學的實踐層面。

而顧氏稱頌朱熹的，尚有保留儒學經典這一部分，其云：

> 兩漢而下，惟多抱殘守缺之人。六經所傳，未有繼往開來之哲，惟
> 絕覺首明於伊雒，而微言大闡於考亭，不徒羽翼聖功，亦乃發揮王
> 道，啓百世之先覺，集諸儒之大成。〔註35〕

兩漢儒者在經學彙整與章句訓詁上的功勞，其實是不容理學家忽視與抹煞，但兩漢以降的儒者，無法在經學上開創新局亦屬事實。直至程顥、程頤二人，才又在經學範疇中發掘出可能的聖人之道，而由朱熹集其大成。由顧炎

〔註32〕 《亭林文集・卷三・與友人論學書》，頁 650。
〔註33〕 《日知錄集釋・卷七・夫子之言性與天道》，頁 153。
〔註34〕 《日知錄集釋・卷十八・朱子晚年定論條》，頁 438。
〔註35〕 《亭林文集・卷五・華陰縣朱子祠堂上梁文》，頁 686。

武的這段論述來看，乃十分肯定二程兄弟到朱熹這一脈絡的學術，但如此顯然又與其批判二程的禪說互爲矛盾？實則不然。顧氏很清楚其間的區隔，是以本文才會說顧氏將朱熹分作兩部分來評價，基本上，宋儒雖較不重視傳統五經系統，但朱熹在《詩》、《易》甚至是《禮》學上，仍有所貢獻，而顧炎武所敬重之處即在於對於經學的維護與闡發。除朱熹外，其他理學家若有功於經學，顧氏亦不吝於稱讚，其云：

> 程子之《易傳》，……及蔡氏之《尚書集傳》，胡氏之《春秋傳》，陳氏之《禮記集說》，是所謂代用其書，垂於國胄者耳。南軒之《論語解》，東萊之《讀詩記》，抑又次之。而〈太極圖〉，〈通書〉、〈西銘〉、〈正蒙〉，亦羽翼六經之作也。〔註36〕

《易》、《尚書》、《春秋》、《禮記》、《詩》等，皆爲傳統的經學範疇，而《論語》乃記錄孔子師生言行的語錄，皆屬重要的文獻，至於宋儒的著作〈通書〉、〈西銘〉等等，均是闡發《易》學內容的著作，基於這一點，顧炎武是十分肯定。

至於朱熹以及其他理學家所關注的核心價值——心性的命題——顯然是顧炎武所反對的論述，顧氏云：

> 〈中庸章句〉引程子之言曰「此篇乃孔門傳授心法」，亦是借用釋氏之言，不無可酌。〔註37〕

朱熹引程子「不偏之謂中，不易之謂庸」云云，認爲是〈中庸〉是儒學正統，而包含理學家所喜言的十六字心傳，顧氏皆不以爲是，直言是釋氏思想的借殼，其云：「世之學者遂指此書十六字爲傳心之要，而禪學者藉以爲據依矣。」〔註38〕是以可知，對於涉及純粹形而上層面與心性內化的學說與思想，顧氏幾乎都以視之以摒除於外的視角與思維方式來處理。

除了對於保留傳統經學以及致知主敬的部分持肯定態度外，顧炎武對於宋明理學基本是持否定的思維，也嘗以「異端」來斥責，如此，顧氏應該是有意識的排擠理學，欲樹立起儒學的正統才是，何以又說是處於一過渡的型態？事實上，亦有學者認爲，顧炎武並非全然的反對理學，他所反對的只是陸、王心學而已。〔註39〕當然，如此的說法是未能周全的，上文中已引出幾

〔註36〕《日知錄集釋·卷十四·嘉靖更定從祀》，頁349。
〔註37〕《日知錄集釋·卷十八·心學》，頁431。
〔註38〕《日知錄集釋·卷十八·心學》，頁430。
〔註39〕如梁啓超《中國近三百年學術史·清代經學之建設》云：「亭林一方面指斥純

條顧氏批判二程等一干理學家的文字，便是一個十分明確的證據。吾人必須
釐清的是：顧炎武所反對的理學，是空疏不實、純粹抽象的形而上之理，此
意味著「理」如果是具體的「物理」；是擁有實踐性質的「事理」，那即是顧
炎武所肯定的「理」，是以才會有「古之理學者，經學也」的說法，而這樣的
「理」，顧炎武認爲只應藉由經學來發掘，而非自臆於胸、不著於文獻，其
云：「人苟徧讀《五經》，略通史鑑，天下之事自可洞然。」〔註40〕換言之，
以五經的內容作爲準則；以歷史事件作爲借鏡，天下間的所有事理、物理均
可體察融會。由此可知，顧炎武是承認有一客觀、具體的理於天地之間，這
一部分其實與朱熹的思想有所交集，兼之其又敬重朱熹非形而上的學問，因
此，吾人即可理解，顧氏並非是以爭正統的思維方式來批判宋明理學，嚴格
來說，猶是一種過渡型態的思維方式。

　　跨明末清初的顧炎武被乾嘉時的儒者視爲帶動清代學術風氣的第一人，
另外一位影響揚州儒者的重要人物，就是乾嘉時期的戴震。戴震身處的乾嘉
時代，正是考據學大盛之際，其本人更是考據領域的指標人物，但是在整個
儒學發展過程以及清代學術思想史上，戴震所代表的是學術思想上的重要轉
折，近年來不少學者即對戴震的學術有深入的研究，如學者張麗珠嘗就以〈戴
震「發狂打破宋儒《太極圖》」的重智主義道德觀〉一文，〔註41〕專論戴氏在
儒學義理學上的重要性，而吾人從戴震的幾篇義理學專著如《原善》、《緒言》、
《孟子字義疏證》等，尤其是《孟子字義疏證》一書，可見出其更進一步批
判宋明理學的思維方式。

　　清初時的朱、陸之爭，從明朝亡國、王陽明在《明史》中的定位論開始，
引發清儒們激烈的爭論，在康熙九年（1670）頒布《聖諭十六條》，將程朱理
學定位爲官學後，陸王心學暫時屈居下風，但因明代中葉以降的考證學日漸
成風，是以如偏向心學立場的黃宗羲（1610～1695）、毛奇齡（1623～1713）
等人，紛紛根據考證方式來捍衛自己的學術立場，如黃氏《易學象數論》、毛
氏《大學知本圖說》，對於程朱學派的視爲正統儒學的立論予以駁倒。傾向程
朱學的閻若璩（1636～1704）亦有《尚書古文疏證》來質疑陸王學的傳心根

　　　　主觀的王學不足爲學問，一面只點出客觀方面許多學問途徑來。」（梁啓超：
　　　　《中國近三百年學術史》，北京，東方出版社，1996年），頁69。
〔註40〕《亭林文集‧卷六‧與楊雪臣》，頁695。
〔註41〕《清代義理學新貌‧戴震「發狂打破宋儒《太極圖》」的重智主義道德觀》（張
　　　　麗珠：《清代義理學新貌》，臺北，里仁書局，2006年），頁134～199。

本。是以無論是程朱學派抑或是陸王學派，在歷經清初的政治干預與學術辨偽後，在某部分儒者的眼中已非完全等同於孔孟儒學。

　　換言之，整個宋明理學所建構的主體，經過清儒們紮實的檢驗求證過後，已經是失去了學術的主導地位，取而代之的，正是考據方法學。清初如顧炎武批判理學是玄虛不實，是引禪入儒的學說，必須回歸經學，才是儒學的本質，而清學特色即在於此，考據方法要求句句有來歷，必須能旁徵博引，相較於理學，顯得具體確實，自然會引起乾嘉時期知識分子的共鳴。然而，有一點必須注意，即乾嘉時期的儒者對於宋明理學的忽視或許是一種普遍的現象，但不代表當時的儒者已建構出另一套可以與理學相抗衡的義理思想，此一新型態的義理思想得等到戴震的《孟子字義疏證》完成後，方見出其架構。此意味者，當時的儒者，即便是不認同宋明理學的形而上學說，但是亦無企圖建立其他的義理學說，如同胡適（1891～1962）所云：

　　全個智識階級，都像剝奪了「哲學化」的能力，……不但不敢組織
　　系統哲學，並且不認得系統的哲學了。〔註42〕

胡適所指的便是戴震的義理學著作尚未問世之前，整個清代學術界的情況。當然，這是一種較為誇張的說法，事實上，程朱理學依舊具有官方承認的地位，是舉業的定本，而如惠士奇（1671～1741）有「六經尊服鄭，百行法程朱」之謂，代表程朱理學在此際仍有一定的認同度，雖然有學者認為這是清儒反宋學的一例，〔註43〕但戴震的新義理之前，確實亦只有程朱之學被視之為唯一的義理，又如朱筠（1792～1781）為乾隆時的考據大家之一，於經學上宗於漢儒，而義理上持「程朱大賢，立身制行卓絕，其所立說，不得復有異同」，〔註44〕呈現了起碼一部份的儒者對於義理學上的認知就是如此，且其中不乏於當時身為學界泰斗之人。

　　探究乾嘉時期多數儒者的思維，除了戴震以及理解其學術觀點的少數人外，其餘大多有以下二項可能的思維模式：其一，除了宋明儒之外，並無義理內容可言。此一思維是多數清儒所認同的，無論是基於視經學考據做為主

〔註42〕　《戴東原的哲學‧戴學的反響》（胡適：《戴東原的哲學》，臺北，遠流出版社，1994 年），頁 61。

〔註43〕　《宋明儒學的問題與發展》（牟宗三：《宋明儒的問題與發展‧興起之機緣與佛教關係》，臺北，聯經出版，2003 年），頁 47～49。

〔註44〕　《國朝漢學師承記‧卷六‧洪榜》（江藩：《國朝漢學師承記》，北京，中華書局，2008 年），頁 98。

體者，抑或仍崇信於宋儒義理思想者。如上文的朱筠以及錢大昕（1728～1804），此二人皆爲考據領域的代表學者，而與朱筠相同的是，錢大昕對於宋儒的義理思想基本亦是持肯定的態度，如其云：「宋儒謂性即理，是也。」〔註45〕另外，對於宋儒的義理學本來就持高度信奉者，如姚鼐（1731～1815）服膺程朱；彭紹升（1740～1796）服膺陸王，自然對宋明儒的義理內容形同信仰一般。上述的二種立場，其共通的思維就是認爲：在義理層面上，已經沒有超越宋儒的可能。

其二，認爲考據乃是實學，義理學則是虛學。持此一思維方式的儒者，自然是以考據做爲治學的主體，而其治的對象就是漢儒注疏的經學。基本上，在乾嘉時期，除去本就服膺於宋儒義理者之外，其餘的儒者大多可列入此項之中，他們認爲若涉入義理學，唯有宋儒的學說能擔當此任，是以所有的義理皆是空虛之學，只有在漢儒傳下的經學上下足考據功夫才是實學，而涉足經學考據者，即不必要再重蹈宋明儒的覆轍。〔註46〕

戴震身處於考據方法大盛的時期，又是公認的考據學大家，理應與其他儒者一樣，以考據作爲其志業，然而事實上，戴震認爲考據方法只能是一個過程，而不是儒學的核心，儒學的核心仍在於義理，是以義理學的闡發才是儒者最終的目標。戴震的弟子段玉裁（1735～1815）嘗爲其師的治學觀下註腳，云：

> 六書九數等事，如轎夫然，所以舁轎中人也。以六書九數盡我，是
> 猶誤認轎夫爲轎中人也。〔註47〕

考據方法所涵蓋的，即是引文中的「六書九數」，而「轎中人」乃是義理學，考據學爲義理學服務，便是戴震對學術的認知，但與其同時期的多數儒者，卻不認同戴震的主張，如戴震過世後，洪榜（1745～1779）欲將戴震與彭紹升的書信〈與彭進士允初書〉載入戴震〈行狀〉中，原因是該篇書信的內容針對義理學做探討，而洪榜相當服膺於戴震的新義理學。然而朱筠卻云：「可不必載，戴氏所傳者不在此。」〔註48〕另一例是紀昀（1724～1805），其對戴震義理著作的反應是「攘臂扔之，以非清淨潔身之士，而長流汙之行」，

〔註45〕 《十駕齋養心錄・卷三・天即理》（一）（錢大昕：《十駕齋養心錄》，新北，廣文書局，2013 年），頁 159。

〔註46〕 參見《國朝漢學師承記・卷六・洪榜》，頁 98。

〔註47〕 《戴震集・序》（戴震：《戴震集》，臺北，里仁書局，1980 年），頁 452。

〔註48〕 《國朝漢學師承紀・卷六・洪榜》，頁 98。

〔註 49〕無論紀昀是持何種立場，但顯見其對於「義理」此一範疇的理解不如戴震。以上，大抵可印證乾嘉清儒對於學術的立場爲何種傾向了。

　　與顧炎武相較，戴震在義理學上的思維更顯得與宋儒的立場迥異。首先，戴震對於「形而上」與「形而下」的詮釋，不再根據宋儒所建構的本體觀，而是以「形前」、「形後」來解釋。宋儒所建構出來的形而上學的內容，是一種寂然不動、最高且至善的「理」，它是純粹抽象的概念，不可見又不可聞。換言之，某種程度上來說，這樣的「理」是一種存在於宋儒的義理範疇中的論述而已。當然，不少學者認爲如此的形上之理是代表儒學在哲學上的一種超越面向。誠然如此，形而上的抽象之理，的確可視爲儒學義理上的超越意義，是一純然的精神價值，但是這樣的「形而上」詮釋，已經被多數的清儒略而不論，唯獨戴震欲賦予「形而上」的新內涵，其云：

> 形，謂已成形質；形而上，猶曰形以前；形而下，猶曰形以後。如言「千載而上，千載而下」。詩：「下武維周。」鄭箋云：「下，猶後也。」陰陽之未成形質，是謂形而上者也。〔註50〕

形之意爲形成之質，形而上即是形成質之前，同理，形而下就是形成質之後。「上」與「下」，應解釋成「前」與「後」。戴震舉出「千載而上，千載而下」以及《詩・大雅・下武》爲例，說明其說法乃是具有來歷茲以爲證。因此，關於「形而上」的內容，便有了新的意義，它成爲形質變化的一端，亦屬於形質，猶如水的形質可以是無形的蒸氣，亦可以是堅硬的冰。

　　依據戴震的思維，他刻意把抽象的形而上層次給具體化了，再來詮釋「理」的命題就如同其詮釋「形而上」一般，欲擺脫宋明儒的學說理論，另立一新的格局。換言之，倘若仍是把義理的內容以宋明儒所建構的形而上之理來解釋，則儒學的義理仍是停留在抽象不實的層次，也就是說，明末以來，儒學蹈空的問題似乎仍不能獲得解決，從戴震的視角看來，清儒紛紛以考據做爲志業，不僅不能接觸到儒學的核心（此一核心並非是宋儒建構出來的，而是自孔子講學以來就存在的），更無法透過此一核心臻至經世致用的可能，多數儒者們不思索解決儒學義理層面的問題，採取視而不見的態度，便是一種逃避與推諉，是以戴震才會有「發狂打破太極圖」之說，畢竟從儒學

〔註49〕　《太炎文錄初編・卷一・釋戴》（章炳麟：《太炎文錄初編》，台中，文听閣圖書，2008 年），頁 168。

〔註50〕　《孟子字義疏證・卷中・天道》（戴震：《孟子字義疏證》，臺北，世界書局，1974 年），頁 48。

發展的過程來看，沒有戴震的「打破太極圖」思維，清代儒學確實有滑落的可能。

　　從其義理成熟之作——《孟子字義疏證》的內容看來，戴震在「理」的命題上關注最深，一共有十五條，此自然與宋明儒皆承認「理」爲至善之本體有絕對關係。戴震在〈與某書〉中，表明了反對宋明儒者將自己的理論（意見）充當聖賢文字之註解，其云：

> 宋以來儒者，以己之意見，硬坐爲古賢聖之言之意，而語言文字實未之知。其於天下之事也，以己所謂理強斷行之，而事情原委隱曲實未能得，是以大道失而行事乖。〔註51〕

戴氏提出「語言文字實未之知」來批判宋儒，認爲宋儒對於經學上的文字意涵認知不足，以至於由文字到人事物的認知都易流於臆斷，甚至悖離了聖人之道，言行失去儒學的準則都不自知。戴震之所以由語言文字的層面切入，乃是由於他對於考據方式的嫻熟，其認爲治學途徑的進程應該是由文字訓詁的功夫開始，最終臻至義理的理解，如此才能扣緊儒學的準則。戴震批評的「意見」，就是宋明儒者所謂的「理」，此「理」某種程度來說是一種創造性的詮釋思維，其內涵基本上是藉助一部份的經典文獻進行闡釋與發揮，其結果可能是超越了原初的文字，而形成言外之意的理解，這便是創造性的詮釋思維方式，其實中國歷代知識分子不乏創造性的詮釋思維，但是戴震顯然對此不表認同，此處是指涉理學的部分。換言之，宋明儒義理中的「理」，是儒者以自己的體悟做爲思想主體，經典文獻成爲輔助之「器」，以王陽明的「龍場悟道」爲例，〈大學〉乃是輔助王氏走向化民易俗的「器」，主體還是王氏自身體悟出的修身途徑。

　　從一些文獻資料來看，戴震批判理學家「大道失，行事乖」是不爭的事實，其云：

> 賢人聖人之理義非它，在乎典章制度者是也。……理義不存乎典章制度，勢必流入異學曲說而不自知。〔註52〕

如同明羅欽順所言，對於儒學義理的部分，必須借助考證方法來印證是非，而戴震此處所強調的是義理與經典的密切性。吾人由朱熹《四書章句集注・

〔註51〕　《戴震全書（6）・與某書》（戴震：《戴震全書》，合肥，黃山書社，1995 年），頁 495。
〔註52〕　《戴震全書（6）・題惠定宇先生授經圖》，頁 505。

論語集注・憲問》：「管仲相桓公，霸諸侯。」這一則來看，朱熹注引程子語
云：「桓公，兄也。子糾，弟也。」此內容即出現一大謬誤，從先秦文獻來考
證，《管子》、《莊子》、《荀子》與《韓非子》皆指明公子糾爲兄，小白爲弟。
是以上述引程之語，乃是昧於事實，程子云：

> 若使桓弟而糾兄，管仲所輔者正，桓奪其國而殺之，則管仲之與桓，
> 不可同世之讎也。〔註53〕

理學家爲了鞏固其「理」內容的不可更動性與絕對的本體地位，乃選擇悖離
事實，塑造出桓公爲兄、糾爲弟的假史料。換言之，理學家爲了捍衛其義理
的正統性，不惜捏造史實，而戴震批評的「異學曲說」即是如此的情況。

　　戴震主張的儒學義理，是貼近於經學原意上的聖人之道，因此經學所代
表的不僅僅是「器」，亦是「道」，所以「訓詁明而古經明，古經明而義理明」
的治學方式，〔註54〕是能還原「道」的最佳途徑，而宋明儒的「理」在戴震
看來，乃是一群學者的「意見」而已，非孔孟義理。雖說宋明理學在清儒間
的學術地位已較爲式微，但在整體社會上仍是具有廣泛的影響力，戴震提出
「以理殺人」的弔詭情況，云：

> 尊者以理責卑，長者以理責幼，貴者以理責賤，雖失，謂之順；卑
> 者、幼者、賤者，以理爭之，雖得，謂之逆。於是下之人不能以天下
> 之同情、天下所同欲，達之於上；上以理責其下，而在下之罪，人
> 人不勝指數。人死於法，猶有憐之者；死於理，其誰憐之？〔註55〕

儒學向來強調倫常的尊卑、長幼關係，但孔子、孟子未嘗將尊者提升到不可
撼動的地位，孟子猶提出桀、紂爲一夫，故臣可弒一夫的典範，〔註56〕足見
儒學並非對尊卑之位採取絕對的定位，仍以道德做爲裁量標準。然而宋儒卻
挺立出「理」的至高不變主張，將尊卑、長幼地位亦涵攝於其中，形成尊（長）
者恆尊（長）、卑（幼）者恆卑（幼）的觀念，因此即便是卑者爲是，卻無法
獲得應有的待遇；尊者爲非，卻能因其地位而不受影響，以上兩種情況都可
稱之爲合於「理」。是以在此一觀念之下，被「理」所害的卑者、幼者，誰能
真正從理學的「理」實踐出聖人之道？

〔註53〕　以上引文皆見《四書集注・論語集注卷七・憲問》，頁153～154。
〔註54〕　《清儒學案・卷七十九・戴東原學案》（徐世昌編：《清儒學案》，《儒藏・史
　　　　部》第三十冊，成都，四川大學出版社，2005年），頁501。
〔註55〕　《孟子字義疏證・卷上・理》，頁36。
〔註56〕　《四書章句集注・孟子集注卷二》，頁221。

戴震所言的「以理殺人」，批判的對象正是針對宋儒所建構出的心性論，事實上，宋儒的關乎「理」論述用之於社會，可謂是一種嚴苛的峻法：即保障倫理綱常與階級次序的不可異動性。表面上是依循著孔孟義理而創發的義理，但於戴震的視角中，宋儒義理與孔孟義理核心無涉，其云：

> 而其所謂理者，同于酷吏之所謂法。酷吏以法殺人，後儒以理殺人，
> 浸浸乎法而論理，死矣，更無可救矣。〔註57〕

宋儒的「理」論述等同於酷吏執行的「法」；「後儒以理殺人」類比於「酷吏以法殺人」，而所謂的「死矣，更無可救矣」，除呼應「殺人」之外，更是意謂宋儒義理思想的僵化與無可挽回性。如此之指控，將宋儒的義理思想剔除自孔孟義理之外，當然，所替換的就是戴震依據經學而來的義理。

戴震所謂的「義理」，自然是不同於理學家的「義理」。吾人可以從二個層面來審視：從經學的角度來看，戴氏認爲「義理」必定是經文原典所顯示的意義，因爲其不斷強調由訓詁以求義理，即通過考證求得經學中的核心意義。此一核心意義也必須通過尋求「十分之見」的方法來獲得，戴氏提出的「十分之見」，其思維方式就是要破除宋儒的「意見」藩籬，「意見」只能是個別性思維下的產物；而「十分之見」卻是盡可能的具有周全性、普遍性思維下的產物。根據戴震自詡的文字來看：「必徵之古而靡不條貫，合諸道而不留餘議，巨細畢究，本末兼察」，此顯示出信崇考據方法的一貫思維，而除了由本至末的追究考據外，戴氏又云：「不手披枝肆所歧，皆未至十分之見也。」〔註58〕雖然考證的工夫與過程極爲繁瑣，但更重要的是要懂得去蕪存菁，而這又必須具備著對於經學義理的高度掌握，方可有此能力，也因此可知，戴震除了追求由訓詁明而至義理明之外，亦自詡能從義理的高度下貫至嫻熟於運用考據的精確方法。而此訓詁通往義理；義理掌握訓詁的思維方式，於當時可說是多數清儒都無法理解的思維方式。

其二，從人性的角度來看：戴震批判宋儒的義理內涵有如酷吏以法殺人，此即是欲以「體情遂欲」來取代只論「性即理」的思維，雖然戴震的義理與程朱所謂「得於心而具於天」的義理儘管字面表達一致，但在內涵與本質上卻有了根本的轉變，特別是顧炎武以來強調的具體化思維，在戴震的義理中更爲凸顯。「理」的內涵是「情」，摒除了理學家強調的「純粹至善的性」，故

〔註57〕《戴震全書（6）・與某書》，頁495。
〔註58〕引文皆見《戴震全書（6）・與姚孝廉姬書》，頁372。

其云：「理也者，情之不爽失也。」〔註59〕戴震除了在其「理」條一開始強調「理」是肌理、腠理、文理，是條理外，必須更強調「情」在理中的存在性，否則僅僅是言文理、條理，實未能與朱熹的「理」論脫鉤。是以「體情遂欲」是戴震在義理範疇中，針對人性做一具體化的彰顯。

　　關於「欲」的部分，其乃與「情」緊密結合，戴震節錄《禮記・樂記》云：「人生而靜，天之性也。感於物而動，性之欲也。物至知知，然後好惡形焉。」之所以節錄〈樂記〉中關於論「欲」的文字，其目的主要乃是要揭櫫先儒對於「欲」的定位與宋明儒者截然不同，「欲」是「性之欲」，意謂二者不應切割，也不可能切割，一旦如宋明儒者所主張的「存理滅欲」，按〈樂記〉篇的邏輯，則「性」就不是完滿的「性」。人之性中有欲，才會對具體的人事物有所反應，好惡之選項也就由此而出現，假如「人之好惡無節，則是物至而人化物也。人化物也者，滅天理而窮人欲者也」，〔註60〕人的好惡若是無有節制，亦即代表慾望沒有節制，則人就無法彰顯出人應有的價值。〈樂記〉表述的重點在於人「欲」要有所節制，否則會導致「滅天理」的下場，而理學家在此做了文字上的更動，形成「存天理，滅人欲」，便與〈樂記〉的立場有異。

　　根據上文的脈絡，戴震扣緊這一部份來談論「欲」的存在性，其云：

> 天之性，及其感而動，則欲出於性，一人之欲，天下人之同欲也，故曰性之欲。好惡既形，遂己之好惡，忘人之好惡，往往賊人以逞欲，反躬者，以人之逞其慾，思身受之之情也，情得其平，是為好惡之節，是為依乎天理。〔註61〕

「欲」是自然人性的一部分，因此不可能摒除「欲」存在於性內的事實。欲所展現於外的是對人事物的好惡，若這樣的好惡只憑藉自己的心而行，恐將會落入自私而不顧及他人的狀態。戴震認為欲望是不可能如理學家所言的滅除，是以只能躬身反省：能否接受他人只憑藉著自己的好惡而行的狀態，如此就能有所收斂，此即是「以情絜情」，達到一種平衡的群體關係。換言之，戴震主張人的慾望必須經由群體的共識來節制，而此一共識的具體實踐方式得透過「以情絜情」。由上可知，戴震義理中的理的部分，其內容已經排除了

〔註59〕《孟子字義疏證・卷上・理》，頁27。
〔註60〕上引皆見《孟子字義疏證・卷上・理》，頁28。
〔註61〕同前注。

宋明儒的理論，形成了屬於形而下的、具體性的、經驗性的義理內容。戴震建構出的關於「理」的內涵，是用一種站在人的角度來進行的思維方式，更是一種立於人類群體的角度進行建構的思維方式。

三、凌廷堪、汪中、焦循與阮元聚焦於形而下的思維

戴震的義理內容雖然被揚州儒者們所接受，但如同顧炎武批判理學的性質一樣被視爲是過渡，如由凌廷堪「以禮代理」的思維方式來審視戴震義理，凌氏認爲仍是借用宋明儒所建構的詞彙，如《孟子字義疏證·卷上》便是論「理」。持平而論，凌氏的批評有商榷之處，因戴震是首位嘗試打破理學義理與創新義理者，會由「理」處著手，應屬適切的方式。

（一）凌廷堪

如凌廷堪相當不以爲然的「理」即是其一，凌氏雖然敬重戴震，卻也指出戴震新義理學的是非之處，其云：

> 吾郡戴氏著書專斥洛閩，而開卷仍先辨理字，又借體用二字論小學。
> 猶明若昧，陷於阱擭而不能出也。〔註62〕

《孟子字義疏證》一書是戴震欲在儒學義理範疇中擺脫理學的影響，然而從凌廷堪的視角看來，雖戴震有此心，但在思維的方式上，仍不免採用「理」來論述義理的內容，顯然仍是受理學的影響。又，戴震於〈答江愼修先生論小學〉中探討到「考」、「老」二字，「屬諧聲，會意者，字之體也；引之言轉注者，字之用也。」〔註63〕此一「體用」亦來自於宋儒常用的語彙，但宋代並非是使用此詞彙的開端，早在先秦的《荀子·富國》便有：「萬物同宇而異體，無宜而有用爲人，數也。」〔註64〕在意義與概念上，先秦時代的「體用」，不完全等同於宋明時代的「體用」，但由上述「理」與「體用」兩點可知，凌氏會對戴震的學術有所批評就在於其亟欲全面剔除理學的思維方式所致。

客觀而言，戴震的義理學架構是雖是透過嚴謹的考證經學與文獻而來，

〔註62〕《校禮堂文集·卷十六·好惡説》（凌廷堪：《校禮堂文集》，北京，中華書局，2006 年），頁 143～144。
〔註63〕《戴震全書（3）·答江愼修先生論小學》，頁 333。
〔註64〕《荀子集解·富國》（王先謙：《荀子集解》，臺北，華正書局，2003 年），頁 113。

它不可能是無所憑藉的開創出新義理學，類似於魏晉時期的「格義」模式，必須是根據既有的、熟悉的義理詞彙再賦予新的詮釋，因此，戴震的新義理除了汲取傳統先秦兩漢的儒學外，亦不免包含了一部分源自理學的成分，尤其是詞彙方面，況且於乾嘉當際能接受義理範疇的儒者有限，而所知的也僅僅是理學家所言的義理，是以在上述原因與前提下，《孟子字義疏證》中大篇幅的論「理」乃是合理的方向，雖然其強調：「六經孔孟之言，以及傳記群籍，『理』字不多見。」〔註 65〕但如同上文所言，多數儒者對於義理的認知就侷限於理學而已，是以要立新學說之前不可能避開「理」範疇不談，凌廷堪批評戴震義理的部分，或許有欠周慮，但在清代義理學的發展上，凌氏是理解戴氏義理的這一點仍無庸置疑，其〈戴東原先生事略狀〉云：

〈原善〉三篇，《孟子字義疏證》三卷，皆標舉古義，以刊正宋儒，所謂由故訓而明理義者，蓋先生至道之書也。〔註 66〕

〈原善〉到《孟子字義疏證》，以經書古籍爲基底；以訓詁考證爲方法，建構出迥異於宋儒的新義理。凌氏對於戴震治學的理念與貢獻，掌握得可謂清晰。

凌廷堪在清代學術上最卓著的貢獻就是撰寫《禮經釋例》以及從義理層面的立場出發，提出「以禮代理」的學術觀點，此乃是出自於一種與宋明理學爭儒學正統的思維。本文第三章嘗論述凌廷堪的義理思想時，其撰寫〈好惡說〉兩篇來解釋人性中必有「情」的存在，即有「情」必有「欲」，「欲」表現於外在言行時，便是「好惡」，除了闡釋「情」的不可抹滅性外，亦用此「好惡說」批判宋儒的理學思想，尤其是在下篇顯見。凌氏延續戴震說法，亦主張經典少見「理」字，宋儒提出，乃是因佛教所致，其云：

考《論語》及〈大學〉皆未嘗有「理」字，徒因釋氏以理事爲法界，遂援之而成此新義。〔註 67〕

先秦兩漢儒者甚少論及「理」字，而《華嚴經》有所謂的「四法界」，即「事法界」、「理法界」、「理事無礙法界」和「事事無礙法界」，此四法界的內容概略是具體現象與本體原則的分際與交融：「事法界」指各類具體事物的範疇，乃是有一切差別現象；「理法界」則是概念所構成的範疇，亦即是本體，或者

〔註 65〕　《孟子字義疏證・卷上・理》，頁 30。
〔註 66〕　《校禮堂文集・卷三十五・戴東原先生事略狀》，頁 316。
〔註 67〕　《校禮堂文集・卷十六・好惡說下》，頁 142。

是萬物共性的概念；「理事無礙法界」指一切現象事物與本體有著一脈不離的關係，本體乃是具概念的本質，需藉由具體的事物來印證，反過來說，一切具體的事物都是本體的呈現；「事事無礙法界」爲具體事物間看似彼此獨立或相對，實際上卻是互有所聯繫，牽動其一即是牽動其十、牽動其千、其萬，因爲具體事物中皆有一本體，又同時具顯於現象之中，即所謂的「鏡鏡之光，光光輝映」。若要做比較，則先秦兩漢儒者所關注的應多在事法界，而涉及一部分的理法界，但嚴格說來，並未有純粹的理法界架構，因此宋儒欲鋪陳出屬於儒學形而上學的架構，會參酌《華嚴經》的法界觀，是可以理解的。

　　「理本體」的體系成爲淩氏批判的對象，在其諸多文字中不時可見，如上文提過的「體用」論，淩氏則指出：「夫體用對舉，惟達磨東來，直指心宗，始捻出之。」理學家將「體」與「用」的層次分做本與末來處理，兩者是相對的關係，在思維邏輯上亦不是同一個層次的關係，因此與《荀子‧富國》所論的不盡相同，荀子所認知的仍是具體的現象界：「體」乃是萬物的形體；「用」則是爲人所用，因此不是相對的，也沒有分別出層次上的問題。淩廷堪又指出：「『法門以定慧爲本，定是慧體，慧是定用。』宋儒體用實出於此。」〔註68〕「定」是本體，是禪定之心；「慧」是用，是觀照。理學的體用源頭即出於禪宗。意即宋儒的體用論與佛教有關。

　　是以如〈大學補傳〉、〈中庸章句〉、《論語集注》與《孟子集注》中，其中一部分被宋明儒詮釋成與體用論相關，皆被淩氏列舉出來駁斥，其云：

> 故其〈大學補傳〉曰「全體大用」，〈中庸章句〉曰「一體一用」。又以大本爲道之體，達道爲道之用。《論語集註》說「七十而從心所欲」，以爲心即體，欲即用，體即道，用即義。說「忠恕」以爲至誠無息者，道之體也；萬物各得其所者，道之用也。《孟子集註》說理也義也，引程子曰：「在物爲理，處物爲義，體用之謂也。」至於《論語》「禮之用」，本無「體」字，亦云「禮之爲體雖嚴」，補出「體」字，以與「用」對。〔註69〕

顯然宋儒將「體用」觀點置入儒學經典內容之中，是淩廷堪所不能認同的，「體」與「用」，意味著具有垂直化的思維方式，也就是「一本萬殊」、「理一

〔註68〕　兩引文皆見《校禮堂文集‧卷十六‧好惡說下》，頁142。
〔註69〕　《校禮堂文集‧卷十六‧好惡說下》，頁143。

分殊」的概念，將包括人在內的萬事萬物都訂立在一個寂然不動的、並且在
邏輯思維上可以脫具體事物而獨立自存的「道體」（理）之下。凌廷堪在治學
與義理的層面上，或許不反對有上述如此的模式，但其認爲儒學經典中，本
無佛學「體用」的概念，更沒有能脫離具體事物而獨立自存的「道」，基本上
由引文內容可知，凌氏認爲既然儒學本無此說即無須分辨「體用」，刻意補
字，徒違悖聖人之道，其云：「禪學盛行，相沿既久，視爲固然，竟忘『理
事』、『體用』本非聖人之言。」〔註70〕即是將理學標舉的形而上之學與儒學
脫鉤，而與佛學連結，亦是印證其批評戴震猶若明若昧的態度，因佛教在唐
代以後，盛行日久，許多來自佛典裡的辭彙與觀念，漸漸被知識分子所吸
收，而已將其視爲傳統文化的一部分。

　　佛教在歷經唐代本土化運動後，已成爲中國文化中的一環，在宋明時期
被視爲是「固然」，宋儒用以詮釋儒學內涵，創造出一新型態的義理思想，實
屬合理範圍，當然，凌廷堪特別點出來批判，其動機即在於否定理學思想在
儒學的正統地位，如其所云：

　　妄以理學爲聖學，體用爲聖言。今試爲指出之，亦不敢謂有功於聖

　　學，聊以扞禦異端，不使侵我六經而已。〔註71〕

特別是在元皇慶二年（1313）定《四書集注》爲科舉定本後，士子多以《四
書集注》內容爲是，對於五經則較少關注，遑論深究經學的內容與義理。因
此，在以《四書集注》爲舉業主軸的環境下，將理學視之爲聖人之道，便成
了理所當然的結果，然而凌廷堪以維護儒學的立場指出，理學並非儒學，本
質上屬於異端。亦即所謂聖學，在凌氏思想中，必須是限制在五經範疇中，
不能有借重異端思想而創新的部分。當然，如此的界定未免狹隘，以詮釋學
的理論來說，理學的內容並非全然皆非，這部分於後文再行討論。

　　由上述可看出清代儒者批判理學的思維脈絡：顧炎武雖然批判理學，但
對於朱熹在維護經學的成果上仍是給予肯定；戴震則是主張儒學的義理來自
於經學，而捨棄經學考據的理學，因其摒除人的自然之情，將理與法等同，
又特別強調倫理階級的絕對優越性，在在過於主觀，故只能是「意見」而已，
恐落入「以理殺人」之弊；〔註72〕至凌廷堪，則直接將理學判入異端之流。

〔註70〕　《校禮堂文集‧卷十六‧好惡說下》，頁143。
〔註71〕　同前注。
〔註72〕　戴震云：「聖人之道，使天下無不達之情，求遂其欲而天下治。後儒不知情之

足見凌氏建構出以禮學爲主體的儒學下，理學以完全不能被容納於儒學之中，標示著凌氏捍衛正統的思維模式。凌氏將理學剔除於儒學之外，大抵上是以先秦兩漢的學術範疇做爲立論基石，其云：

> 好惡原於性，子產言之，子太叔述之，春秋時學士大夫尚知此義，
> 故子產之言無「理」字，亦無「體」「用」字。〔註73〕

春秋時期的知識分子論人性，包含了情的部分，因此不言「理」，亦不將「體用」對舉。於此，凌氏的論述出現邏輯思維上的爭議，性之好惡實際上與「理」、「體用」並無絕對的因果關係，並非承認性有好惡之情後即不能言「理」、不能言「體用」，實際上，戴震提出「情之不爽失」便是用以解釋「理」的內容，因此引文的內容恐無法合理的成立。凌氏文字之所以出現爭議，其原因出自於凌氏對於「理」的認知是限定於理學的理本體論述；而對於「體用」的認知則限定於影響宋儒甚深的《壇經語錄》。換言之，在如此的成見下，的確是會產生邏輯思維上的部分盲點。

但從欲確立正統的思維方式來看，凌廷堪爲了將理學徹底異端化，勢必會採取較爲偏激的論述，如侷限「理」的定義在宋儒的義理範疇之中，而不討論戴震《孟子字義疏證》關於諸多涉及「理」範疇的新義理，凌氏除一方面摒除「理」於儒學中的存在；另一方面則凸顯「禮」的核心地位，其云：

> 以子產之言，解〈大學〉、〈中庸〉，不猶愈於釋氏乎？宋儒最喜言
> 〈學〉、〈庸〉，乃置好惡不論，而歸心釋氏，脫口即理事並稱，體用
> 對舉。不知先王制禮，皆所以節民之性，好惡其大焉者也，何必舍
> 聖人之言而他求異學乎？

以清儒重視考據求實的立場而言，年代愈近於先秦的文獻紀錄，其可信度愈高。因此，春秋末期的子產（？～522）其思想與孔子接近，如「天道遠，人道邇，非所及也」，〔註74〕「唯有德者，能以寬服民，其次莫如猛，夫火烈，

至於纖微無憾是謂理，而其所謂理者，同于酷吏之所謂法。酷吏以法殺人，後儒以理殺人，浸浸乎法而論理，死矣，更無可救矣……後儒冥心求理，其繩以理嚴于商、韓之法，故學成而民情不知，天下自此多迂儒。及其責民也，民莫能辨，彼方自以爲理得，而天下受其害者眾也！」見《戴震全書（6）・與某書》，頁 495。

〔註73〕同前注。
〔註74〕《左傳・昭公十八年》（左丘明：《左傳》，長沙，岳麓書社，1996 年），頁 324。

民望而畏之」等，〔註75〕相較之下，宋儒藉由佛學的「理事」模式來詮釋〈大學〉、〈中庸〉的旨要，實不足以貼近儒學核心——禮，因為「禮」乃是由自然之性而生，乃有德、刑兼備的性質。

凌廷堪舉子產為例，認為前者猶勝於佛學，因為子產與孔子一致，皆關注於人道，宋儒卻據佛學而言天道，孔子罕言天道與性，亦嘗云：「道之以政，齊之以刑，民免而無恥。道之以德，齊之以禮，有恥且格。」〔註76〕且又讚揚子產具有「古之遺愛」，是以凌氏認為兩者高下立判。由上可知凌氏爭儒學正統的思維方式，顯然是與當時的漢學陣營較為一致，而其汲取戴震的義理思想，後又高舉「禮」學來批判宋儒，或者說是反駁宋學陣營，則與戴震一樣，深知若是僅依據考證訓詁的方法，是無法撼動理學的地位，必須提升至義理的層面，對於儒學才算是有所掌握，才有更高的視角面對學術的變動，是以凌廷堪對於清初的朱、陸之爭與乾嘉當際的漢、宋之爭，仍是有著十分精當的評論，其云：

> 崑山攻姚江，不出羅整庵之〈剩言〉，蕭山攻新安，但舉賀凌臺之〈緒語〉，皆入主出奴餘習，未嘗洞見學術之隱微也。……其餘學人，但沾沾於漢學、宋學之分，甚至有云「名物則漢學勝，理義則宋學勝」者，寧識宋儒之理義乃禪學乎？或謂禪學以理為障，宋儒以理為性，其宗旨自別。〔註77〕

顧炎武、毛奇齡，各為自己認同的理學學派辯護，其所批判對方的文字，皆可以找尋出其論點的來源與出處，因此尚未達到開創出迥然於理學義理的高度與條件，只能說是某種程度的學派修正。至於乾嘉以來的漢、宋學術之爭，多數儒者未能體察出兩派應有的目的與高度，雖說漢學與宋學所擅長的面向不同，然而其目的皆應直指儒學的義理，故不可僅以宋學的義理為儒學義理，而漢學更非只是名物訓詁的階段。換言之，凌廷堪以「禮」做為儒學的義理內容，做為儒學的核心價值，是以能夠析離出當時知識分子普遍對於漢學、宋學的分隔觀念是有問題的。

應注意的是，凌廷堪所撰〈漢十四經師頌〉、〈辨學〉諸篇文章，以及其與時人往來的書信中，皆提及學術流變，足見其不是反對區隔出漢學與宋

〔註75〕 《左傳‧召公二十年》，頁334。
〔註76〕 《四書章句集注‧論語集注‧為政》（朱熹：《四書章句集注》，北京，中華書局，2008年），頁54。
〔註77〕 《校禮堂文集‧卷十六‧好惡說下》，頁143～144。

學，而是認爲多數分別漢學與宋學的時儒，其實缺乏對於學術的正確認知，因爲不僅是宋學體系有義理，漢學體系亦有義理，而宋學的義理即是藉取佛學而代之孔孟荀的義理，所以爲異端；孔孟荀的義理——禮學，才是聖人之道。其云：

> 後儒之學本出於釋氏，故謂其言之彌近理而大亂眞。不知聖學禮也，
> 不云理也，其道正相反。〔註78〕

以《論語》爲例，其紀錄關於禮之種種對話，故可見禮乃是孔門重點，如「不學禮，無以立」；「不知禮，無以立」；「一日克己復禮，天下歸仁焉」等，〔註79〕淩氏認爲宋儒卻捨棄實實在在的禮學，而專言抽象不實的理學，乃是亂儒學之眞義理，令後儒產生義理上的誤解。

上文提及，淩廷堪多次論及學術流變，足見其治學識見具有一定的高度，從部分書信與論說中顯示，其對於歷代學術之變表示其看法，如〈與胡敬仲書〉云：

> 宋以前學術屢變，非漢學一語遂可盡其流。……蓋嘗論之，學術之
> 在天下也，閱數百年而必變。其將變也，必有一二人開其端，而千
> 百人譁然攻之；其既變也，又必有一二人集其成，而千百人靡然從
> 之。〔註80〕

無論是漢學抑或是宋學，只是整個中國學術史中的一部分而已，皆在此一學術變遷的範疇之中。而淩氏所關注的重點即在於學術之變，其變在由一二人之開端，而眾多知識分子不解其思維，因而群起攻之，等待此一學術集其大成後，又成爲一時風靡之顯學。

此論點印證了在前朝歷代如此，至乾嘉至道光前半期亦是如此：明代中葉後逐漸回歸經典考證，而考據方法至乾嘉時期大盛，盛行於整個知識階層。事實上，淩廷堪對於當時考據之風靡亦有所批判，其云：「浮慕之者，襲其名而忘其實，得其似而遺其眞。」〔註81〕所指涉的就是只知道考據法而不知聖人之道爲何的儒者們。所謂的「實」、「眞」，就是聖人之道，亦是義理核心，藉由經學典籍提出聖人之道，並加以實踐，這才是淩廷堪所認定的「實」、「眞」，其在〈荅牛次原孝廉書〉云：「六經諸史，聖人之道法在焉，

〔註78〕《校禮堂文集·卷四·復禮下》，頁32。
〔註79〕引文皆同前注。
〔註80〕《校禮堂文集·卷二十三·與胡敬仲書》，頁203。
〔註81〕《校禮堂文集·卷二十三·與胡敬仲書》，頁206。

先王之治術存焉。」〔註82〕「道法」即義理，「治術」則為實踐之法，此文字之要旨，與戴震的「六經者，道義之宗，神明之府也」幾乎無異。上文提過，連朱筠、紀昀等著名之乾嘉學者，對於戴震的新義理學評價甚低，他們僅知宋儒的義理，或者言宋學即代表義理；漢學則代表考據，由此可推知當時多數儒者們的認知實是不清。

凌廷堪在此一學術氛圍下，從學術流變去批評當時的知識階層：多數不知漢、宋之分而何為，僅一味附和的心態。除了其認同戴震「轎伏與轎中人」的觀點外，此一批判應亦有自詡為學術「豪傑」的想法，當然，此一「豪傑」是指維護儒學正統之人，凌氏研究《儀禮》甚深，於當際被譽為「一代禮宗」，可謂是清代中葉復禮思潮的集大成者，又，其諳學術之流變，對於時人卻缺乏學術認知不以為然，因此藉〈辨學〉中的博士之口云：「庸眾以從俗為良圖，豪傑以復古為己任。」以及：「偽士不可以亂真儒也，猶之魚目不可以混美珠也；虛聲不可以紊實學也。」〔註83〕印證其治學的識見與思維方式，確實是高於當時多數的知識分子。

（二）汪中

汪中對於荀子及其著作的研究成果，在清乾嘉之際是有目共睹的。另外，汪中對於《墨子》的校勘與肯定墨家的思想亦在乾嘉時期頗為著名，是以其對學術的思維方式應有其值得探究與瞭解之處。

本文第四章曾探討了汪中等人對於先秦諸子的研究，而荀子與墨子正是汪氏關注的對象。荀子在漢代以降的儒者評價中不甚高，如韓愈（768～824）〈讀《荀子》〉即有「大淳而小疵」的評價，〔註84〕而至理學的形而上學興盛後，注重形而下經驗論的荀子，其思想則完全不受主流儒者們重視，然而汪中卻提出「荀卿之學出於孔氏，而尤有功於諸經」，〔註85〕主張孔子與荀子之間具有清楚的學術傳承，乃是正宗大儒。而關於墨子，在其《墨子》序〉以「凡民有喪，匍匐救之，仁人也」替墨子平反。〔註86〕由上述兩點可知，汪

〔註82〕　《校禮堂文集・卷二十二・苔牛次原孝廉書》，頁197。
〔註83〕　皆見《校禮堂文集・卷四・辨學》，頁34。
〔註84〕　《朱文公校昌黎先生集・卷十一・讀荀子》（韓愈：《朱文公校昌黎先生集》，上海，上海商務印書館四部叢刊影印本，1929年），頁100。
〔註85〕　《述學・卷四・荀卿子通論》（汪中：《述學》，臺北，世界書局，1972年），頁8上。
〔註86〕　《述學・卷三・墨子序》，頁4上。

中的學術思維與趨向，與宋明儒者相左，其關注的多在具體的、經驗的層面
上。

　　吾人可先從汪中友人的文字中，窺知其治學思維之梗概。《國朝漢學師承
記》中記載關於汪中的治學方向，大致與戴震一致，亦頗受包含顧炎武、惠
棟、閻若璩等幾位大儒的治學理念影響，而汪中本意欲撰寫〈六儒頌〉，來褒
揚上述依古治經的清代大儒，江藩記載云：

> 君治經宗漢學，謂國朝諸儒崛起，接二千餘年沉淪之序，通儒如顧
> 寧人、閻百詩、梅定九、胡朏明、惠定宇、戴東原，皆繼往開來
> 者。〔註87〕

顧炎武至戴震等六位清代儒者，在汪中的眼中評價極高，主因於這幾位儒者
在經學考證之中，均有著豐碩的成果，此成果不僅釐清先秦的古籍，亦影響
清代中葉的學術風氣。由「二千餘年沉淪之序」即知，汪中的學術視野所貶
低的對象，除了玄學、佛學，更包含理學在內，這一點是無庸置疑的，然而
兩漢以降至清中葉，不過約一千六、七百年而已，何以有二千年餘年之久？
吾人從凌廷堪〈汪容甫墓誌銘〉中摘錄〈六儒頌〉的文字或許可推知一二。
凌氏引汪中文字云：「古學之興也，顧氏始開其端；《河》《洛》矯誣，至胡氏
而絀。」〔註88〕先撇開宋儒藉道教理論解釋《河圖》、《洛書》的部分不談，《河
圖》、《洛書》在漢代被視爲是讖緯之學的一部分，並衍生出諸多迷信與謬說，
一直到清初胡渭（1633～1714）考證後，撰寫《易圖明辨》，將其穿鑿附會的
部分釐清，才將漢儒的讖緯之說以及宋儒的太極圖、先天圖說一併剔除，而
皮錫瑞亦云：「當時如胡渭《易圖明辨》，能辟《圖》、《書》之謬。」〔註89〕
是以江藩所寫的「二千餘年」云云應是指汪中稱頌胡渭對上述二項考證的成
果，徹底扭轉漢代以降的矯誣之說。

　　由江藩與凌廷堪所撰寫的汪中介紹可知，其排斥虛幻無據、抽象不實的
對象，此包括了宋儒的性命之學與怪力亂神之物，凌廷堪云：

> 君最惡宋之儒者，聞人舉其名，則罵不休。又好罵世所祠諸神如文
> 昌、靈官之屬，聆之者輒掩耳疾走。〔註90〕

而江藩撰寫關於汪中的文字亦云：

〔註87〕 《國朝漢學師承記・卷七・汪中》，頁113。
〔註88〕 《校禮堂文集・卷三十五・汪容甫墓誌銘》，頁320。
〔註89〕 《經學歷史・經學復盛時代》，頁306。
〔註90〕 《校禮堂文集・卷三十五・汪容甫墓誌銘》，頁319。

> 君性情伉直，不信釋老、陰陽、神怪之說；又不喜宋儒性命之學，
>
> 朱子之外，有舉其名者，必痛詆之。〔註91〕

兩篇文字皆將形而上之理與信仰宗教兩者一併置陳，可見在汪中的思維中，兩者的性質應該是被歸爲同一類型，若由其〈與朱武曹書〉中所云：「有志於用世，而恥無用之學。」則清楚顯示其所認同的乃是可用世之學、有用之學，在此一前提下，理學自然被汪中視爲批判與捨棄的對象之一。而關於江藩所提「朱子之外」的文字，在本文前章曾提過，汪中自謂「問學實私淑諸顧寧人」，〔註92〕因顧炎武對朱熹在維護經學的貢獻上表示認同，或許是汪中亦認同並跟隨顧氏，對於朱熹的評價高於其他理學家，是以江藩才會特別指出。

　　無論汪中自身是否有表明較爲尊敬朱熹？可以確定的是，其批判宋儒與維護正統儒學價值的態度非常鮮明，以下分別述之。首先，其〈大學平議〉一篇，乃是針對程朱所標舉的〈大學章句〉而撰寫，其認爲原本的〈大學〉內容上雖沒有商榷之處，但亦無特別值得提出的部分，程朱刻意爲之，乃是有其動機，其云：

> 〈大學〉其文平正無疵，與〈坊記〉〈表記〉〈緇衣〉伯仲，爲七十
>
> 子後學者所記，于孔氏爲支流餘裔，師師相傳，不言出自曾子。視
>
> 〈曾子問〉〈曾子立事〉諸篇，非其倫也。〔註93〕

〈大學〉做爲《禮記》的其中一篇，與〈坊記〉、〈緇衣〉等內容的差不多，應是孔門再傳弟子所撰寫，而朱熹言爲孔子之言，曾子述之的說法，歷代皆無此說法，實無法考證朱子所言爲真。閱讀〈曾子問〉與《大戴禮記・曾子立事》篇，則不能與〈大學〉內容相比擬。汪中在文章一開頭，便將宋儒極爲推崇的〈大學〉視之爲與〈坊記〉、〈表記〉等篇章相同，且無法證實是曾子與門人所撰寫，此及意味著〈大學〉並無宋儒所言的特出與崇敬。當然〈大學〉是否爲曾子所做，不僅朱熹無法求證，汪中或其他考據學家亦無法證實，汪中只能推測是孔門弟子的弟子所撰，畢竟從文字內容來看：以〈大學〉與〈曾子問〉爲例，兩篇的文體不相同，前者爲議論形式；後者爲對話形式，難以論斷同一人或同一批人所寫。汪中在這一部分，先以考證方式來

〔註91〕　《國朝漢學師承記・卷七・汪中》，頁113。
〔註92〕　《述學・卷六・別錄・與朱武曹書》，頁20下。
〔註93〕　《述學・卷四・補遺・大學平議》，頁19上。

處理〈大學〉。

除了將〈大學〉的內容評論為平凡不夠特出，汪中進一步批判宋儒以及分析為何要標舉〈大學〉列為《四書》，其云：

> 宋世禪學盛行，士君子入之既深，遂以被諸孔子。是以求之經典，惟〈大學〉之格物致知，可與傳合，而未能暢其旨也，一以為誤，一以為缺，舉平日之所心得者，著之于書，以為本義固然，然後欲俯則俯，欲仰則仰，而莫之違矣。〔註94〕

宋代沿襲唐代，佛教盛行，知識分子普遍深受影響，是以欲從孔門經典之中尋求與佛教教義相通者，而〈大學〉篇章中的格物致知云云，正可被取之詮釋，但以儒學經典去附會佛學教義，汪中認為兩者旨意相差甚多，宋儒不僅僅是誤解〈大學〉旨意，又擅自更動〈大學〉內容以求補其所主張的義理思想，汪中此文即批判朱熹補著的〈格物致知補傳〉，朱氏云：「閒嘗竊取程子之意以補之曰：『所謂致之在格物者』。」〔註95〕如此一來，則經典成為宋儒義理思想的註腳，主體是宋儒所主張的義理，而儒學義理與經典是否仍具有原來之面貌，則不是宋儒所關注的層次。

汪中認為，宋儒因受佛學影響，已有先入為主的觀念，是以其所闡釋的義理，乃是非正統的、不能依據經典闡釋的義理，以如此謬誤的義理置入儒學經典中，並以為是直承孔子思想，汪中即以「習非勝是，一國皆狂」來評價宋儒。汪中又云：

> 周秦古書，凡一篇述數事則必先詳其目，而後備言之，《逸周書》、《管子》、《韓非子》至多。本書〈祭統〉之十倫、〈孔子閒居〉之五至三無皆是也。今定為經傳，以為二人之辭，而首末相應，實出一口，殆非所以解經也。……門人記孔子之言，必稱子曰、子言之、孔子曰、夫子之言曰，以顯之，今〈大學〉不著何人之言，以為孔子義，無所據。〔註96〕

此引文所辨證的主要基於考證方法，但仍可分為兩項來審視：其一，先秦古籍中，論述有其慣用的陳述要旨模式，汪中列舉了《逸周書》等幾部先秦著作，以及《禮記》的兩篇，均可發現此一模式。唯朱熹所編纂的〈大學章句〉，

〔註94〕《述學・卷四・補遺・大學平議》，頁19上。
〔註95〕《四書章句集注・大學章句》，頁6～7。
〔註96〕兩引文皆見《述學・卷四・補遺・大學平議》，頁19上～19下。

卻不符合此一模式，朱熹云：「右經一章，蓋孔子之言，而曾子述之。其傳十章，則曾子之意門人記之也。」〔註97〕實則〈大學〉一篇，原本無〈經〉、〈傳〉之分，是程子率先提出〈大學〉是孔子所傳之書，乃由於錯簡之緣故，而朱子接續考訂、增補而成《四書》版本的〈大學章句〉。其二，先秦古籍記錄孔子之言時，亦有四種稱謂，而朱熹的版本中，在〈經〉的部分完全不見上述四種稱謂，是以要託辭是孔子義理，實無任何立基點。總和上述兩項，汪中認為程朱之所以重視〈大學〉，並偽托其為孔子與曾子之所留傳，完全只為自身的義理思想做背書而已。

　　汪中於文中的最末一段提出孔子將人才分為上、下兩大類型，因此不可使用統一的方式，《論語》中大量記錄著「因材施教」的具體教化行為，汪中用其來對比宋儒義理思想的統一性與強制性，藉以區隔出儒學與理學兩者的差異性，其云：

> 明乎教非一術，必因乎其人也，其見《論語》者問仁、問政，所答無一同者，聞斯行諸判然相反，此其所以為孔門也。標〈大學〉以為綱，而驅天下從之，此宋以後門戶之爭，孔氏不然也。宋儒既藉〈大學〉以行其說，慮其孤立無輔，則牽引〈中庸〉以配之，然曾子授業於孔門，而子思則其孫也，今以次于《論語》之前，無乃僭乎，蓋欲其說先入人心，使之合同而化，然後變易孔子之義。〔註98〕

孔子有「中人以上可以語上，中人以下不可以語上」之分，因此凡學生問仁、問政、問孝等等，孔子會依據其材性而回答，如顏回問仁，孔子回以「克己復禮為仁」；而司馬牛問仁，孔子則云「其言也訒」，諸如此類，足見孔子善於察人，而能給予適時的引導。宋儒則與孔子相左，其高舉〈大學〉的三綱八目做為教化世俗的準則，而忽略適性與適才之彈性。又以《四書》編序而言，其將〈大學〉置於首；〈中庸〉居次；《論語》又居於後，按師生輩分而言則是安排失當。以上總總，在在可知程朱之學並非真正契合於儒學，僅是假藉儒學之名，行己之義理而已。

　　凌廷堪批判宋儒時，仍會以〈大學〉做為其論述人性之好惡的依據，並未對〈大學〉篇章的地位與價值提出質疑，而汪中卻不然，直接言〈大學〉毫無特出之處，更抨擊程朱版的〈大學章句〉，批判其內容與孔子之道無涉，

〔註97〕　《四書章句‧大學章句》，頁 4。
〔註98〕　《述學‧卷四，大學平議》，頁 19 下～20 上。

是以再從其〈與端臨書〉中云：「每以足下篤信宋人爲恨。」〔註99〕可推測，江藩所撰寫「不喜宋儒性命之學，朱子之外，有舉其名者，必痛詆之」云云，〔註100〕或可從此間看出其思想的變化。

　　或許是受禮學復興的影響所致，汪中亦強調先秦儒者乃是將「行禮」與「講學」視爲一體，不若後世宋儒講學的內容多爲語錄中所記載的抽象性命之學，其云：「古之爲教也以四術，書則讀之，詩樂同物，……揖讓周旋，是爲行禮。」此意謂講學的內容無論是書、詩、樂，皆離不開禮，簡言之，詩、樂、書等一切活動，都必須依禮進行，汪中繼云：「其習之也，恆與人共之。」〔註101〕講學的主體即是學習，而學習的目的即是能在群體中、在倫理中懂得應對進退。「揖讓周旋」如何得宜從容？便是習禮的課題，汪中更以孔子與其弟子爲例，說明禮的不可或缺性，其云：

> 孔子適宋，與弟子習禮大樹下，魯諸儒講禮，鄉飲大射于孔子冢，
> 皆講學也。禮樂不可斯須去身，故孔子憂學之不講，後世群居終日，
> 高談性命而謂之講學，吾未之前聞也。〔註102〕

孔門中所謂的講學內容，就是習禮。孔子離曹國往宋國時，與弟子習禮、行禮於林間而不廢。而孔子歿後，後世儒者仍在孔里間習禮、行禮。汪中藉《史記‧孔子世家》的記載，強調儒學中的講學，乃是具體的禮、是可以被實踐的禮，而且與凌廷堪主張一致的是，汪中也強調「禮樂不可斯須去身」，此一主張視作挺立自身儒學思想的正統性是十分合理的，因文末提出孔子所憂心的部分乃爲「學之不講」，而又接「群居終日，高談性命」云云，此文字可分析爲兩點：其一、學之不講，意即不習禮、不實踐禮，而禮之實踐，必須體現在日常中、在群體中。其二、汪中引《論語‧衛靈公》「群居終日」，亦有批判專談性命之學之人，乃是「言不及義」，〔註103〕既是言不及義，則非儒學義理。綜合上述，汪中以上承孔門正統自居來批判宋儒的態度當是明顯。

（三）焦循

　　不同於凌廷堪的禮學，焦循的學術成果在於研究易學的數學原理與闡釋

〔註99〕　《述學‧卷六‧別錄‧與端臨書》，頁15上。
〔註100〕　《國朝漢學師承記‧卷七‧汪中》，頁113。
〔註101〕　《述學‧卷六‧別錄‧講學釋義》，頁1上。
〔註102〕　《述學‧卷六‧別錄‧講學釋義》，頁1下。
〔註103〕　《論語集注‧卷八‧衛靈公》，頁165。

旁通原則的部分，前章論述過「旁通」、「時行」等以數學原裡帶入易學的方法，因此焦循在其思維的層面上特別凸顯出權變旁通的特點，而這一部分亦表現在觀察學術批判上，因此焦循並未如淩廷堪、汪中、阮元般一味以漢儒成果爲正統的立場批判宋學，而是以較爲靈活變通的視角來提出他體認到的儒學核心。學者張舜徽認爲焦循的學術主張是「竭力反對考據、漢學、宋學這一類的名目，……不執於一端」，〔註104〕此論述誠然有正確之處，但亦有部分值得商榷，以下就逐步分析。

乾嘉時期考據方法學興起後，絕多數的儒者投身考據方法之中，且誤以爲考據古學足以令儒者忽視義理學，此部分上文業已提過，雖然淩氏、汪氏等人認同戴震的新義理學，亦主張以實踐禮學來取代宋明儒者的抽象形而上學，但未如焦循一般，能對當時漢、宋之爭提出更具高度的論述。首先，吾人可先確定焦循對於儒學內涵的立場與是具體性的、平易性的無誤，其〈寄朱休承學士書〉中云：「聖人之教，質實平易，不過欲天下之人各正性命，保合太和而已。」〔註105〕足見焦循對於儒學的認知乃在質實平易，而非宋明儒者的思辨性理。

上段提及焦循與淩氏等人的學術思維稍有不同，最明顯的是體現在焦循對時儒鑽研於考據學後，進而失焦的不滿，其〈申戴〉云：

> 戴東原臨終之言曰：「生平讀書，絕不復記，到此方知義理之學，可以養心。」因引以爲排斥古學之證。江都焦循曰：「非也。……東原生平所著書惟《孟子字義疏證》三卷、《原善》三卷，最爲精善。〔註106〕

在考據古學的風氣熾盛下，如朱筠、紀昀這般學者都無法釐清儒學的義理範疇不限於宋明儒的義理，因此戴震的遺言就被一般的考據學者視作投向宋儒義理的證據，完全否定了《孟子字義疏證》等義理學的著作。焦循則是肯定戴震義理學的貢獻，與淩氏等人一樣均支持戴氏的學術成果，焦循明確指出，儒學義理的範疇不是只有程朱陸王的講學內容，其云：「東原自得之義理，非講學家〈西銘〉、〈太極〉之義理也。」〔註107〕足見焦循對於「義理」

〔註104〕《清代揚州學記・第五章　焦循》（張舜徽：《清代揚州學記・顧亭林學記》，武漢，華中師範大學出版社，2005 年），頁 116。

〔註105〕《雕菰集・卷十三・寄朱休承學士書》（焦循：《雕菰集》，臺北，鼎文書局，1977 年），頁 202。

〔註106〕《雕菰集・卷七・申戴》，頁 95。

〔註107〕同前注。

範疇的認識。

溺於考據方法而未諳儒學義理內涵，意味著無法理解儒學的核心價值，也就無法辨析何謂漢學與宋學之別，焦循見多數時儒一味詆毀宋學，以沾漢學而自恃，實際上卻連漢學亦有義理都不知，如何能具備論述儒學正統以摒斥程朱陸王的理學了。當然，焦循不認同當時的漢宋之爭，亦不認同獨樹考據一格，其云：「自周秦以至於漢，均謂之學，或謂之經學，……無所謂考據也。」〔註108〕考據方法獨立於經學之外，乃是將研究方法等同於研究目的，如此則給予時儒錯誤的治學觀念，焦循對這樣的治學觀念深表不滿，並曾因此與孫星衍（1753～1818）專就「考據」一事進行論辯，由於當時考據學蔚爲風潮，許多儒者也以考據學專家自居，焦循認爲如此則犯了本末倒置之病，其舉《漢書‧藝文志》爲例，五經、詩賦、諸子學、數術、方技等，皆爲專門之學，儒者有專守一經，或者兼通其他經典，甚至也有通經又長於詩賦、或諸子學、或數術、或坊技等等，就是不見考據之名，其云：

> 未聞以通經學者爲考據。鄭大儒繼作，以百家諸子之書，術數讖緯之學，一切通之於經，盡化以前專家章句之習，破古今師法之爭，爲經學大成，亦仍謂之經學。經學者以經文爲主，以百家子史天文術算陰陽五行六書七音等爲之輔，……求其訓，故核其制度，明其道義。〔註109〕

在焦循的思維中，顯然不是眞正要剔除考據此一方法，而是認爲不需要將其獨立並凸顯出來。以鄭玄爲例，其學通五經，又習天文曆法算術，對於兩漢的讖緯之學亦有所涉獵，是以鄭玄能融匯各家經師的文字，破除了師法之囿見，對於古今經文之爭亦能予以化解。從鄭玄所精通的各項部分來看，自詡爲考據學家的清儒們應該難以超越其成果，而鄭玄卻是以經學家傳世，而不僅止步於考據。

焦循認爲，考據方法本來就是經學研究中必須存在的一環，不需要另外特別被提出，經學所涉及的範疇甚廣，除了義理之外，天文曆法、算學、陰陽五行、聲韻、文字與百工等等都被包含在經學的範疇當中，因此一名經學研究者，本就應當具備上述的部分學識涵養，包含考據方法在內，如此才有能力就經文而發揮正確的闡釋，進而理解其所蘊含之道。

〔註108〕《雕菰集‧卷十三‧與孫淵如觀察論考據著作書》，頁212。
〔註109〕《雕菰集‧卷十三‧與孫淵如觀察論考據著作書》，頁213。

　　焦循指出，原本應該有的經學研究方法至宋代時被儒者所捨棄，而考據法亦在宋代逐漸被抽離出來，亦造成日後治學的分歧，其云：

> 趙宋以下，經學一出臆斷，古學幾亡。……王伯厚之徒，習而惡之，
> 稍稍尋究古說，摭拾舊聞，此風既起，轉相仿效，而天下乃有補苴
> 掇拾之學，……不知起自何人，強以考據之名。〔註110〕

宋代以降，儒者們逐步將《四書》提至儒學義理的首要，五經的內容有一部份受到儒者們的質疑而被刪改或增補，因宋儒不以諸子、天文、數學、地理等學門做爲考核經文的輔助，逕自以臆斷的方式來處理經學，導致經學研究幾乎湮沒。南宋王應麟（1223～1296）稍稍拾回歸漢代的經學研究法，雖王氏無創考據之名，但爲考據而治學的方式遂在此後傳遞。焦循此段文字，一來批判宋儒缺乏考證實據的臆斷經學，是造成經學一度沒落之因；二來批判南宋儒者王應麟的治學法，乃是補縫收集的方式，缺乏對經學的正確認知，這也就是乾嘉多數時儒們所知道的考據法，此一考據法，與漢代鄭玄的治學方法相比，前者顯得支離不全，因爲後者的主體就是經文，最終目標就是明白聖人大道，戴震亦復如是，此即是儒學義理。

　　焦氏深知戴震的義理乃是異於宋明儒者的義理，但絕多數的時儒並未認清此點，其歸結的可能原因，恐在於考據之名障蔽了通往孔孟之道的門徑，其云：「補苴掇拾，不能通聖人立言之指。」〔註111〕若再由〈與劉端臨教諭書〉中亦可見出端倪，焦循云：

> 蓋古學未興，道在存其學，古學大興，道在求其通，前之弊，患乎
> 不學；後之弊，患乎不思。證之以實，而運之於虛，庶幾學經之道
> 也。近來爲學之士，忽設一考據之名目，……蓋儒者束髮學經，……
> 其學於經，或精或否，皆爲之學經，何考據之云？

古學就是經學，而儒學的義理存在於經學之中，清代經學復興，儒者應可旁通諸經而尋求出義理，然而多數清儒卻溺於考據之法，忽略思辨的功夫，宋明儒恰恰相反，重於思辨輕忽學經，真正的經學研究在於學思並重。從乾嘉時儒的反應來看（朱筠、紀昀對《孟子字義疏證》的評價），多數儒者因受考據之法障蔽的緣故，實則未能真正進入經學研究的領域，更無法一探儒學義理的層次。是以焦循才會對考據之名下評語：「考據之名，不可不

〔註110〕　《雕菰集・卷十三・與孫淵如觀察論考據著作書》，頁214。
〔註111〕　同前注。

除。」〔註112〕

　　乾嘉時期的學術氛圍大抵上是漢學表現得較爲強勢乃是無庸置疑，但實際卻只有少部分的儒者能觸及眞正的經學，焦循列出了數位：「在吳有惠氏之學，在徽有江氏之學、戴氏之學，戴氏之學精之又精。」〔註113〕尚有程瑤田（1725～1814）、段玉裁（1735～1815）、王念孫（1744～1832）以及錢大昕（1728～1804）等，焦循認爲上述諸儒均是符合列入經學家之林，「均異乎補苴掇拾之所爲，是直當以經學名之」，〔註114〕以經學的範疇而言，上述諸位確實有其成果與貢獻，但若要以義理方面的貢獻而言，則恐只有戴震一人，是以焦循稱戴震是「精之又精」。

　　上文嘗提及，張舜徽認爲焦循治學不執於一端，反對漢、宋之分，實際上由上述的脈絡看下來，焦循的治學思維仍是較偏向於漢學無誤，從其文字稱頌漢儒鄭玄、清儒戴震以及「古學未興，道在存其學」云云即可知，只是其認爲時儒將漢學等同於考據方法，乃是扭曲治學眞義，是以用古學或經學稱之，其用意一來與補苴掇拾的考據方法學區隔；二來有正儒學之正統學術的意涵存在，畢竟「經學」乃是先秦兩漢以來，所有儒者所重視的經典之學，聖人之道、儒學義理皆蘊藏於其中，焦循是認同這一觀點的。

　　依此思維脈絡，焦循自然反對時儒將義理歸諸於宋學，而將考據等同於漢學，其〈寄朱休承學士書〉云：

> 循讀東原戴氏之書，最心服其《孟子字義疏證》，說者分別漢學、宋學，以義理歸之宋，宋之義理誠然詳於漢，然訓故明乃能識義文周孔之義理，宋之義理仍當以孔之義理衡之，未容以宋之義理定爲孔子之義理也。〔註115〕

時儒因考據的障蔽所致，誤將考據之法等同於漢學；義理思想等同於宋學，用此一謬誤、粗糙的方式區分漢學與宋學，於是乎凡有考據者皆爲漢學；凡涉及義理者通通爲宋學，試問：朱熹、王明陽亦有考據經典，其二位爲漢學陣營？戴震著有《原善》、《孟子字義疏證》，則爲宋學陣營？若是依據時儒的邏輯，不僅昧於學術史之事實，更勢必無法呈現出眞實的儒學面貌，焦循對漢、宋之爭表示不滿的主因即在於此。焦循承認，宋明儒的形而上義理系統

〔註112〕《雕菰集·卷十三·與孫淵如觀察論考據著作書》，頁214。
〔註113〕同前注。
〔註114〕同前注。
〔註115〕《雕菰集·卷十三·寄朱休承學士書》，頁203。

相較於漢儒的義理，確實是後出轉精，但其提出一個重點，即：無論宋明儒者的義理學如何之精妙，仍必須以孔子的義理來做爲審核的標準，絕不可以爲宋明儒的義理就等同於孔子的義理，就代表了儒學的義理。由引文又可證出焦循所認定的儒學義理，必須是藉由訓詁來釐清先秦聖人的思想，並依據此一思想做爲審核後世儒者的標準。

　　基本上，焦循確立了儒學的正統，其路徑是以經學爲主體、天文術數音韻文字爲輔，目的爲闡釋孔子的義理學，其對於義理的定義顯然有著一定的原則與取捨，在其一篇序文中，又見批判時儒認知的義理，其云：

> 今學究之談義理者，起於爲八股時文，而中於科第爵祿之見，其童而習者，惟知有講章，講章知所引據，則采摘宋儒語錄，故爲是學者，舍宋人一二剩語，遂更無所主，不自知其量，由沾沾爲假義理之說以自飾其淺陋。及引而置之義理之中，其芒然者如故也。〔註116〕

程朱之學乃爲科舉考題來源，包括語錄在內，勢成爲科考的範疇，而多數時儒所認定的義理大抵上便是這些節錄刪選過的義理，此一義理多來自宋儒語錄不與經學接軌，遑論悖離了孔子義理，在焦循的思維中，不啻爲假義理。這一脈絡基本上與淩廷堪、汪中等人並無差異，但焦循有其特出之處，上文曾提過其學術思維是較具旁通權變的成分，雖然其治學方式承襲戴震一脈，對於正統義理的維護相當明確，但其對於程朱或陸王的包容性確實較爲寬和，這一點從其云「宋之義理誠詳於漢」一語可看出。

　　焦循亦有撰寫關於論述宋明理學的專論，其著眼點不在於批判，而在於論述理學之「用」，且焦點爲陽明心學，其云：「紫陽之學，所以教天下之君子；陽明之學，所以教天下之小人。」焦循此處所謂的君子與小人之別，首先可解釋於道德自律的程度，其繼云：「紫陽之學，用之於太寬平裕，足以爲良相；陽明之學，用之於倉促苟且，足以成大功。」〔註117〕太平盛世，人民生活相對寬裕，相較於亂世偏安，道德自律的程度較高，是以焦循認爲程朱與陸王兩者有著「致用」處上的分殊。焦循針對心學的良知論，云：

> 良知者，良心之謂也。雖愚不肖，不能讀書之人，有以感發之，無不動者。陽明以浙右儒生，削平四省之盜，本以至誠，發爲忠憤，

〔註116〕《雕菰集・卷十五・王處士纂周易解序》，頁243。
〔註117〕《雕菰集・卷八・良知論》，頁123。

麾其所部，獨入險阻……其謫龍場也，諸苗奉之，日與說愛親敬長，
而諸苗皆悅。〔註118〕

王陽明以一介儒生平定盜賊與叛變，勢必具備軍事長才與過人的勇氣，恐非
如引文中所言「以感發之、本以至誠」，否則難以立下如此之事功。「良知論」
在焦循看來應是啓發內心之知，此知能判斷吉凶善惡，是以良知學被焦循置
於其「能知故善」的理論下，人人都有知的本能，因此任何人均可以由知來
判別，此知便可以是「良知」。另一方面，由《明史》記載「龍場萬山叢薄，
苗、僚雜居。守仁因俗化導，夷人喜」云云，〔註119〕可推知陽明的良知說會
被焦循所關注，或許與「因俗化導」有關係，蓋此亦可與「變通」做聯繫的
緣故。

而上述引文亦可見出焦循言君子與小人分別的另一個詮釋，即統治階層
與黎民百姓的兩類身分，最大的差別除了階級高低外，亦包含著是否爲知識
分子的分別，是以方有「不能讀書之人，有以感發之，無不動者」云云，但
無論如何，人皆有能知故善的本性，此是焦循繼承自戴震的「以學養智」論
述，其在〈性善解四〉云：「善之言，靈也。性善猶言性靈，惟靈則能通，通
則變能變。」〔註120〕在能知故善的本然前提下，智性的呈現也就是「靈」，「靈」
有「神妙」的含意，故能「通」，「通」則能「變」。另外，上文有提過其易學
中「旁通」、「時行」等爻位的相錯之法，即是「變通」的體現，而卦爻相錯
變通的目的，就是教人如何與時權變、趨吉避凶，焦循云：

苗民性之至野者也，土司宣慰強梗難服也；安仁三邑頑民，抗之有
年也。當是時從容坐論，告之以窮理盡性之學，語之以許鄭訓詁之
旨可乎？〔註121〕

苗族在古代知識分子的觀念中是化外之民，非禮樂之邦民，不在儒學教化對
象之列。而南方反賊據守山寨，與官方抗衡多年，倘若王陽明仍是以宋儒的
性理之學或漢儒的訓詁之學來施行教化，如此王陽明的事功偉業恐將不復存
在。換言之，王陽明就是懂得與時變通、因地制宜，才能順利完成許多儒者
無法企及的成就。

綜合上述，焦循以能知故善與易學變通的思維來審視陽明心學，是其較

〔註118〕《雕菰集・卷八・良知論》，頁123。
〔註119〕《明史・卷一百九十五・列傳八十三・王守仁》，頁5161。
〔註120〕《雕菰集・卷九・性善解四》，頁128。
〔註121〕《雕菰集・卷八・良知論》，頁123～124。

爲特出之處，雖是如此，焦循的學術立場在大原則上可確知，其乃視治經而
解聖人之義理是爲儒學的治學途徑，不可諱言，此一途徑大致上與漢儒重疊，
但又不偏執於一端，且飽含權變的思維於其中，故焦循能依據戴震的義理思
想，同時可以肯定王陽明的良知論。在正統與異端的分辨中，焦循云：「蓋異
端者，各爲一端，彼此互異，惟執持不能通則悖，悖則害矣。」〔註122〕這一
種重視「通」的思維，在淩廷堪等人的思維中是較少見的，焦循認爲程朱學
派指謫陸王學派爲異端；陸王學派批評程朱也爲異端，相互攻擊，其結果就
是清初以降的兩敗俱傷，而至乾嘉時期清儒間的漢、宋學派之爭亦然，此相
互攻擊的情況，「豈孔子之教也」。〔註123〕焦循認爲孔子義理之中有一個重點
即是在於「通」，是以其對於漢、宋之爭持反對意見，從一些文字中可知，焦
循認同的儒者典範即是通儒，其云：

> 荀子曰：「聖人兼陳萬物，而中縣衡焉，中縣衡，則有以序之，此損
> 益所以隨時也。」袁紹客多豪俊，並有才說，見鄭康成儒者，未以
> 通人許之，競設異端，百家互起……康成本通儒，不執一，故依方
> 辯對，謂於眾異之中，衷之以道也。〔註124〕

先秦儒者如荀子，其所認爲的聖人大道，乃是不偏不倚，含攝萬物，取中庸
而持衡於兩端，如此方可掌握住與時變通的可能性，焦循所認同的正統儒
學，即是中庸之道，而此一中庸即是通達權變。其舉鄭玄與袁紹（153～202）
的幕僚對辯爲例，說明儒者應有的典型就是如此，能持中權變，化解各種異
端之說。

　　從焦循的文字批判中可知，考證方法在乾嘉時期伴隨著經學復興而大
盛，但並非是焦循所認同的，唯有經過訓詁方法研究經學與古籍，儒學義理
才有可能被理解。換言之，儒學的義理離不開經典，倘若有出自於臆斷，則
必須依據孔子的義理做爲衡量的準則。是以焦循雖是主張儒學具有通達權
變、與時俱進的層面，在某些文字中亦可發現其肯定宋明儒的學說，但從其
正面來書寫鄭玄、顧炎武、戴震等人，以及其撰《孟子正義》發揮戴震義理，
又所撰寫的〈讀書三十二贊〉中儒者，絕多數在《國朝漢學師承記》中亦榜
上有名，其中之一贊〈孟子字義疏證〉云：「性道之譚，如風如影，先生明之，

〔註122〕　《雕菰集・卷九・攻乎異端解上》，頁135。
〔註123〕　《雕菰集・卷九・攻乎異端解上》，頁134。
〔註124〕　《雕菰集・卷九・攻乎異端解上》，頁135～136。

如昏得朗，先生疏之，如示諸掌。」〔註125〕顯示出焦循對於宋元明儒的性道之說並未產生共鳴，表明了學術的認同與思維取向。

（四）阮元

關於阮元的學術取向，倘若僅由其撰寫的〈國史儒林傳序〉內容來看，而認爲其有調和漢學與宋學的態度，恐是大有問題的，序文首段就是言自周公制禮，而太宰之職，其中一項就是要以九事維繫統治者與被統者間的和諧關係，阮元云：

> 三曰師，四曰儒⋯⋯，師以德行教民，儒以六藝教民，分合同異，周初已然矣。⋯⋯孔子以王法作述，道與藝合，兼備師儒。顏曾所傳，以道兼藝；游夏之徒，以藝兼道。〔註126〕

師與儒原本是兩種不同的職分，師者是教之以品德的養成；儒者是授之以禮、樂、射、御、書、術六種能力，但能力與品德實際上是相輔而成，孔子與其門下弟子，皆把品德（道）以及才能（藝）結合爲一，是以師與儒的職分其實亦是統一的。阮元提到師與儒的分別，而《周禮·太宰》云：「三曰師，以賢得民。四曰儒，以道得民。」〔註127〕師之賢與儒之道，在《周禮》注疏中云：「師氏以有三德三行，使學子歸之。」與「諸侯師氏之下有置一保氏之官⋯⋯故號曰儒，掌國子以道德。」〔註128〕由此看來，師與儒所需的條件其實相當一致，是以合而爲一應屬合理。

阮元於文章首段提出師與儒的分與合，即是爲乾嘉以來漢學與宋學兩陣營的分隔做一鋪陳，師氏有如宋儒，專立道學一門，以尊德性爲主體；儒氏則有如漢儒，兼重六藝與道德。阮元云：

> 兩漢名教，得儒經之功；宋明講學，得師道之益，皆於周孔之道，得其分合，未可偏譏而互詆也。我朝列聖，道德純備，包涵前古，崇宋學之性道，而以漢儒經義實之。〔註129〕

兩漢儒者的學術成果在於保留經典中的義理與訓詁方法；宋明儒者的講學

〔註125〕《雕菰集·卷六·讀書三十二贊》，頁85。
〔註126〕《揅經室一集·卷二·國史儒林傳序》（阮元：《揅經室集》，臺北，世界書局，1964年），頁31。
〔註127〕《周禮正義·卷二·太宰》（鄭玄注、賈公彥疏：《周禮正義》，臺北，廣文書局，1972年），頁15。
〔註128〕同前注。
〔註129〕《揅經室一集·卷二·國史儒林傳序》，頁32。

在於建構形而上之道，兩者都蘊含聖人義理，如同周初的師與儒，明分而
暗合，是以不需要互相批判，阮元尚提及，清儒在治學方面，可謂是漢、
宋兼探。顯然因爲《國史儒林傳》具有官方的背景，而官方立場的是支持程
朱理學的，是以阮元必須要顧慮官方的立場，若依據乾嘉至道光三朝的實
際情況而言，漢、宋壁壘的情形乃是十分明顯，否則不會有《國朝漢學師承
記》與《漢學商兌》兩書問世。在阮元的學術態度與方法上，訓詁到闡發
儒學義理，皆不能離開經學，而對於宋學與其義理，阮元則是批判多於客觀
論述。

　　首先，在替江藩《國朝漢學師承記》所做的序文中，顯見阮元對於漢儒
的推崇，認爲漢人所闡釋的義理乃是最純，其云：

> 兩漢經學所以當尊行者，爲其去聖賢最近，而二氏之說尚未起也……
> 兩漢之學，純粹以精者，在二氏未起之前也。我朝儒學篤實，務爲
> 其難，務求其是，是以通儒碩學有束髮研經，白首而不能究者，豈
> 如朝立一旨，暮即成宗者哉！〔註130〕

兩漢時代離先秦儒者最近，而且釋、道二教未嘗興起，所以其義理之說乃是
最爲純粹。清代經學復興，以實事求是的考據方法亦熾，而經典核實以求通
曉儒學義理乃屬曠日廢時的工夫，絕非一朝一夕的學說可以比擬。阮元在
序文中並未說明「朝立一旨，暮即成宗」究竟是指何者？但可以確定的是，
阮元標榜崇漢，又稱頌實事求是的篤實之學，是以所批判的必定是空疏抽象
之學。

　　而在〈論語一貫說〉中，阮元論述義理之言必出自於訓詁途徑，言下之
意，非經由訓詁得之的義理，非聖人義理，此一敘述與上段序文的脈絡一
致，其云：

> 聖人之言，不但深遠者非訓詁不明，即淺近者亦非訓詁不明也，就
> 聖賢之言而訓之，或有誤焉，聖賢之道亦誤矣。〔註131〕

無論經文的意境深遠抑或是淺顯，必須藉由訓詁考證的方法求得其中的義
理，而即便是按訓詁方法，對於經文詮釋亦有錯誤的可能，則連帶對於聖人
義理的理解也會產生錯誤。由引文來看，阮元認爲訓詁方法也可能出現錯
誤，但訓詁方法卻是通往義理的必要途徑。以「貫」字而言，阮元云：「元按，

〔註130〕《國朝漢學師承記・阮序》，頁1。
〔註131〕《揅經室一集・卷二・論語一貫說》，頁45。

貫、行也，事也……皆當訓爲行事也。」〔註132〕另審視《四書章句集注》中同樣的「貫」字，朱熹云：「貫，通也。」其後又解釋：「聖人之心，渾然一理。」朱氏所言的「理」就是道之體，其云：

> 蓋至誠無息者，道之體也，萬殊之所以一本也；萬物各得其所者，
> 道之用也，一本所以萬殊也。以此觀之，一以貫之之實可見矣。
> 〔註133〕

天地萬物皆源自至善永恆的本體，此即萬殊而一本；天地萬物皆有所適，各有其能，即是一本而萬殊，所謂的的「一貫」，便是體悟此一本體與萬物間的關係與作用，此謂之「通」。

　　朱熹與阮元對於「一以貫之」的詮釋截然不同，要求實事求是以及訓詁而後義理明的阮元而言，是無法認同朱熹這一類抽象、不夠具體的詮釋，其云：

> 以行事訓貫，則聖賢之道歸于儒；以通徹訓貫，則聖賢之道近于禪
> 矣。鄙見如此，未知尚有誤否？敢以質之學古而不持成見之君子。
> 〔註134〕

孔子之道，皆於行事之中呈現，故以具體的行事來詮釋「貫」字，是符合《論語》中的「一以貫之」。倘若以通徹來詮釋「一以貫之」，則類似於佛學中的倏然透悟，事實上朱熹在爲此章做注時，確實有倏然透悟之意：「曾子果能默契其指，即應之速而無疑。」〔註135〕這即是阮元所批判的「近于禪」，而非儒學義理，其又云：「此似禪家頓宗多寒見桶底脫大悟之旨，非聖賢行事之道。」〔註136〕若拿此文字與上段序文做一對照，可推知阮元在序文之末所抨擊的即是宋明儒的學說。而阮元之所以如此批判宋明儒的義理，即因自己的詮釋乃是依經訓詁而得，絕非憑空臆斷。

　　阮元的治學態度承襲了清代以降的篤實學風，而義理學的認知上亦是承繼了戴震學說，從其〈太極乾坤說〉可見端倪，其云：「天地所共之極，舍北極別無所謂極也。」〔註137〕阮元文章起頭就以北極來定義所謂的「極」，是星

〔註132〕《揅經室一集·卷二·論語一貫說》，頁46。
〔註133〕以上引文皆見《四書章句集注·論語集注·卷二》，頁73。
〔註134〕《揅經室一集·卷二·論語一貫說》，頁46～47。
〔註135〕《四書章句集注·論語集注·卷二》，頁73。
〔註136〕《揅經室一集·卷二·論語一貫說》，頁46。
〔註137〕《揅經室一集·卷二·太極乾坤說》，頁33。

辰的中心，亦是北半球的北方所在。阮元繼云：

> 《爾雅》曰：「北極謂之北辰。」《易・繫辭》曰：「易有太極。」虞
> 翻注曰：「太極，太一也。」鄭康成注〈乾・鑿度〉曰：「太一者，
> 北辰之神名。」……然太極即太一，太一即北辰，北辰即北極，則
> 固古說也。〔註138〕

「太極」即是「太一」，而「太一」又是「北辰」的神名，是以「太極」就是
意指北極星，阮元依據經書與漢儒之注，將「太極」的解釋帶進具體的天象。
北極星是北半球唯一可做為定位指標的恆星，阮元云：「此即渾天以北極定天
地之儀。」〔註139〕以北極星做為定位，天與地有明確的軸心，是以分明，而
日月星辰與山川陸地皆據此軸心而轉，如此四季產生，地上的萬物也有所依
循，阮元云：

> 易有太極是生兩儀，兩儀生四象，四象生八卦……天地本於太極，
> 孔子之言，節節明顯，而後儒舍其實以求其虛，何也？〔註140〕

《易・繫辭》中的太極生兩儀，兩儀生四象，四象又生八卦，歸結是源自於
太極，而太極即是北極星，並非說一切萬物皆出自於北極星，《易・繫辭》所
言的是次序問題，是觀察了具體現象而有的結論。北極星做為天地的軸心，
因此「天之所轉，即地之所繫」，而阮元接受部分西學的知識又回頭搜尋印證
古籍，在文中亦可見一斑，其云：「天圓地亦圓，見於大戴記曾子天圓篇。」
除西學的影響外，阮元藉由古籍確立了地球的觀念，然而要注意的是〈曾子
天圓篇〉只是提出天圓地方如何能形成的問題，即：「如誠天圓而地方，則是
四角之不揜也。」〔註141〕並未直接說出「天圓地亦圓」的觀念，事實上，〈曾
子天圓〉的主旨在論述天道與地道的特性，沒有再進一步探討地的形狀。而
歷代以來的「蓋天說」與「渾天說」皆主張地是平面的概念，〔註142〕是以阮
元直接將曾子的回應與西學做連結，即成為地圓說，而「地圓居中而不墜，
天旋包之而有常，兩儀生四象，四象謂四時」，〔註143〕乃是又將渾天說與

〔註138〕《揅經室一集・卷二・太極乾坤說》，頁33。

〔註139〕同前注。

〔註140〕同前注。

〔註141〕《大戴禮記・卷五・曾子天圓第五十八》（《大戴禮記》，上海，上海商務印書
　　　　館，四部叢刊初編經部，1929年），頁29。

〔註142〕「渾天說」以雞子來比喻宇宙，但仍是持地為平的觀念。參見《說地》（祝平
　　　　一：《說地》，臺北，三民書局，2003年），頁08～11。

〔註143〕引文皆同《揅經室一集・卷二・太極乾坤說》，頁33。

《易‧繫辭》的觀念整合。簡言之，阮元〈太極乾坤說〉的內容是融合先秦兩漢的宇宙觀以及西學中的地圓說而成。

朱熹相當重視的〈太極圖〉一文，開頭即是「無極而太極」，〔註144〕「無極」一詞顯然受道教影響，雖朱熹解釋「無極」並非本體，乃是指「太極」無聲無臭、無所受限的狀態。朱熹注云：

> 太極之有動靜，是天命之流行也，所謂「一陰一陽之謂道」。……太極，形而上之道也；陰陽，形而下之器也。……則動靜不同時，陰陽不同位，而太極無不在焉。〔註145〕

太極之下一動與一靜的狀態，正是陰、陽二氣出現的原因，也是宇宙萬物生成的原因。太極即是道，是形而上的抽象本體；陰、陽二氣則是形而下的有形之物，陰與陽，動與靜，皆有相對的時機與相對的特性，而一切種種的變化，皆屬於太極此一道體的呈現。朱熹的太極圖說注解，很顯然所論述的均是一種抽象的理論，其言太極即是本體，亦即是理，更是聖人體悟到善、誠的根源。

對照阮元與宋儒的「太極」說，阮元是依據實事求是的態度，將「太極」賦予具體的實質內涵，並且以《易‧繫辭》中的成形順序做爲支持此一具體論述的有力點，一方面指名爲孔子之言；另一方面直接批判那些捨實求虛的後儒們，當然，「後儒」所指的就是宋明儒，捨實求虛亦即是指宋明儒所建構的形而上道德體系。阮元在文中將宋明儒自儒學中切割的企圖非常明顯。也因此，其太極、乾坤的內容在在均以具體、實際做爲論述的範疇，意謂正統的儒學就是延續著此一脈絡。

由《揅經室集》裡的諸多篇章中，皆可辨識出阮元的學術思維傾向，如阮元在義理層面上最有名的「仁論」，於〈《論語》論仁論〉「子罕言利與命與仁」條，針對「相人偶」一說，其本是人人所熟知的，但晉代以後逐漸不傳，阮元即云：

> 不料晉以後此語失傳也，大約晉以後異說紛歧，狂禪迷惑，實非漢人所能預料，使其預料及此，鄭氏等必詳爲之說。〔註146〕

「相人偶」一詞用來解釋儒家的「仁」，不僅是具體的，也是展現出「仁」在

〔註144〕《周敦頤集‧卷一‧太極圖》（周敦頤：《周敦頤集》，北京，中華書局，2010年），頁 1。
〔註145〕《周敦頤集‧卷一‧太極圖說朱熹注解附》，頁 4。
〔註146〕《揅經室一集‧卷八‧《論語》論仁論》，頁 173。

人群的必要存在性，在晉代以前具普遍的認知，但玄學興起與佛教東傳後，「仁」的原初義理逐漸被其他說法所取代，演變為深奧、抽象化的理論，是以阮元批判此一現象乃為紛歧、迷惑。由此可知，阮元認為漢儒鄭玄的經注是最能貼近儒家原意，而《國朝漢學師承記‧阮序》云：「兩漢經學所以當尊行者，為其去聖賢最近，而二氏之說尚未起也。」〔註147〕而另一篇〈論語解〉則云：「東漢人經說最為平正純實。」〔註148〕漢代儒學，尤其是東漢時期，成為阮元治儒學的圭臬，主要有三項特徵，其一、是離先秦時期近；其二、是釋、道二教尚未影響深入儒學的義理層次；其三、東漢儒者多從古文經入手，講求其是的訓詁而後義理明。

　　又，〈《論語》論仁論〉中論及「克己復禮」時，阮元先引毛奇齡《四書改錯》中探討「克己」的解釋為何，後並據此批評程朱之說。阮元云：

> 《四書改錯》曰：「馬融以約身為克己。」從來說如此，惟劉炫曰：「克者，勝也。」此本楊子雲勝己之私謂克語，然己不是私，必從己字下添身字，原是不安。程氏直以己為私，稱曰己私。致《集注》謂身之私，欲別以己上添身字而專以己字屬私欲，於是宋後字書皆注己作私，引《論語》「克己復禮」為證，則誣甚矣。〔註149〕

程朱將「克己」逕自解釋為克制私欲，符合其存理滅欲的義理，但在阮元看來是完全偏離儒學。「己」即是指自身，而「克己」乃是約身，僅僅是己字，並無負面意義，全文理應是克己之私。故可以確定，在阮元重要的義理文字中，認同漢儒的思維極為明顯，另一方面批判宋儒的力道亦是強烈。換言之，訓詁方法是阮元所認可且唯一通往儒學義理的方法，在《揅經室集》中，不乏見到阮元依據故訓，無論是解釋物或解釋義理思想，皆是如此，也因此宋儒那一套難以徵實的、憑空臆斷的形而上義理會被阮元摒除於儒學之外。

　　以《孟子》一書為例，宋明儒對孟子義理多有心得，評價極高且朱熹亦做《孟子集注》，但阮元的〈《孟子》論仁論〉與〈性命古訓〉中只稱頌趙岐的《孟子》注，關於，其云：

> 趙岐注最為詳明質實，漢以前直至三代，所謂性命者，不過如此。若謂性命之道，過於精微，是舍質實而蹈虛玄也。……如舍此以別

〔註147〕《國朝漢學師承記‧阮序》，頁1。
〔註148〕《揅經室一集‧卷二‧論語解》，頁44。
〔註149〕《揅經室一集‧卷八‧《論語》論仁論》，頁162。

求精微，則入於老釋之趣矣。〔註150〕

趙氏注，亦甚質實周密，毫無虛障……唐李習之復性之説，雜於二氏，不可不辨。〔註151〕

趙岐所注的「仁義禮智」與「口目耳鼻」之辨，是阮元認爲最恰當的一段文字，不僅合乎儒學實質的義理內涵，在論述上亦是相當的縝密周全。反觀唐宋儒明者，將《孟子》的義理詮釋得精細過當，以至於玄虛蹈空，完全失去儒家本有的思維，是以入了釋、道的門徑。阮元眞正的治學取向是在漢儒的方法學上，而在義理層面上，則視唐宋明儒者的詮釋參雜了釋、道思想因而不夠純粹。

小結

從以上淩廷堪、汪中、焦循與阮元四位揚州學者的學術思維來看，爲凸顯出儒學義理的正統脈絡，勢必會摒除宋明儒的理論體系，而在他們的文字之中也不止一次的出現批判性的論述，而標榜自己所認同的前儒與思想能接續孔子義理，其中以漢儒的鄭玄和乾嘉時期的戴震爲最。

實際上，被上述諸儒摒除於儒門正統之外的宋明理學，亦是有其立足於儒學之內的條件。歷代中多被視爲經典的書籍，經由知識分子不斷的注疏、解釋，形成了類似於西方的「詮釋學」，〔註152〕儒者對於經文的註解，即是屬

〔註150〕《揅經室一集・卷八・《孟子》論仁論》，頁186。
〔註151〕《揅經室一集・卷十・性命古訓》，頁192。
〔註152〕本書中所提及的「詮釋學」（Hermeneutik〔德文〕）是以伽達默爾 Gadamer, Hans-Georg，的哲學詮釋學理論作爲論述對象。然而要注意的是哲學詮釋學的本質是實踐哲學，並不是純粹的方法論，《詮釋學II眞理與方法・作爲理論和實踐雙重任務的詮釋學》云：「因此詮釋學並非只是一種科學的方法，或是標明某類特定的科學，它首先指的是人的自然能力。像『詮釋學』這樣一種會在實踐和理論的含義之間左右搖擺的表達式隨處可見。例如，我們可以在日常與人交往中講諸如『邏輯』或邏輯錯誤而根本不指邏輯學這門特殊的哲學學科。『修辭學』這個情況也是如此，……詮釋學究竟是接近於修辭學抑或必須把它置於邏輯學和科學的方法論一邊？我最近寫了一些文章試圖對這個科學史問題進行研究。這個科學史探究表明，就像語言用法所表現的，那種作爲現代科學基礎的方法論概念已經消解了過去那種明確指向這種人類自然能力的『科學』概念。因此就出現了這樣一個普遍的因性的問題，即在科學體系內部至今是否繼續存在著一種因素，它更接近於科學概念的古老傳統而不是現代科學的方法概念。我們總是可以問，這至少是否適用於所謂的精神科學精確劃分的領域……。然而至少有一種科學理論的典範，它似乎能賦予這種精神科學的方法論轉向以某種合理性，這就是亞里斯多德創建的『實踐

於經典詮釋的範疇，因此每一個時期的儒者皆可以爲經典的內容進行詮釋，但令人好奇的是，爲何同一部經典內容，會有截然不同的詮釋結果？以哲學詮釋學者漢斯－格奧爾格‧伽達默爾（1900～2002）的理解來說，他認爲此一部分所涉及的便是「前見」（Voruretile〔德文〕）的影響，此一「前見」可說是一種內心既有的定見，其來源是權威與生活環境。〔註153〕換言之，「前見」具有歷史的實在性，這是任何人皆無法避免的。而用此一「前見」來閱讀經書的文本，便是對經書內容的理解，伽達默爾云：

> 後來的理解相對於原來的作品具有一種基本的優越性，因而可以說成是一種更好的理解，……它描述了解釋者和原作者之間的一種不可消除的差異，而這種差異是由他們之間的歷史距離所造成的。每一個時代都必須按照它自己的方式來理解歷史傳承下來的文本。〔註154〕

依據此論述，後人對於文本的理解，可以說是一種比原作者更好的理解，但這裡所謂「更好的理解」不是指更完善或更周密，而是指「歷史距離」，此與「前見」密切相連。因此回過來審視宋明儒者對於儒學文本的理解，無論是五經系統抑或是《四書》，都是按著當時的「前見」來詮釋。換言之，宋明時代的儒者理解文本後，其詮釋的儒學義理就是依照著當時的「歷史」傳承而得出的結果，伽達默爾提出一個詮釋學的看法：「理解不只是一種複製的行爲，而始終是一種創造性的行爲。」〔註155〕是以宋明理學若基於此一立場

哲學』。」（漢斯－格澳爾格‧伽達默爾 Hans-Georg Gadamer 著，洪漢鼎譯：《詮釋學Ⅱ眞理與方法》，北京，商務印書館，2010 年），頁 378～380。

〔註153〕關於「權威」的解讀，漢斯－格奧爾格‧伽達默爾云：「權威首先是人才有權威。但是，人的權威最終不是基於某種服從或拋棄理性的行動，而是基於某種承認和認可的行動——即承認和認可他人在判斷和見解方面超出自己，因而他的判斷領先，……權威依賴於承認，因而依賴於一種理性本身的行動，理性知覺到它自己的侷限性，因而承認他人具有更好的見解。」頁 396。而生活環境的部分，伽達默爾則云：「其實歷史並不隸屬於我們，而是我們隸屬於歷史。……我們就以某種明顯的方式在我們所生活的家庭、社會和國家中理解了我們自己。……個人的前見比起個人的判斷來說，更是個人存在的歷史實在。」（漢斯－格澳爾格‧伽達默爾 Hans-Georg Gadamer 著，洪漢鼎譯：《詮釋學Ⅰ眞理與方法》，北京，商務印書館，2010 年），頁 392。

〔註154〕《詮釋學Ⅰ眞理與方法‧第二部分　眞理問題擴大到精神科學裡的理解問題》，頁 419。

〔註155〕《詮釋學Ⅰ眞理與方法‧第二部分　眞理問題擴大到精神科學裡的理解問題》，頁 420。

下，同樣可以與凌、汪、焦與阮氏所認同的義理並置於儒學範疇裡，這一點是今日研究者必須注意的，只是在學派與路線認同的思維方式上，勢必會排擠宋明理學，而認定自己認可的學說才符合聖人之道，才是正統無雜的儒學義理。

第二節　現實意義下的義、利之辨

儒學發展二千餘年來便是以「仁」為學說的核心，從《論語》的內容來看，孔子對於儒者的期許乃是以「君子」做為目標，而「君子」所必備的條件，即能在道德上足以為模範之人，而能做到「捨利就義」就是其中一部分，因此歷代的儒者鮮少積極面對現實庶民生活中必須就「利」的立場，大多只論「義」且著眼於與「私」相對的「公」之上，〔註156〕然而至明清之際以來，社會型態的轉變，甚而初期資本主義萌芽，儒者不得不檢視過去只正視「義」的思維方式，而重「利」於己又不害「義」的立場逐漸被提出。

一、清代以前儒者的義利之辨

《論語》中孔子認為關於「君子」或是「士」，應該要具備以下的典範，如〈學而〉篇有「君子食無求飽，居無求安，敏於事而慎於言，就有道而正焉」，〔註157〕〈里仁〉篇亦有數章如下：「士志於道，而恥惡衣惡食者，未足與議也」；「君子懷德，小人懷土」；「放於利而行，多怨」，而「君子喻於義，小人喻於利」更是儒者引以為戒的，〔註158〕從上述所列舉的幾章來看，身為一位君子，不應關注食、衣、住等層面，甚至是不能去在意的。之所以會有這樣的要求，乃因為「君子」與「小人」的區隔，最初並非是僅以德行來區分，如揚州儒者劉寶楠（1791～1855）於《論語正義》中即接續漢儒的詮釋觀點，其云：「君子小人以位言。」〔註159〕無論是「君子」抑或是「士大夫」，此二者在先秦時代乃屬於統治階級（貴族階層）的專稱，與統治階級相對的

〔註156〕長久以來，儒者處理「義」、「利」與「公」、「私」之關係，多半將「義」與「公」合：「利」與「私」合，然而「利」又區分為「公利」與「私利」，前者亦視之為「義」，是以「利」不全然劃歸為「私」。

〔註157〕《論語正義・卷一・學而第一》（劉寶楠、劉恭冕：《論語正義》，臺北，世界書局，1983 年），頁 18。

〔註158〕以上引文皆見《論語正義・卷五・里仁第四》，頁 78～82。

〔註159〕《論語正義・卷五・里仁第四》，頁 83。

就是「小人」，即所謂的庶民階級。

　　由上可知，由階級來區分「君子」與「小人」，則孔子所主張的便有其合理之處，即身爲統治階級，本就不應該只關注自身的食、衣與住等方面的欲求，如果僅顧及自身，則必招致民怨，必須以國家之整體的需求爲優先，以孔子最敬仰的周公爲例，其自云：「然我一沐三捉髮，一飯三吐哺，起以待士，猶恐失天下之賢人。」〔註160〕在沐浴時隨時準備握髮起身；在用餐時隨時可以捨棄口中食物，如此的戰戰兢兢的亟欲招納賢才之士的態度，顯然將物質與生理方面的需求擺放於次要的位置。

　　雖然文獻上沒有直接的文字足以說明，但從上文《論語》中的「食無求飽，居無所安」、「志於道」、「喻於義」等文字來對照《史記》中記載周公的自謂，或可推測孔子理想的「君子」，應是其所敬仰周公的重仁行義形象的某一部分投射。不可諱言，除了道德人格的期許外，在一定的程度上，孔子的視野對象是統治階層，並將此一階層的形象人格，逐漸形塑成能跨越階級的、具普遍性質的仁人。當然這當中有一個很重要的因素，即東周時期的綱常崩毀，造成階級的鬆動，下層貴族的沒落與一部分的平民人才被統治者所任用，是以不論是否爲統治階層，其德性能與「仁」相稱者，亦可以被賦予「君子」稱謂，最顯著的就是孔子的門下弟子，如孔子所欣賞的學生之一──顏回，孔子即留下這般的評價，其云：「一簞食，一瓢飲，在陋巷，人不堪其憂，回也不改其樂。」〔註161〕平民身分的顏回，因具備了食不求飽、居不求安，樂於聞道等「君子」特質，因此受到孔子的高度讚揚。

　　稍後的孟子，其與梁惠王的對話中，亦承繼了孔子重義輕利的主張，批判梁惠王的重利觀，孟子云：

　　　王何必曰利？亦有仁義而已矣。王曰「何以利吾國」，大夫曰「何以利吾家」，士庶人曰「何以利吾身」，上下交征利，而國危矣！〔註162〕

孟子批評梁惠王，乃是因梁惠王以一國之君而言利之故，因此勸其改以仁義來治國。從引文中可知，梁惠王期望的是富國強兵的「利國」之「利」，理應與「私利」無涉，但由孟子的視角而言，統治階層存有重「義」觀卻是首要，

〔註160〕《史記・魯周公世家》（司馬遷：《史記》，長沙，岳麓出版社，2001 年），頁203～204。

〔註161〕《論語正義・卷七・雍也第六》，頁 121。

〔註162〕《孟子正義・卷二》（焦循：《孟子正義》，北京，中華書局，2007 年），頁 36～37。

故孟子會以「義」代「利」，若只存在著重「利」思維，則可能造成上行下效的結果，人人只知「利」而不知「義」，雖「利」不全然爲「私」，但仍包含了「私」，更難以排除「欲」，是以恐將有爭奪，而失序與禍害亦隨之而來。於孟子的思想中，統治階層必須以「義」來治國，同理，君子亦必須存「義」，並據此教化社稷，否則一旦各階層皆言「利」，就如春秋至戰國一樣，綱常亂序，交相逐利而已。

　　至於荀子的主張，重「義」而輕「利」的思維甚是明顯，其〈榮辱〉篇云：「榮辱之大分，安危利害之常體：先義而後利者榮，先利而後義者辱。」〔註163〕荀子分析「義」與「利」的分別，把「利」擺在優位者是可恥的，相對的以「義」爲優先則令人景仰，此牽涉到安危的常理問題，這一部分與孟子的結論一致，其又云：

　　　　義之所在，不傾於權，不顧其利，舉國而與之不爲改視，重死持義
　　　　而不橈，是士君子之勇也。〔註164〕

何謂「義」？不依賴權勢，不算計利益，即便能獲得極大值的權勢或利益，仍可堅持原則而不爲所動，其關鍵之處，是能將「義」視之爲等同於求生一樣重要者，荀子認爲能達到上述重義輕利的，乃是士與君子的典範。

　　由上可知，從孔子到荀子，可說是以統治階層爲核心並逐漸擴展到知識分子乃至於庶民爲對象的論述。換言之，即是告誡絕大多數的人們，需以「義」做爲一切言行的基礎，即身爲「君子」的先決條件與途徑就是行「義」，如《論語・衛靈公》所云：「君子義以爲質。」〔註165〕而《孟子・離婁》亦云：「義，人之正路也。」〔註166〕《荀子・君子》則云：「以義制事，則知所利也。」〔註167〕在在強調的均是「義」。但進一步探究，可以分爲兩個層面來審視：

　　一、從政治層面論，孔、孟、荀三儒，其乃是以政治倫理的視角處理
　　　　「義」與「利」的關係，爲維護此一政治倫理的正常性，就必須是
　　　　論「義」。換言之，以統治階層來說，其「義」就是「利」，唯有根

〔註163〕《荀子集解・卷二・榮辱篇第四》（王先謙：《荀子集解》，臺北，華正書局，2003年），頁36。
〔註164〕同前注。
〔註165〕《論語正義・卷十八・衛靈公》，頁342。
〔註166〕《孟子正義・卷十五・離婁上》，頁507。
〔註167〕《荀子集解・卷十七・君子篇第二十四》，頁302。

據「義」來行事，才會有所謂的「利」。是以嚴格審視，儒者規勸統治階層的輕利之說，並非眞正的忽略「利」，而是基於維持政治倫理的整體安定而生，此一安定便是國家、社稷之「利」。此亦即是「公利」，與個人之「私利」相對。

二、從教化層面來論，強調君子重「義」而輕「利」，可以降低人們對於「利」的重視，尤其是個人性質的「私利」，其又與「欲」聯繫，在孟子看來，屬於個人欲望的「利」不應該被鼓勵，才會有「養心莫善於寡欲」之謂，〔註168〕而養其「心」便是存養仁心，表現於外者就是「義」，由此可得知，孟子認爲「義」實際上與「利」是近似於相對的狀態，甚至可說存「利」就會害「義」，令人偏離本性之善。人如果能存「義」而寡「利」，在本性上也就不離善之質，社群的倫常秩序亦得以維持穩定。基本上這一部份與上述的層面相同，但此一層次，是以教化所有人修養心性來論「義」、「利」之別。

歸結起來，所謂的「義」，是符合倫理綱常的「公利」，亦是走向仁人君子的途徑，而與「義」對立的「利」，嚴謹來說不是「公利」，乃是「私利」，屬個人之「欲」，可能導向惡的結果。換言之，維護倫理綱常是「公」，是善；強調個人之欲是「私」，是惡。藉由上述「義」與「利」、「公」與「私」、「善」與「惡」的對舉，先秦儒家何以提倡重義而輕利？其脈絡應是相當清晰。當然維護倫理綱常的主要是落在統治者之上，是以，儒學的這一論述，主要是針對統治階層而言，亦可說是教育統治階層重「義」的觀念。

經過孔子到荀子的「義」、「利」之辨後，兩漢以降的儒者們，莫不以「義」做爲指導原則，如西漢董仲舒（前179～前104）即有「仁人者，正其誼不謀其利，明其道不計其功」之謂，〔註169〕便是闡釋先秦儒學的「義」、「利」分途的思維，亦可說建立「公」應凌駕於「私」此一明確的主軸。事實上，先秦兩漢時期多數的儒者所著重的是在如何教化統治階層明辨出「義」、「利」之區隔，目的在於讓統治階層建立起重「義」（公利）觀，進而不與庶民階級爭「利」（私利）。

〔註168〕《四書章句集注・孟子集注　卷十四・盡心下》，頁374。
〔註169〕《春秋繁露・卷九・膠西王越大夫不得爲仁第三十二》（董仲舒：《春秋繁露》，四部叢刊初編經部，上海，上海商務印書館，1929年），頁51。

　　另在《鹽鐵論‧本議》篇中，記錄了當時官員、賢良與文學等代表之間，針對鹽鐵國營與否的論辯展開對話。首先，官員代表云：「匈奴背叛不臣……邊用度不足，故興鹽、鐵，設酒榷，置均輸……以佐助邊費。」〔註170〕國境遭受邊患，是以官方立場打算將鹽鐵酒收歸國營，以籌措軍費。由政治的大方向來考量，此本應屬於「義」的行爲，爲保護國家人民財產的安全而產生的行動，然而文學代表們卻完全不認同，其云：

　　治人之道，防淫佚之原，廣道德之端，抑末利而開仁義，毋示以利，
　　然後教化可興，而風俗可移也。今郡國有鹽、鐵、酒榷，均輸，與
　　民爭利。散敦厚之樸，成貪鄙之化。〔註171〕

從行仁政的角度而言，施政的內容必須以道德爲主軸，而「義」就是統治者的課題，統治者知「義」而行「義」，上行下效，風俗自然能體現淳樸。若是統治階層將「利」擺上檯面，令鹽、鐵、酒等統一收歸國有經營，則是犯了「放於利而行」、「上下交征利」的錯誤，在上位者如何能治人、如何能防淫佚與失序？

　　而從董仲舒的觀點亦可推知出當時文學們所堅持的立場，董仲舒藉孔子「君子不盡利以遺民」之語，論述了其認爲解決不均的方式，其云：

　　民猶忘義而爭利，以亡其身。天不重與，有角不得有上齒，故已有
　　大者，不得有小者，天數也。夫已有大者又兼小者，天不能足之，
　　況人乎？〔註172〕

天所能賦予的不會重複或是令少數者兼備，以「利」與「義」爲例，「義」爲大；「利」爲小，大與小者，僅能從一而擇，無法兼具，因爲天所分配的事物不可能有寡占現象，對比到人的社群亦應如此。董仲舒藉天人相應的概念來說明「義」與「利」如何均衡的議題，君子（統治階層）配的爲義、爲大；庶民階層分配的爲利、爲小，故所應爲大者，不可再兼有小者，以此呼應孔子的「君子不盡利」。

　　顯然董仲舒是以「君子」的立場發聲，引文以批判的角度言：庶民即便接受了教化，仍然會爭「利」而忘「義」，此即意味著庶民階級難以實現「義」，現實上的確如此，畢竟庶民缺乏統治階層享有的物質條件，董氏又

〔註170〕《鹽鐵論‧卷一‧本議第一》（桓寬：《鹽鐵論》，上海，上海商務印書館四部　　　　　叢刊初編經部，1936年），頁3。
〔註171〕同前注。
〔註172〕《春秋繁露‧卷八‧制度二十七》，頁43～44。

云：「使諸有大俸祿，亦皆不得兼小利，與民爭利，業乃天理也。」〔註173〕在其思維中，君子與庶民就是兩種不同的範疇的身分，於天人感應的體系之中，人道亦是天道的體現，宇宙有其道理，各有原則不容失序，人道中的君子與庶民亦不容亂序，各有其遵循的原則，是以君子不得兼小利，庶民則不再此原則之中。此可視爲董仲舒詮釋孔子論「均」的意涵。

　　由這場論辯的內容可知，官方和文學的著眼處不同，其立場也就截然有別，上文提過，官方的立場並非只有著眼於營收之利，其目的仍在供給邊防無虞的長治久安，若由結論來看，鹽鐵酒的國營相對可能得到政治的穩定，而政治的穩定亦即倫理與綱常的穩定，仍是具有「義」的基礎。另一方面，文學的立場則是直接高舉先秦儒學的「義」、「利」觀，從王道政治的思維上來反對鹽鐵酒國營。換言之，文學們所主張的立場是：統治者絕不可與庶民爭利，而庶民階層能維持有限度的獲「利」。文學們在這一點基本上是承襲孔、孟、荀的思想，如孔子見衛國庶民眾多，即云：「富之。」〔註174〕以及：「足食、足兵，民信矣。」〔註175〕可見孔子不反對富庶的社會，更與子張論政時提及「因民之所利而利之」之語，〔註176〕即對於庶民階層者，必須考慮並維護他們的利益，唯有如此，才能令庶民有足夠的信任感。孟子亦云：

> 若民，則無恆產，因無恆心。苟無恆心，放辟邪侈，無不爲己……
> 是故明君制民之產，必使仰足以事父母，俯足以畜妻子，樂歲終身
> 飽，凶年免於死亡。〔註177〕

引文中的「產」可說是「私利」，孟子指出，庶民若不能保有一定程度的資產賴以生活，便沒有安穩的念想，反會爲了私利爲非作歹、無惡不做。賢能的統治者必須顧慮庶民的欲求，給予足夠的「利」，使其能安穩的生活養家，豐年時能足食，荒歲時也要免於餓死。孟子提到庶民必須擁有基本的個人資產，才能維持國家社會的穩定。荀子則云：

> 足國之道：節用裕民，而善臧其餘……裕民則民富，民富則田肥以
> 易，田肥以易則出實百倍。〔註178〕

〔註173〕《春秋繁露・卷八・制度二十七》，頁 43～44。
〔註174〕《論語正義・卷十六・子路第十三》，頁 287。
〔註175〕《論語正義・卷十五・顏淵第十二》，頁 266。
〔註176〕《論語正義・卷二十三・堯曰第二十》，頁 417。
〔註177〕《孟子正義・卷三・梁惠王上》，頁 93～94。
〔註178〕《荀子集解・卷六・富國篇第十》，頁 114。

要讓國家富足，要讓人民富裕，但統治階層必須懂得節用，並將財富施於庶民之中，一旦人民富裕後，則在農業生產上亦會相輔相成，以農立國的傳統社會，最重要的就是糧食生產的充裕，因此統治階層理應讓庶民階層富足，此才是治國之道。

由上述的內容可知，當時漢代文學們的理由確實是依據先秦儒者所留下的文字而來，即統治者自身須不求私欲且節用，而令廣大庶民獲「利」，但回歸現實的層面來看，鹽、鐵、酒的生產與營利，實際上恐非多數庶民所能擔任，反落入壟斷集中的情況，《漢書・殖貨傳》中記載許多壟斷冶鐵產業的富豪，如「蜀卓氏之先，趙人也，用鐵冶富」以及「魯人俗儉嗇，而丙氏尤甚，以鐵冶起，富至鉅萬」，〔註179〕這些產業集中在少數富豪強權手中，絕非是先秦儒者所願見的情況，漢代民間的情況就是「大者傾郡，中者傾縣，下者傾鄉里者，不可勝數」，〔註180〕在這樣的情況下，鹽鐵酒等產業收歸國有的政策，即可能並不會如文學們所言的與廣大庶民爭利，而只會影響富豪們的私利，對於財貨集中壟斷的現象，或許能獲得一定程度的抑制。因此也可看出，文學們一味高舉著儒學的「重義輕利」論，卻忽視了現實上應考慮庶民的均足甚至均富的欲求，亦可說是只將關注的視角放在統治階層之中而已。換言之，文學們所在意的，僅在於統治者是否能落實對於「義」與「利」的取與捨，至於庶民的欲求與均足的層面，其實不在其優先思考的範疇之中。

《漢書・食貨志》即引董仲舒之文指出，西漢中期土地兼併的情況普遍，許多農民的土地被商賈們吸收，因而形成流民，其云：

> 除井田，民得賣買，富者田連阡陌，貧者亡立錐之地……一歲屯戍，一歲力役，三十倍於古；田租口賦，鹽鐵之利，二十倍於古。或耕豪民之田，見稅什五。故貧民常衣牛馬之衣，而食犬彘之食。重以貪暴之吏，刑戮妄加，民愁亡聊，亡逃山林，轉爲盜賊，赭衣半道，斷獄歲以千萬數。〔註181〕

漢代的民田是可以交易的，農民的田產被富商併吞後，不僅令其無田可耕，還要負擔政府的勞役，超過先秦時期二十倍有餘，即便作爲佃農，收成上繳

〔註179〕《漢書・貨殖傳第六十一》（班固：《漢書》，臺北，鼎文書局，1991年），頁3690、3691。

〔註180〕《史記・貨殖列傳》，頁738。

〔註181〕《漢書・食貨志第四上》，頁1137。

一半後也所剩無幾，若遭遇貪婪的官吏聯合富豪，恣意妄為，農民最終也僅能被迫成為官府與知識分子眼中的盜賊。總之，廣大庶民的現實生活不能不與「私利」息息相關，更不可能在無利可謀生活的情況下，還有心思談論「義」、恪守「義」。事實就是西漢中期，不少農民因經濟來源被富豪所壟斷，在無利可安身的情況下，進而造成社會的動盪不安。

　　上文已言，西漢的文學們所關注的焦點不在於廣大農民所面臨的現實情況，即便是董仲舒嘗提出「限民名田」的原則，其目的仍在乎於統治者如何管理庶民，雖然其文字顯示一方面遏止財富繼續集中，〔註182〕另一方面欲實現孔子財富等分的理想，〔註183〕但如同上文已言，董氏亦非立於庶民的視角來論述此事，此可從其論述了限田與除去富豪的專殺之權後云：「薄賦斂，省繇役，以寬民力。然後可善治也。」〔註184〕以及在《春秋繁露・度制》中云：

> 今世棄度制，而各從其欲……則富者愈貪利而不肯為義；貧者日犯禁而不可得止，是世之所以難治也。〔註185〕

董仲舒未將人欲視為理所當然，反而提到富豪因私欲而大肆兼併，愈是與「義」相悖，而貧窮的庶民連基本的生存所需都無法獲得，只得淪為流民盜賊。由上可知，兩則引文皆凸顯出董仲舒的視角是以統治階層為出發點：一則解決庶民的困境，給予適當的財力；一則點出「各從其欲」的壞處，必須由制度上遏止。是以所關注的乃為政治倫理的層面，重心是擺在善治與仁政的如何實現，董氏認為遏止「欲」的增長，是統治階層維持政治與社稷穩定乃是最有效的方式。由此可知，儒學主張重義輕利的思維，主體乃是上層階級，並依此來達到上行下效的教化功效。

　　另，東漢儒者王符（90？～170？）在《潛夫論・遏利》篇中亦論及了「義」、「利」之辨，其云：「自古于今，上以天子，下至庶人，蔑有好利而不亡者，好義而不彰者也。」文字中所呈現的思維與董仲舒有一致的趨向，王符認為時人競相爭「利」是十分愚昧的，因為「利」是屬於天的財產，人如

〔註182〕董仲舒云：「古井田法雖難卒行，宜少近古，限民名田，以澹不足，塞并兼之路。」見《漢書・食貨志第四上》，頁1137。

〔註183〕《春秋繁露・卷八・度制第二十七》云：「孔子曰：『不患貧而患不均。』故有所積重，則有所空虛矣。」頁43。

〔註184〕《漢書・食貨志第四上》，頁1137。

〔註185〕《春秋繁露・卷八・度制第二十七》，頁43。

何能與天爭？其云：

> 利物莫非天之財也，天之制此財也，猶國君之有府庫也，賦賞奪
> 與，各有眾寡，民豈得彊取多栽？故有無德而富貴，是凶民之竊官
> 位，盜府庫者也。終必覺，覺必誅矣。盜人必誅，況乃盜天乎？得
> 無受禍焉？〔註186〕

王符將爭「利」視之爲一種悖逆天道的行爲，包含了庶民爭「利」亦然，王
符還以「國君府庫」來做類比，認爲庶民如果求「利」，如同盜賊竊取國家的
財產與資源，終將必招至禍害。王符身爲一介平民知識分子，但審視「利」
的標準卻比董仲舒更爲嚴苛，董氏雖然重義輕利，但並無嚴格要求庶民階層
不能求利；王符似乎不然，不僅言爭「利」必誅，更斥責庶民爭「利」之舉。
由上可知，無論是董仲舒抑或王符，均借用「人格天」的概念，盡可能的來
遏止爭「利」的現象，唯主要差異在於王符遏止競「利」的對象包括了庶民
階層。

　　由上可知，關於「義」、「利」的論述，可說在漢代被部分儒者視之爲
「吉」與「凶」的象徵，是以重「義」而輕「利」，即是一種趨「吉」而避
「凶」的思維方式。換言之，漢代儒者總結先秦儒學的「義」、「利」之辨，
兼汲取《禮記・樂記》的「人化物也者，滅天理而窮人欲者也」，〔註187〕將
「義」與天理等同，具有「善」的本質，而其亦含括了「公」；與「義」對立
的「利」，即被視之爲欲，象徵的也就是負面性質的「人欲」，而與「私」並
置爲一。

　　如此對立的觀念，在宋代更是被主流儒者們奉爲圭臬，無論是程朱或是
象山，一直持續到明代中期才逐漸鬆動，此與當時社會的經濟活動有直接的
關係。值得一提的是泰州學派中的李贄（1527～1602），其對於個人之「欲」
是持正面的肯定，在〈答鄧石陽〉一文曾云：「穿衣吃飯即是人倫物理，除卻
穿衣吃飯，無倫物矣。」〔註188〕穿衣與吃飯，基本上是自然人性所必須維持
的項次，不僅是屬於欲求的一部分，更是個人生命的基本維繫。

　　李贄將個人的基本欲求視爲倫理中的一個條件，實際上不離《禮記・禮

〔註186〕上引文皆見《潛夫論・卷一・過利》（王符：《潛夫論》，四部叢刊初編子部，
　　　　上海，上海商務印書館，1929年），頁4～5。

〔註187〕《禮記訓纂・卷十九・樂記》，頁564。

〔註188〕《焚書・續焚書・答鄧石陽》（李贄：《焚書・續焚書》，長沙，岳麓書社，1998
　　　　年），頁4。

運》中所揭示的「飲食男女，人之大欲存焉」，〔註189〕〈禮運〉篇中不否定人類的生存是建立在吃飯穿衣與生理的基礎上，而宋儒亦云：「道，則人倫日用之間所當行者是也。」〔註190〕可見從先秦至明中葉，吃飯穿衣的需求是不曾被否定的，是以審視李贄文字的重點應是擺在「除卻吃飯穿衣，無倫物矣」的層面上，由此推知李贄有意將人倫與物質聯繫。上文已言，吃飯穿衣是個人之欲，某層面上屬於「私」的範疇，亦是物質性的範疇，而李贄直言人倫不能超脫於物質與個人之私之外，這在明代中葉以前實爲罕見。

　　李贄另一篇文字中，又將「私」與「利」的必要性與關聯性闡述更爲明白，其云：

　　　　夫私者人之心也。人必有私而後其心乃見。……如服田者，私有秋

　　　　之獲而後治田必力；居家之者，私職倉之獲而後治家必力。〔註191〕

私心乃是人必有的，若缺乏私心，則亦無積極進取的可能，農夫、士子、商販與製工，皆是有私心，否則農人如何獲得秋收？士子如何舉業進陞？商販與製工如何獲利賺錢？李贄認爲，累積家中財貨、買田置產等等，是出自於私心之所爲，但皆爲人人所必有的行爲，無人能免於此，在與耿定向（1524～1597）的往來論辯中，李贄重申承認「私心」必然存在的主張，即「人盡如此，我亦如此，公亦如此」，是以日常行爲中無一不是私心，其云：

　　　　自朝至暮，自有知識以至今日，均之耕田而求食，買地而求種，架

　　　　屋而求安，讀書而求科弟，居官而求尊顯，博求風水以福陰子孫。

　　　　種種日用，皆爲自己身家計慮，無一釐爲人謀者。〔註192〕

即便是自詡爲儒者的知識分子，心懷「私心」的程度亦不稍減，而其私心的目的，其實就是「利」之所趨。換言之，李贄要耿定向在內的所有人承認「私利」的合理性。

　　與李贄同時的呂坤（1516～1618），對於此一方面的主張亦有別於理學家，其將「利」的存在視爲理所當然，如云：

　　　　民情有五，皆生於便，見利則趨，見色則愛，見飲食則貪，見安逸則

　　　　就，見愚弱則欺，皆便於己之故也。……故聖人治民如治水，不能使

<hr />

〔註189〕《禮記訓纂・卷九・禮運》，頁345。

〔註190〕《四書章句集注・論語章句・卷四・述而第七》，頁94。

〔註191〕《李贄文集・藏書・卷三十二・德葉儒臣後論》第三卷（李贄：《李贄文集》，北京社會科學文獻出版社，2000年），頁626。

〔註192〕以上引文皆見《焚書・答耿司寇》，頁28。

> 不能就下，能分之使不泛溢而已。隄之使不決，堯舜不能。〔註193〕

所謂的「民情」即是指自然人性中必然存在之情，而呂坤歸納出五項：首先便言「見利則趨」，何以如此？乃因爲「利」能給予自身好處因而趨之。引文中的「便」亦解釋爲「利」，趨近於有利之事物，本是天性之一，故而要從自然人性中消除「利」，是不可能做到的，如同水的流動，無法使其違背自然物理，聖人明白此一道理，是以不會限制此一必然存在之情，而是著重於不令其恣意氾濫的方式。

由上文可知，呂坤對於「利」的觀點不同於理學家，在於前者承認「欲」的適當性，其云：「世間萬物皆有所欲，其欲亦是天理人情。」即是呂坤與主流理學家在思想上的不同。然而，對於「欲」，呂氏與先秦儒者一樣，顯然主張有限度的支持，其云：

> 天下萬世公共之心，每憐萬物有多少不得其欲處，有餘者盈溢於所
> 欲之外而死，不足者奔走於所欲之內而死，二者均傷生之道也。常
> 思天地生許多人物，自足以養之，然而不得其欲者，正緣不均之故
> 耳。〔註194〕

以人而言，有因爲其「欲」多者而死；亦有因其「欲」少者而死，是故多「欲」與少「欲」，在呂坤看來皆屬於損傷生命之事。從引文中可看出兩點，其一是呂坤認爲「欲」是適度的必然存在，過多與過少均是有傷於自然之理，其中包括生命；其二是引文中的「欲」所指涉的應是屬物質性的、具體性的層面，是以包括生理與日常之所需，而不是指精神層面，唯有生理與日常之「欲」不足，方會有傷生的可能。

呂坤主張「利」的必然性，與其承認具體性的「欲」必須適度存在應有密切的關係，但是要注意的是，呂坤並沒有肯定一切的「私」，仍是以「公」的立場賦予「私」負面的意義，其云：

> 公私兩字是宇宙的人鬼關，若自朝堂以至於閭里，只把持得公字，
> 定便自天清地寧，政清訟息。只一箇私字，擾攘的不成世界。〔註195〕

以人與鬼來類比「公」與「私」，可知呂坤亦認爲後者屬於破壞性質的，但從引文亦可推測出，呂坤於此文字中所要表達的應是側重於人性中的私心，

〔註193〕《呻吟語‧卷五》（呂坤：《呻吟語》，北京，學苑出版社，1994 年），頁 278。

〔註194〕引文皆見《呻吟語‧卷五》，頁 296。

〔註195〕《呻吟語‧卷五》，頁 282。

而非排斥具體的個人資產，畢竟上文中已顯現出其對於「利」與「欲」的
觀點。

關於「利」的必然性，在明代被李贄、呂坤等人毫不隱諱的展現出來，
尤其是涉及物質性的、具體性的「利」，此恐非突發的現象，一來與當時的社
會經濟演變有極爲密切的關聯；二來與王學的流播亦有關係。以上兩項均使
得長期以來「士農工商」的排序，〔註196〕逐漸有被弭平的趨勢。

這股新形態的思維方式其產生原因，從外緣因素來看，與明代整體的社
會變遷以及政治手段均有一定程度的關係。不少的研究者均指出士商合流的
現象，在明代中葉以降的江南並不算罕見，時人亦有論及，如學者牛建強即
引用唐順之（1507～1560）之文：「人庶仰賈而食，即閭閻之家不憚爲賈。」
另外，牛氏文中引歸有光（1507～1571）的文字：「雖是士大夫之家，皆以商
賈遊於四方。」〔註197〕是以雖明季的儒者們不敢公開談論「私利」，實則卻如
李贄所言，「皆爲自己身家計慮，無一釐爲人謀者」，可能的原因應是絕大多
數的儒者對於「義」、「利」之辨的思維方式，仍舊持守在二者對立的態度；
再者，現實的方面上，「士人階層」的大量增加，造成仕途難求，清初的顧炎
武即云：「通經知古今，可爲天子用者，數千人不得一也。」〔註198〕不少所謂
的「士人」在舉業難成的窘境下，只得另轉他途以謀生存，而經商營利不啻
爲更好的選擇。由上可知，李贄所言的「人必有私」云云，便是公開並印證
了明代中後期，包含儒者在內、庶民必須在現實中求自己之「利」，才得以生
活的實際層面。

事實上，明初的職業區隔十分嚴謹，農要高於商，但江南一帶因地理環
境較爲優越，所徵收之稅高於其他地區，令人民難以負荷，不得不從事其他
途徑以圖生存，研究者指出：「其商業發生很早的現象即與這種企圖緩解沉重
賦稅的努力有關。」再者，還有政治性的遷徙與自然災害造成的流民問題等
等，〔註199〕使得越來越多庶民投入原本被定爲末業的商業與手工業行爲，而

〔註196〕參見《王陽明全書·冊四·節菴方公墓表》（王守仁：《王陽明全書》，臺北，
　　　　中正書局，1970 年），頁 56。

〔註197〕引文皆見《明代中後期社會變遷研究·明代社會風尚取向變換的空間分析》
　　　　（牛建強：《明代中後期社會變遷研究》，臺北，文津出版社，1997 年），頁
　　　　99。

〔註198〕《亭林文集·卷一·生員上》，頁 637。

〔註199〕見牛建強：《明代中後期社會變遷研究·引論》，頁 25～27。

此一途徑也帶來一定的利潤。原本所設定的穩定性社會結構自然也逐漸瓦解，市民階級興起後，「私」的觀念則更爲明確。

　　明代中葉以降，社會經濟的轉變，讓多數的士人階層在現實生活上形成與庶民生活趨於一致的狀態，促使他們不得不仔細審視「義」與「利」原本壁壘分明的界線。上文提過，身爲當時泰州王學代表人物之一的李贄，乃是首位公開承認「私」的儒者。雖然李贄的言論被當時官方視爲離經叛道，然而此正也標註出其具有一定的影響力。稍晚於李贄的幾位儒者，在明清之際乃至於入清之後，亦陸續闡述了關於肯定「利」甚至是「私利」的文字。

二、清初至清中葉的義利觀

　　業經明代中葉以降，儒者們對於「利」的價值的提出，在入清之後「利」乃至於「私利」，皆有突破性的轉換與進程。

　　首先，陳確的〈學者以治生爲本論〉，既是表達出在生活的現實基礎上，「治生」才是首要。以往宋明理學者最在意的乃是「天理」在生命中必須被彰顯出來，而不太願意正視生存之欲乃是一切的基石，陳確則明確提出「治生」重於讀書，其云：

　　　　確嘗以讀書治生爲對，謂二者眞學人之本事，而治生尤切於讀
　　　　書。……唯眞志於學者，必能讀書，必能治生。天下豈有白丁聖賢、
　　　　敗子聖賢哉！豈有學爲聖賢之人而父母妻子弗能養，而待養於人者
　　　　哉！〔註200〕

「讀書」、「治生」皆爲學者的眞本事，此所謂的「讀書」指的是聖賢之道；「治生」則是持家之能力。陳確還特別指出「讀書」並非一般舉業求利的讀書；「治生」也不是狹隘的自私而不顧他人。而「治生」優先於「讀書」，顯示出陳確將現實的層次提前，畢竟持家所要學的層面牽涉亦廣，〔註201〕傳統中國人對「家」的認知，實際上是牽涉龐大的家族體系，絕非今日所謂的「家庭」如此簡單。如能掌握並展現出持家的能力，確實是陳確所言的「本事」。換言之，陳確認爲，先能將家族經營妥當，保證食、衣、住、行之無虞，遠較只會在文字中或言談中論聖賢之道來得重要。

〔註200〕《陳確集・文集卷五・學者以治生爲本論》（陳確：《陳確集》，北京，中華書局，1979 年，頁 158～159。
〔註201〕參閱張麗珠：《清代的義理學轉型・典範的過渡》，頁 74～75。

實際上，「治生」與「讀書」，並非是將二者區隔爲兩階段，「治生」某個層面上就是「三綱八目」中的「齊家」，只是陳確將其具體的陳述出來而已，其云：「修、齊、治、平，悉於斯取焉。」以往儒者解釋八德目時，並未將齊家、治國的具體作法陳述出來，主因在於儒者多半無法深入「技術性」的層次，〔註202〕以致於流於抽象的論述，由現實面來看，「齊、治、平」皆涉及到較爲複雜的層次，必須學才能後工，否則就只能是空疏之談。如此，「治生」非但不離八德目的範疇，更能顧及現實的生活之需，治生成了不僅僅是「利」，亦是「義」，是以「義」、「利」對立變成了「義」、「利」合一。回溯至王守仁時代，其對於「治生」的看法則不同，云：「若以治生爲首務，使學者汲汲營利斷不可也。」〔註203〕足見王守仁認爲爲聖爲賢仍是首要，倘若不害此心，再談治生。對於「治生」是帶有負面的評斷。陳確則扭轉「治生」的負面性，將其與道德層面接軌。

而與陳確同時期的黃宗羲（1610～1695）、顧炎武等人，對於「義」、「利」之辨亦分別提出了各自的觀點。黃宗羲《明夷待訪錄·原君》即論述「公」與「利」的區別，其云：

> 有人者出，不以一己之利爲利，而使天下受其利，……此其人之勤
> 勞必千萬于天下之人。夫以千萬倍之勤勞而己又不享其利，必非天
> 下之人情所欲居也。〔註204〕

人的自然性中，皆是爲自己的生存而生存，這是自私自利的行爲，卻是天性。倘若有人爲了他人之利而生存，使多數人受利，而令自身辛苦數倍於他人，絕非一般人所願意承受的，此即爲眞正的「公」。黃宗羲指出，人的天性就是好逸惡勞，沒有人願意辛苦的付出，最後卻無法獲得應有的利益，假使有之，僅有聖賢之人可以勝任了。

黃宗羲文章首先指出做出「利他」的行爲並非是多數，而後世統治者卻將「公」與「義」扭曲，形成一種政治的統御術，其云：

> 後之爲人君者不然，以爲天下利害之權皆出于我，我以天下之利盡
> 歸于己，……使天下之人不敢自私，不敢自利，以我之大私爲天下

〔註202〕參閱張麗珠：《清代的義理學轉型·典範的過渡》，頁74～75。

〔註203〕《傳習錄校釋·傳習錄拾遺》（王守仁撰、蕭無陂校釋：《傳習錄校釋》，長沙，岳麓書社，2012年），頁195。

〔註204〕《明夷待訪錄·原君》（黃宗羲：《明夷待訪錄》，臺北，中華書局，2016年），頁1下。

> 之大公。始而慙焉，久而安焉，視天下為莫大之產業，傳之子孫，
> 受享無窮；漢高帝所謂「某業所就，孰與仲多」者，其逐利之情不
> 覺溢之于辭矣。〔註205〕

漢代以降的統治者，挾天子之名，並使之合理化，用一套說詞令天下人不敢
言自私、不敢言自利，將皇權毫無限制的擴大，自然亦將天子之「利」無限
制的擴大。如此一來，則相對壓縮其他的的「利」，以天子之「利」作為天下
之「公」，各朝各代的「家天下」觀念，就是將天下國家視之為絕對的皇權所
擁有。引文中並舉劉邦（前256～前195）為例，其比較功業孰多的心態，便
是標準的逐利。

　　黃宗羲在此文中所揭示的內容，有兩項值得探究，其一是傳統「私」的
內容需要仔細釐清；其二是「家天下」究竟是「公」還是「私」？此亦需要
從新審視。在該文章之首便云：「有生之初，人各自私也，人各自利也。」此
即肯定自私與自利的必然存在性，因為人之常情本是如此。再者，黃宗羲認
為「家天下」絕對是「私利」的概念，但吾人必須先知道，黃氏一開始已經
先肯定了「私利」的合理性，因此他並非從傳統「義」、「利」去否定「利」，
而是從君主的層面來批判，其云：「古者以天下為主，君為客，……今也以君
為主，天下為客。」顯然主客易位後，所有的「利」都集中到統治者一人之
中，美其名為「公」，但相對即剝奪所有人的私利產業，實為「天下之大害」，
是以黃宗羲云：「向使無君，人各得其私，各得其利也。」〔註206〕從而肯定人
的私有產業。

　　另外顧炎武在《日知錄》中，亦提出與黃宗羲立場一致的觀點，在論「公」
與「私」的部分云：

> 人之有私，固情之所不能免矣。……世之君子必曰有公而無私，此
> 後代之美言，非先王之至訓矣。〔註207〕

對於歷代所言的「公」、「私」之分，顧炎武認為並非是依據最原初之意而
得，因為人之必有私，乃是人情中所必定存在的因素，是以由此出發，曰「有
公而無私」，可謂是背離人情之語。同理，「義」、「利」之辨亦然，讚揚「義」
而貶抑「利」亦可被視為美言之詞。事實上，不論是黃宗羲或顧炎武，對於

〔註205〕　《明夷待訪錄‧原君》（黃宗羲：《明夷待訪錄》，臺北，中華書局，2016年），
　　　　　頁1下。
〔註206〕　《明夷待訪錄‧原君》，頁2上。
〔註207〕　《日知錄集釋‧卷三‧言私其豵》，頁57。

工商的領域不僅不加以抑制，反倒認爲要鼓勵工商業的發展，以黃宗羲《明夷代訪錄・財計二》爲例，其云：

> 錢幣所以爲利也，唯無一時之利，而後有久遠之利。以三四錢之費
> 得十錢之息，以尺寸之楮當金銀之用，此一時之利也。使封域之内，
> 常有千萬財用流轉無窮，此久遠之利也。〔註208〕

貨幣是用作交易、儲藏和記帳的一種工具，從一個國家的經濟來說，貨幣的發明代表這個國家內有上述三種的需求，目的就是令整體的經濟有一個可靠與穩定的依據，此便是久遠之利。商賈利用貨幣商品交易買賣，賺取其中的差價，這屬於短期的獲取私利。黃宗羲分析了貨幣與利益的關係，認爲貨幣的發明就是以獲利爲考量，無論是短期，抑或是長期，從歷史發展看來皆是如此。黃宗羲以明清之際的大儒身分論述貨幣之利，相對於已經發展得十分悠久的貨幣與財稅制度，可謂是十分的晚了，之所以如此，主要原因即在於歷代儒者的「義」「利」之辨，多與現實脫節之故。

顧炎武在其一系列的〈郡縣論〉中，除了談論政治制度外，亦提出了不少關於工業與商業發展的部分，如其云：

> 山澤之利，亦可開也。夫採礦之役，自元以前，歲以爲常。……利
> 盡山澤，不取諸民，故曰此富國之策。〔註209〕

屬於山澤與礦業的天然資源，能開採者即可開採。以往對於天然資源的掌控幾乎都在官方，限制頗多。倘若能將採礦權開放與利用天然資源，發揮應有的效率，則利潤可由此一管道而生，不必凡事都取利於廣大的庶民。顧炎武對於天然資源的觀察與利用，較黃宗羲猶來得靈活，且更具有商業性。從其論述當中可推知，顧炎武的「利」、「義」觀基本上亦屬二者可合而爲一，如藉由採礦與利用天然資源的生產方式達到富國利民，其云：「用吾之說，五年則小康，十年則大富。」〔註210〕足見顧炎武對於如何獲「利」已達富足的積極態度，是有別於明代以前的儒者。

清初儒者在「義」與「利」或「公」與「私」的議題上，開展出一波新形態的價值論述，除了陳確、黃宗羲、顧炎武外，稍晚的顏元（1635～1704）亦有一致的看法，〔註211〕其中值得一提的部分，是顏元在漢儒董仲舒「正其

〔註208〕《明夷待訪錄・財計二》，頁 32 上～32 下。
〔註209〕《亭林文集・卷一・郡縣論六》，頁 634。
〔註210〕同前注。
〔註211〕關於顏元的部分，可參考張麗珠：《清代義理學的轉型・典範過渡》，頁 75～76。

誼不謀其利明其道不計其功」的文字上加以修改，形成了「正其誼以謀其利，明其道而計其功」的功利思維，此符合李贄以降所提出的凡人皆有「私心」的觀念，唯有「私」，唯有「欲」，才有積極的動力。自明中葉以來，儒者逐漸的正視「利」、「私」與「欲」的存在，以及承認其在人性中所扮演的積極性因素，甚至如顧炎武更認清「利」在創造社會的進展上有其不可或缺的關鍵性。

至清乾嘉之際，這股思潮可以戴震的思想做爲指標。戴震論「理」除了繼承孟子性善之端論，又兼顧宋明理學所捨棄的「欲」與「情」，戴震云：

> 凡有血氣心知，於是乎有欲，性之徵於欲，聲色臭味而愛畏分；既有欲矣，於是乎有情。〔註212〕

凡人性之中必有「欲」，其所表現出來的，最基本便是對於感官知覺的喜好或厭惡，此便是「情」，「情」與「欲」原則上是一致的。戴震肯定人性之中必定有「情」有「欲」，而此即與「利」產生聯繫，因為有「欲」者便是有所求，凡有所求者即是對自身有「利」，反之則爲「不利」，戴震又云：

> 有血氣，夫然後有心知，於是有懷生畏死之情，因而趨利避害。……故人莫大乎智足以擇善也。〔註213〕

有血氣心知而後有欲，人人皆有喜於生、懼於死的念頭，蓋因為人有足夠的判斷能力懂得趨利而避害，是以「擇善」在戴震看來，與人天生所具有的「情」、「欲」有關，亦與判斷能力有關。

與其說戴震的思想從自然人性出發，不如說由「欲」、由「情」出發，但其論「欲」論「情」，絕非是主張縱其欲、肆其情，戴震認爲人要會反躬而思辨，因此縱使論「欲」與「情」，然而一切之行爲能合乎於「自然分理」，其解釋云：「自然之分理，以我之情，絜人之情，而無不得其平。」〔註214〕故「以情絜情」乃是戴震主張人與人之間的一種平衡狀態。

由上可知，戴震不似其他清初儒者，大談「功利」或「私產」，反倒是由「欲」與「情」來論述「趨利避害」，並主張人人在「欲」與「情」皆存在的前提下，應該要一律平等。由一些文字顯示出，戴震認爲「義」與「理」皆源自於「情」，其云：「在己與人，皆謂之情；無過情，無不及情之謂理。」

〔註212〕《原善·卷上》（戴震：《原善·孟子字義疏證》，臺北，世界書局，1974年），頁6。
〔註213〕《原善·卷中》，頁10。
〔註214〕《孟子字義疏證·卷上·理》，頁28。

以及「心之所同然，始謂之『理』，謂之『義』。」〔註215〕「心之所同然」，即是「欲」與「情」，也唯有在這一條件成立下，方有「以情絜情」之說，人人才可能有一相同的立足點要求對方與自身同時的理解。

在李贄到顧炎武等人均承認「私」的合理性下，戴震卻不認同「私」具有合理性，其云：

> 私也者，生於其心為溺，發於政為黨，成於行為慝，見於事為悖，
>
> 為欺，其究為私己。〔註216〕

「私」就是「私於己」，換言之，「私」即是心中只有自我，而無他人。「私」的幾個特徵，在心者是為無所節制；在政事上則有所偏；於言行之中則顯奸邪；在事件中則呈現混亂、不實。足見戴震認為「私」均是負面性的事物，此一思維，可謂與明代以前的儒者有著近似一致的觀點，是以必須去「私」，戴震提出「強恕」，此意仍是回到以情為出發，做到「以情絜情」、「心之所同然」，便是「恕」，戴震補充云：

> 遂己之欲，亦思遂人之欲，而仁不可勝用矣；快己之欲，忘人之欲，
>
> 則私不仁。〔註217〕

人之有欲乃為合理之範疇，達到己之欲，亦必須顧慮他人之欲，則是仁的體現；反之，若僅是逞己之欲，而不顧他人，則為「私」。基本上，可知戴震對於「欲」與「情」皆是持中性的主張，並且認為其二者雖有「趨利避害」的自然性，但若是能不偏不蔽，則能與「義」、與「理」相通。

戴震藉由《原善》、《孟子字義疏證》，從自然人性的層面來闡釋「欲」、「情」，一方面補充了儒學經驗層次的論述；另一方面憑藉「以情絜情」說，從「情」的視角論述了自漢代以降，較為罕見的趨近於現代平等的概念。

三、揚州儒者的義利觀

汪中、淩廷堪、焦循以及阮元的在思想上，是認同並承續戴震義理而來，上文提至戴震時，主要是論述從血氣之性開展出來的「欲」與「情」乃是具有合理性與做為「仁」、「義」的基礎，顯然戴震不從富國利民的視角闡釋功利思想，而是純粹從人之常情與常欲的視角來看待「義」與「利」。換言之，

〔註215〕《孟子字義疏證·卷上·理》，頁 28、29。
〔註216〕《原善·卷下》，頁 15。
〔註217〕《原善·卷下》，頁 19。

經過明中葉至清初儒者的「義」「利」之辨後，基本上連同個人財貨在內的「利」已獲得普遍的承認，是以揚州儒者在論述上，多不再避諱言「利」，且將「利」與「義」二者視爲可交集的。

（一）汪中：為孤寡者請利

汪中在〈與朱武曹書〉中嘗謂自己所學乃是「志於有用之學」，因此對於「古今制度沿革，民生利病之事皆博問而切究之」，〔註218〕可以看出汪中期許自身對於民生之事的關注與投入。此亦與其生平的際遇有關，由〈先母鄒孺人靈表〉中描述：「先君子羸病不治生，母……無童婢，飲食衣屨咸取具一身，月中不寢者恆過半。」〔註219〕即知其童年之景況，而《國朝漢學師承記》中的紀錄亦可窺知一二：「君生七歲而孤，家夙貧，母鄒緝屨以繼饔飧……母授以小學、《四子書》。」〔註220〕從上述二則引文的內容足見母親對其養成與教育之影響，無怪汪中的文字裡透露出在寡婦與幼兒方面相當留意。本文前章曾提及，汪中構想過如何創建「貞苦堂」和「孤兒社」，在〈與劍潭書〉中有詳細的說明，其云：

> 孟子曰：「鰥寡孤獨，天下之窮民而無告者，文王發政施仁，必先此
> 四者。」然吾觀先王之世，耆老孤子，則司門遺人得以委積財物養
> 之，惟寡婦無聞。〔註221〕

「鰥寡孤獨」，即老而無妻者曰鰥；老而無夫者曰寡；老而無子曰獨；幼而無父曰孤。以上四類人，是天下最爲可憐的庶民，因爲他們沒有可告知的對象。在孟子看來，身爲施行仁政者，理應要以上述四類人爲優先顧及的對象。汪中提出其所知道到的，在先秦以前都有專門的單位協助處理老者、孤者，但卻沒有文獻資料證明有關於寡婦的安養問題。

《禮記・禮運》中有一段文字，亦是提及恤養弱勢者的生活，云：「矜寡孤獨廢疾者皆有所養。」〔註222〕在古代，「家庭」的觀念乃是指一個父系爲主軸的家族，與現代的「家庭」有別，是以傳統「家庭」是一個能體現出親族之間互助與關懷的系統，假若是被列爲鰥寡孤獨之流的人，意謂著沒有家庭，更不用說親族之間的互助。汪中指出老者、孤者在古代有官方的救濟支

〔註218〕 皆見《述學・卷六・別錄・與朱曹武書》，頁 20 下。
〔註219〕 《述學・卷四・補遺・先母鄒孺人靈表》，頁 25 下。
〔註220〕 《國朝漢學師承記・卷七・汪中》，頁 112。
〔註221〕 《述學・卷六・別錄・與劍潭書》，頁 18 下。
〔註222〕 《禮記訓纂・卷九・禮運》，頁 332。

援，但也僅限於此而已，沒有落實到先秦儒者們所期望的境地。汪中云：

> 「餘夫授田」見《周官》遂人及《孟子》；「閒民無常職，轉移執事」
> 見〈大宰〉及《詩・載芟》疏；「蘧篨、戚施、侏儒、矇瞍、聾聵，
> 官師之所材」見〈晉語〉，皆不及寡婦。……《魏書・食貨志》，太
> 和九年行均田法：「寡婦守制者，雖免課亦授婦田。」列史，此外所
> 見，當更考之。〔註223〕

《周官》、《孟子》提到男子尚未有妻室者亦授田。而無固定職業者，《周官》與《詩・載芟》有言可用其來服役。另外〈晉語〉中將幾種有疾的人，如身體有殘疾不能俯視者；拱背而不能仰者；四肢短小者；眼盲者與耳聾者，亦發派其執行公務。然所有的古籍中，除了《魏書・食貨志》有明文守寡者可授予婦田外，皆未見有恤養寡婦的文獻。授田之舉，是爲保障庶民有基本的農作收成；服役亦有薪俸可領，此二者可謂是屬於社會保障的政策。

可知，汪中所在意的，是社會保障政策所涵蓋的對象是否涉及到寡婦的議題，其繼而指出，古代社會風俗對於寡婦的恤養已是行之久遠，《詩・小雅・大田》即有記載，汪中繼云：

> 故大田多稼，至于遺秉滯穗，始得取之以爲利。而夫死，妻穉子幼，
> 無大功之親，于是有同居不同居繼父之服，豈非人道之窮？雖聖人
> 亦不能事爲之數。

古代恤養寡婦的方式之一，就是在秋收的季節裡，不將農作物悉數收割殆盡，而是會遺留一小部分的穀物在田中，令那些寡婦得以撿拾。而在《儀禮・喪服》中，對於繼父家抑或是子家仍有足以服「大功」之喪者，則彼此不屬於同居之親；反之，則可列爲同居之親。顯然《儀禮・喪服》中所論的同居與否的此一議題，實際上與寡婦的關係較爲無涉，主要是在處理繼父與繼子之間的關係，故汪中會認爲聖人制禮仍有疏漏之處，因爲顯然的並未關照到全體的弱勢群。

是以汪中提出創建「貞苦堂」此一機構，目的就是照顧弱勢群中的寡婦，其云：

> 凡州縣察其寡婦之無依者必良家謹愿者，造屋一區，爲百間，間各
> 戶使居之，命之曰貞苦堂。〔註224〕

〔註223〕《述學・卷六・別錄・與劍潭書》，頁18下。
〔註224〕兩引文皆同前注。

查訪轄區內身世清白且有意願的寡婦，爲她們造屋，並維持其獨立空間，此即爲貞苦堂。然而汪中卻不認爲「貞苦堂」的作用僅止於照顧寡婦而已，其認爲必須讓寡婦亦能用其才的方式來維持一定的生計，又云：

> 婦有姑，若子女三人者，月給米一石、錢二百，終歲棉六斤，布五
> 匹，其多少是以爲差，任以女工絲枲之事，而酬其直。〔註225〕

若寡婦有婆婆以及子女且需照料者，則食、衣料方面會按月、按年供應，而寡婦也需要以其手工藝來賺取等值的錢財。故而可知，汪中心目中的貞苦堂並非是無償救濟的單位，其中即有涉及獲「利」的交易，寡婦必須有自己獲利的能力，才有維持基本生計的可能。

至於孤兒的部分，汪中認爲可將五到十歲的孤兒集中，令其學習認字寫字與《孝經》外，並觀察其興趣與才能，安排其適宜的工作，至二十歲時則須遷出孤兒社。汪云：

> 門外爲社，有師一人，凡孤子五歲至十歲者學焉，命之曰孤兒社。
> 三年視其材分志趣，而分授以四民之業。然而必通孝經解字體，至
> 十六歲，度能自食其力，以次減其廩，至二十歲則舉而遷之於外。
> 〔註226〕

引文中的「視其材分志趣，而分授以四民之業」云云，所顯示的乃爲一種依性向而分別人才的概念出現，其中所透露的訊息則是士、農、工、商職業的平等性，原本是有階級與地位的四民，在汪中的文字下，已經不見其階級地位，取而代之的是志趣和才性，此與前述王陽明的「新四民觀」有一致性的觀點。

孤兒社的設立，主要是培育孤兒成爲社會組成的一份子，是人盡其才的思維方式，但同貞苦堂一樣，汪中認爲被照顧的對象仍需要回饋，此乃是雙向互惠互利的模式，其云：

> 其賢者能者，既老則使掌其堂之事，各修其業以教社之子弟。其富
> 且貴者，十分其貲而三入之堂，訖于其身。〔註227〕

培養的孤兒之中，無論是有德行、有才能者，抑或是發達而富貴之人，都應該要回饋孤兒社，前者可以教育社中的孤兒，或執掌孤兒社中的事務；後者

〔註225〕《述學‧卷六‧別錄‧與劍潭書》，頁19上。
〔註226〕同前注。
〔註227〕同前注。

則可以提撥其百分之三十的財產給與孤兒社，以維持社中的支出與開銷。孤兒社裡的孩童多數仍屬於無法自力更生的群體，因此不能和貞苦堂一樣對寡婦施行按工計酬，只能依靠資助的模式維持，甚至對於那些犯科之徒，汪中亦主張沒收其財產，納入恤養的單位之中，即「凡民雜犯，自杖以下視其輕重而要之，使入其財於堂」，此一主張，理應是考量到經營的方式，雖說是屬於慈善單位，但其基本的開銷與支出，仍是需要仔細經營，其主要原因乃是汪中認爲這類性質的單位，不能由官方進行支配，即文中表明的「官吏不得問焉」，〔註228〕因此財源的開闢相形之下就顯得重要，汪中即云：

> 其他損益惟其人，此事所憂者財不足耳，經費之所出，不可不豫定，
> 惟不宜置田，以田有水旱之虞，且須關白布政司也，多一監臨察核
> 之法，即生一吏胥耗蠹之弊。〔註229〕

汪中坦率地指出如貞苦堂或孤兒社這一性質的單位，最擔憂的部分即是收入的不足。貞苦堂裡的寡婦雖可以依靠女紅自食其力，但未必能支撐整個貞苦堂的財務，同理，孤兒社依靠仕紳與賢達資助，其財務來源亦會隨局勢而起伏，是以汪中的憂慮即在於此，但其亦反對購置田做爲堂社的經濟來源，原因在於一旦購置田產，即可能面臨官府的監察與涉入弊端，如此則悖離了創建理念。

　　由上可知，汪中可能融合了顧炎武與戴震的觀念而呈現出的一種思維方式。上文言及，顧炎武主張的是盡其才以獲其利，汪中則云：

> 凡物生天地之間，其功可被於萬民，其精氣著爲列象，則必有聰明
> 睿智之人，竭其心思，變通以盡其利。〔註230〕

大凡天下所有的物，皆有其可用之處，然卻需要有智慧之人善用其材，以盡其利。汪中認爲人最聰慧之處，即在於懂得變通之道以及知曉萬物之特性，如此才能盡其利，促使社會發展。此乃可見出汪中與顧炎武的觀念相重疊之處。

　　戴震則從「欲」與「情」的層面替倫理階級的弱勢群體來發聲，如：「下之人不能以天下之同情，天下之同欲，達之於上。」〔註231〕意味者多數的情況，都是在倫理階級的壓迫下，無法使其獲得順遂且合理的人「情」與人

〔註228〕兩引文皆見《述學・卷六・別錄・與劍潭書》，頁 19 上。
〔註229〕《述學・卷六・別錄・與劍潭書》，頁 19 上～下。
〔註230〕《述學・卷六・別錄・浙江始祀先蠶之神碑文》，頁 21 下。
〔註231〕《孟子字義疏證・卷上・理》，頁 36。

「欲」。換言之，戴震替處於弱勢的階級不平；汪中亦然，而且在此一思維下，其所提出的做法更爲具體。從汪中的文字裡，可見到其特別是關注庶民中弱勢群的立場，若以「義」、「利」之辨來看，汪中所構想的慈善單位本身是「義」，但又要維持慈善單位本身的運作經營，包括如給予每位寡婦的工酬；個人以財貨之一定比例來贊助孤兒社等，業已涉及到個人之「利」的層面。在汪中看來，兩者並未衝突，反而是一變通且共存的模式。換言之，清初如黃宗羲等儒者所主張的「義」「利」合，至清中葉時是被承續下來，不論是「義」或「利」皆脫離不了「欲」的動力，以寡婦爲例，因貞苦堂可提供個人生活所需的基本物資外，又提供以工作成果換取錢財的管道，可以說是遂個人之私，諸如此類，何以不爲？孤兒社亦復如此，社中提供管道給予學習的環境，令孤兒依據其志趣而習四民之業，成人後爲社稷、爲孤兒社盡己之力或盡己之財，此可說是「盡其利」的一種思維方式。

因此，藉由汪中具體的說明下，可以清楚看出在主張變通之下，「義」「利」之合不僅不形成矛盾，更可在現實性下爲弱勢群體取得基本的生存之權。

（二）焦循：「趨利故義」、「即利即義」的理論建構

相較於汪中以「義」、「利」之合的思維方式，關注在弱勢族群的現實生存之上，焦循則有另一番不同途徑的論述，然而與其說焦循不重視現實性的層面，猶不如說其乃是由理論性的視角來闡釋「義」、「利」之合。

《孟子·離婁下》云：「天下之言性也，則故而已矣。故者以利爲本。」焦循在此章對於「義」、「利」之辨的命題有一段深入的探討，首先，其引先秦典籍來解釋兩者的關係，如引《易·文言傳》云：「利者，義之和也。」次又引《荀子·臣道》云：「從命而利君謂之順。」以及《詩·鄭風》「知子之順之」箋：「順，謂與己和順。」〔註232〕由上述《易·文言傳》的引文可知，起碼有一部分先秦典籍中論及「義」與「利」的關係時，並未將此二者視之爲完全的對立，反而認爲兩者有一致性的關係，「利」爲「義」之和，「從命而利」即是「順」，而「和」亦有「順」之意，故有「順利」的詞彙。

朱熹解釋《孟子》此一章的「利」，亦是言「順」之意，其云：「利，猶順也，語其自然之勢也。」〔註233〕可見朱子做注時，只單就此章的文句予以

〔註232〕以上引文皆見《孟子正義·卷十七·離婁下》，頁 584～585。
〔註233〕《四書章句集注·孟子集注·卷八》，頁 297。

解釋，並未言及「和」，更未牽涉到「義」，而是在「已然」的這一部分上加以說明，其云：

> 言事物之理，雖若無形而難知；然其發見之已然，則必有迹而易見。
> 故天下之言性者，但言其故而理自明，猶所謂善言天者必有驗於人
> 也。然其所謂故者，又必本其自然之勢。

「理」做爲天下萬物最高端的核心原則，雖說無形無色，但在事物的軌跡之中仍可發現其中的端倪。所以萬物之性即在於「理」，觀察其既有的現象、起落，「理」必再其中。換言之，先有其「理」，才有其可順其本然之勢的迹，此即爲「故」，謂之「已然」。以朱熹的思想而言，此章之「利」所表明的，僅僅闡明一種順著已然之勢的現象而已，與「義」甚無關係。

　　然而焦循在此章卻是大談「利」的意涵，不僅提到「義」，更連結「宜」、「變通」到「智」，其云：

> 孟子獨於故中指出利字，利即《周易》「元亨利貞」之利。〈繫辭傳〉
> 云：「變而通之以盡利。」〈彖傳〉云：「乾道變化，各正性命，保合
> 太和乃利貞。」利以能變化，言於故事之中，審其能變化，則知其
> 性之善。〔註234〕

「利」字有許多涵意，孟子所言的「利」，可說是「元亨利貞」之「利」，此「利」即是合宜之謂，而要達到合宜，首先要有變通的思維，即能與時變化而通達就可能達到合宜，此即爲「利」。此變通之「利」，雖是強調變通的作用，但必須在天道運作的律則之下進行變化，方可於各正其本然之性下，合其本然，完成變通之「利」，在此脈絡下，依舊是不偏不倚，依舊各正性命，是以無論如何之變通，終究是趨近於正向的結果。換言之，焦循所謂的變通盡利，意即在不違背自然的律則內，以最合宜的脈絡達到趨吉避凶的目的。

　　由上可知，「利」乃爲尋求合宜的途徑，是以趨吉做爲目的，而焦循繼續解釋「利」與「義」之間的聯繫，即「利者義之和」的內涵，其云：

> 《禮記·表記》云：「道者，義也。」注云：「謂斷以事宜。」《春秋
> 繁露·仁義法》云：「義者，謂宜在我者。」其性能知事宜之在我，
> 故能變通。〔註235〕

〔註234〕《孟子正義·卷十七·離婁下》，頁585。
〔註235〕同前注。

道者在此，乃爲合宜之事，《禮記·表記》與《春秋繁露·仁義法》中所云的「義」字，即是有合宜的意涵。如此的詮釋「義」，便將「義」與上文的「利」緊密的聯結，是以「義」即與「利」相通，當然亦可以將「義」的內涵以變通來解釋。

「利」與「義」能合，關鍵在於合宜，而欲合宜則要知變通，這一點應該與焦循治《易》的觀點十分密切，即〈《易》圖略自序〉所云：「余學《易》所悟得者有三：一曰旁通，二曰相錯，三曰時行。」〔註236〕從「旁通」到「時行」其實皆脫離不開「變通」的思維方式，即：「比例之義出於相錯」；「升降之妙出於旁通」；「變化之道出於時行」。〔註237〕無論是「比例」、「升降」與「變化」，皆是爻位的變動，而也契合於「乾道變化，各正性命，保合太和乃利貞」，天道的變化使得萬物各得其性命之正。天所賦者爲命，物所受者爲性，萬物由此而具有各自的律則，亦成就各自的存在之道，而通過萬物間依照運行的脈絡與協調變通，形成了天地間的整體和諧，稱之爲「太和」。天道的變化在「太和」的狀態下，萬物各據其性以自全，即爲「利貞」之「利」。焦循的「利」與「義」之合，至少有一部分是藉由《易》的內容而得。

焦循藉《孟子》「天下之言性也」一章，論述「義」、「利」之合的理論由來外，亦以具體的歷史過程爲佐證，並推導出性之善的實質所在，其云：

> 上古之民，始不知有父惟知有母，與禽獸同。伏羲教之嫁娶定人道，無論賢愚不肖，皆變化而知有夫婦父子；始食鳥獸蠃蜄之肉，肌則食，飽棄餘，神農教之稼穡，無論賢智愚不肖，皆變化而知有火化粒食是爲利也。於故之中之其利也，則人性之善可知矣。〔註238〕

洪荒時期，人類雖有社群，但與後世所熟悉的文明有一段差距，直至賢者制定人倫之道，且由漁獵採食逐漸推進到農耕定居的時代，所有的人皆受文明制度的薰陶，而知道如何使自己的生活更爲進步與穩定，是以知人性之善，即在於此一歷史的進展中獲得印證。此「善」不單只是宋明儒者所言的道德面向而已，焦循所謂的「人性之善可知矣」必須要結合二種屬於本性之中具有的事項，其一爲「智」；其一爲「利」。有「智」，才知道如何爲「利」，會判斷、會思考對自己有利的途徑，而最終呈現出好的結果，這便是焦循言「善」

〔註236〕《雕菰集·卷十六·《易》圖略自序》，頁262。
〔註237〕同前注。
〔註238〕《孟子正義·卷十七·離婁下》，頁585～586。

的內涵。

是以，焦循總結出「義」與「利」二者的關聯，特別是在人性的層面上言，其云：

明人之所以異於禽獸者，在此利不利之間，利不利即義不義，義不義即宜不宜。能知不宜，則智也。〔註239〕

人禽之別，在於人能趨於利，而利即是義，義即是歸於合宜，而人的行爲之所以會如此，其原因便是人具有思考判斷的能力，稱之爲「智」。換言之，人與禽獸之別，焦循認爲在外顯得部分是人懂得趨利，尋求適宜的方式與途徑來達成更好的目的；而內在的部分則是因爲人具備了比禽獸較爲高等的智力。

孟子言人與禽獸的差別，非常稀微，主要因爲人具有仁義之性。宋儒則將此解釋爲人得天理之全，即：「獨人於其間得形氣之正，而能有以全其性。」〔註240〕所謂的「全其性」就是天理之全，所指涉的乃是德性。而焦循在人禽之別的命題上，則明確指出二者的差別在於智性。吾人可見到焦循繼承了戴震的「以學養智」思想，當然亦有其本身的《易》學思想，而將孟子主張的人禽的「仁義」之別與「智性」聯結，形成了「利」、「義」、「宜」與「智」四者的貫通。通過焦循這樣的詮釋，一來並未脫離《孟子》的文本，二來在儒學思想中灌注了貼近於現實性的思維，故學者張麗珠云：「在此，利與義與宜幾乎都是同義，能在現實中得利，就合於義，就是宜。」〔註241〕焦循從現實層面上來論「義」、「利」關係，較爲關注的就是結果，與理學家強調出於動機、本心的道德「義」截然不同。

《孟子·梁惠王上》首章是孟子與梁惠王討論「義利之辨」的重要文本，而焦循在此章並未申論「義」與「利」的互通，而較多是言「征」的訓詁，如其云：「征無爭訓，故先以取訓之，而後本《史記》言交爭，爲爭而國乃危……」，〔註242〕不免給予人刻意避過的跡象，然而審視《孟子》該章的文字，焦循若要申論「義」「利」之合，恐將與孟子的文意產生矛盾。反觀朱熹的集注，則申論了「利」之害：

〔註239〕《孟子正義·卷十七·離婁下》，頁586。
〔註240〕《四書章句集注·孟子集注·卷八·離婁下》，頁293。
〔註241〕《清代新義理學——傳統與現代的交會·以利爲善——清儒對傳統義利關係的解構與重建》，頁260。
〔註242〕《孟子正義·卷二·梁惠王上》，頁37。

> 利心生於物我之相形，人欲之私也。循天理，則不求利而自無不利；
> 殉人欲，則求利未得而害已隨之。〔註243〕

顯然「利」與「欲」與「私」，完全被屏除於天理之外。宋儒亦承認人有欲，
且有欲利之心，但卻主張要「存天理滅人欲」，亦即捨「利」而就「義」，如
此才能「拔本塞源而救其弊」。〔註244〕是以，由上述可知，無論是焦循抑或是
朱熹，對於先秦儒者的文本注疏，會因其思維方式的不同，造成在同一文本
的闡釋過程中有輕重取捨的差異性。換言之，清儒、宋儒在詮釋經典時，均
有其所側重、所關注的面向。

事實上，焦循嘗撰寫〈君子喻於義，小人喻於利解〉一文，於此文章
中，焦循點出古代的社會中能否合乎「禮義」，是評斷是爲君子或爲小人的標
準，此一「禮義」乃是學問厚實且言行端正之人，即「積文學，正身行」，焦
循云：

> 古者，雖王公士大夫之子孫，不能屬禮義，則歸之庶人。雖庶人之
> 子孫，積文學，正身行，能屬禮義，則歸之卿士大夫……，貴賤以
> 禮義分。〔註245〕

地位高低的差別，不在於出身，不在於財產，而是在於自身的學問與言行。
東周以降，尤其是戰國時代，庶民與統治階級的區隔便已不再是宗族爲藩
籬，而是個人的學問與言行。由此可知，焦循於上引文中論所謂的君子、小
人，仍是以道德爲根柢，並以區分二者的差別。接下來的論述，焦循引用孔
子與孟子的文字，如「無恆產而有恆心者，惟士爲能」、「若民則無恆產，因
無恆心」，分別說明君子與小人在處理事物上的差異，其云：

> 則治小人者，必因民之所利而利之，故易於君子孚於小人爲利，君
> 子能孚於小人，而後小人化於君子，此教必本於富；趨而之善，必
> 先使仰足事父母，俯足畜妻子。〔註246〕

「小人」、「君子」之別，在引文中顯然又帶入了一部份的階級觀念，引文中
的「小人」是指廣大的庶民階層，治理廣大的庶民，必定需要考量庶民之
「利」，而統治階層要讓庶民信任的方式就是給予其適當之「利」，有此「利」
基，庶民可無旁騖地接受教化，進而趨之而善，亦可晉身爲君子階層。正視

〔註243〕《四書章句集注・孟子集注・卷一・梁惠王上》，頁202。
〔註244〕同前注。
〔註245〕《雕菰集・卷九・君子喻於義，小人喻於利解》，頁137。
〔註246〕引文皆同前注。

「利」除了利於統治階層的教化外，更重要的是要使庶民階層富足之後，能進一步邁向更好，而所謂的「足」，就是現實生活中家庭的衣食住等等之無虞。焦循在文中提及「教必本於富」後進而「趨而之善」，正與上文的歷史進化論相爲呼應，亦符合其「以利爲善」的內容。

　　從焦循解釋「君子喻於義，小人喻於利」的前段文字來看，二者似乎仍呈現出對立的情況，然而後段才是其欲提出的重點，即「教必本於富」進而「趨而之善」，焦循繼續解釋：

> 儒者知義利之辨，而舍利不言，可以守己，而不可以治天下，天下
> 不能皆爲君子，則舍利不可治天下之小人，小人利而後可義。君子
> 以利天下爲義，是故在己雖義亦利也，利在天下即義也。〔註247〕

「義」、「利」之辨是儒者長久以來面對的命題，儒者注重道德修養，因此不言「利」乃屬合理，但若是要據此依思維方式來治國則萬萬不可，畢竟廣大的庶民佔了絕大多數，且現實中不可能讓天下人皆爲統治階層，同樣的，現實中亦不可能令所有的庶民捨棄「利」而僅專注於道德修養。是以君子所謂眞正的「義」，不在於道德，而是欲令廣大庶民得「利」。換言之，以位階而言，君子喻於「義」，實質上就是喻於「利」，而且是天下之「利」。

　　焦循此篇的「義」、「利」之辨，可謂是分做兩大層次來分析：其一是個人的層次，若僅是以個人道德論「義」、「利」，則可以只關注於「義」，此可能趨近於理學家所強調的「義」；其二是從政治的現實層次來看，廣大庶民的日常必定是與「利」息息相關，若從治國的視角來看，則無法如面對個人德行時，能做到捨「利」而不顧。是以從文章的主旨可知，焦循的主張仍是一貫的「義」、「利」合觀點，而聯繫二者的便是「宜」，在君子階層爲「義」；在庶人階層爲「利」，實則二者可通，端看所身處的環境與立場而知所變通。

〔註247〕《雕菰集・卷九・君子喻於義，小人喻於利解》，頁137。

第六章 氣論思想在清儒視野上的呈現

　　對於傳統知識份子而言，「氣」可謂是十分普遍的概念，其不僅存在於思想之中，且涵蓋、運用的層面甚廣，由哲學到文學，從醫學到武術，均與「氣」有密切的關聯性。清初儒者如顧炎武（1613～1682）、王夫之（1619～1692）均以「氣」作爲本體義，而王夫之又提出「器」先「道」後的思想；再如乾嘉時期的學術集大成者戴震（1724～1777）完成經驗層面的論述，在如此的思潮趨勢下，其後繼的揚州儒者把學術重心置於具體的現象界中，是合乎學術思維的脈絡。換言之，清初到清中葉，是由「氣」論「形器」，再到具體經驗的延伸。本章則將探究「氣」的形成以及其內含的連續性思維方式，再者探討此一連續性與智性之間的聯繫，最末則是在此脈絡下的思維方式對於西學中源說的啓發。

第一節　「變動不居」的連續性思維

　　關於宇宙生成，現代學者金春峰在〈剖析中國古代的宇宙模式〉中云：「中國古代自然觀的基本概念或基本圖示以有機、連續、系統爲特徵。」〔註1〕上世紀的西方學者李約瑟（1900～1995）亦持有相同的觀察，其云：「中國的哲學家則堅認一物總是在變動的過程中，隨時變成他物。」〔註2〕而本章主要探

〔註1〕　《哲學：理性與信仰·剖析中國古代的宇宙模式》（金春峰：《哲學：理性與信仰》，臺北，東大圖書，1997年），頁71。

〔註2〕　《中國之科學與文明·晉唐道家與宋代理學》（三）（李約瑟 Noel Joseph Terence Montgomery Needham 著，陳立夫主譯：《中國之科學與文明》（三），臺北，臺灣商務印書館，1973年），頁210。

究的，便是「氣」論內容以及與此一相關的連續性與類推式的邏輯思維方式，[註3] 如何在揚州諸儒的文字中體現出來。

　　而所謂「連續性」的思維，是當代研究思維模式的一種論述，如以萬物構成的因子來說，主張宇宙是連續性的人會認爲世界的本質皆同一；主張原子性的人則認爲構成萬物的本質各有不同。不少研究者皆有相關的論述，其中如今學者理查・尼茲彼云：

> 世界由原子構成還是由連續性物質所構成，這點希臘人曾經辯論
> 過，但在中國卻不曾引起過爭論，因爲中國人就是認定世界是由連
> 續的物質所構成。[註4]

關於原子性此一方式的思維，在柏拉圖（前 427～前 347）《蒂麥歐篇》討論宇宙生成時即可見及，[註5] 如他提到火、水、氣、土四種存在時云：「火和土無法黏在一塊兒，因而需要第三者作爲黏物使它們黏起來。」[註6] 顯然火與土二者，就是完全不同的本質，尚需第三種本質性的物來做爲黏合的媒介。

　　上述的原子性思維，在西方哲學中影響甚鉅，但傳統中國的哲學上則不見此一思維方式的論述。在《周易・繫辭下》有「八卦成列，……剛柔相推，變在其中矣。繫辭焉而命之，動在中矣」；「變動不居，周流六虛，上下無常，剛柔相易」之語，[註7] 應可做爲中國傳統知識份子理解宇宙現象的基礎概念。上述二則引文皆有一個思維貫通於其間，即：時間與空間是不斷變化與

〔註 3〕　所謂「類推式」的邏輯思維，乃是一種平行推理方式，將兩者分別做爲前提與結論兩部分，「推」出其共同點，使類推的邏輯成立。反之，若無共同點，則此類推邏輯無法成立。在《中國傳統思維方法研究》中多篇探討了中國傳統關於「類推」的文字，如學者孫曉芒〈中國古代從「類」範疇到「類」法式的發展演進過程〉中云：「援類而推的方法，是中國古代社會特有的並廣泛使用的一種思維方法，它是按照兩種不同事物、現象在「類」屬性或「類」事理上具有某種同一性或相似性，因此可以由此達彼、由言事而論道的一種推理論說方式。」（周山主編：《中國傳統思維方法研究》，上海，學林出版社，2010 年），頁 51。

〔註 4〕　參見《思維的疆域・西方的「三段論法」與東方的「道」》（理查・尼茲彼 Richard E. Nisbett 著、劉世南譯：《思維的疆域》，臺北，聯經出版社，2007 年），頁 16。

〔註 5〕　柏拉圖（Plato），希臘思想家，被譽爲西方哲學的奠基者之一。

〔註 6〕　《蒂麥歐篇》（柏拉圖：《蒂麥歐篇》，上海，世紀出版集團，2006 年），頁 22。

〔註 7〕　以上引文皆見《周易譯注・繫辭下》（周振甫譯注：《周易譯注》，北京，中華書局，2016 年），頁 333、351。

發展，沒有停歇，此便是連續性的思維主張。古人歸納出「八卦」爲宇宙間的基本現象，而八卦彼此重疊交錯，再成六十四卦，推究其源，所有的變化是陰與陽、剛與柔交互的作用所致。而「陰」與「陽」或「剛」與「柔」，據孔穎達（574～648）之疏，皆不脫離「氣」，其云：「剛柔，即陰陽也。論其氣，則謂之陰陽，語其體，則謂之剛柔。」〔註8〕陰陽、剛柔所指涉的都是相同的對象，只是說法不同而已。

　　而〈繫辭下〉的「剛柔者，立本者也；變通者，趨時者也」孔氏於文本下疏云：

　　　　言卦之根本，皆由剛柔陰陽往來變通者。趨時者也，其剛柔之氣，
　　　　所以改變會通，趨向於時也。〔註9〕

《周易》的卦爻，其根本上所透露的，即是「氣」的流動變化。「變」對於「易」字而言，在意義上是相通的，《小爾雅・廣詁》云：「爰、換、變、貿、交、更，易也。」〔註10〕〈繫辭下〉有「《易》，窮則變，變則通，通則久」之謂，〔註11〕可知，《周易》一書的思想主體涉及到「變」，唯有變動不居，方可無窮而久，而此現象的主體，從現象或具體的層次而論，便與「氣」脫離不了關係。

　　《莊子》一書中亦明確的指出，連續性的「氣」乃是天地萬物之根源，如〈知北游〉云：

　　　　故萬物一也，是其所美者爲神奇，其所惡者爲臭腐，臭腐復化爲神
　　　　奇，神奇復化爲臭腐，故曰，通天下一氣耳。〔註12〕

天地萬物皆同爲「氣」之所化，美而神與惡而臭雖是兩種截然不同的現象，但美與惡卻是可以互相流轉變化的。是以陰陽抑或稱爲剛柔之「氣」，其交互作用的內在機制，形成了中國傳統知識份子對於理解宇宙的思維方式。

　　「氣」做爲中國傳統對現象界構成的普遍認知，一切有形與無形的，其所組成的本質與現象都是「氣」及其作用，在此一思維方式下，天地間所有

〔註 8〕　《周易正義・繫辭下》（王弼等注；孔穎達疏：《周易正義》，臺北，廣文書局，1972 年），頁 75。

〔註 9〕　同前注。

〔註 10〕　《小爾雅集釋・廣詁第一》（遲鐸集釋：《小爾雅集釋》，北京，中華書局，2008 年），頁 33。

〔註 11〕　《周易正義・繫辭下》，頁 76。

〔註 12〕　《莊子纂箋・外篇・知北游》（錢穆：《莊子纂箋》，臺北，東大圖書公司，1993 年），頁 173。

的現象與過程，均爲連續性的呈現。

上文嘗言，「氣」是古中國人嘗試理解構成天地萬物根源的綜合概念，亦是了解世界的思維方式的基礎之一。在本節的架構中，以下嘗試先由「氣」的來源與概念構成予以重點式論述，後二節再來探討揚州儒者對於「氣」範疇的相關延伸題。

關於「氣」，目前在甲骨文、金文中業已發現，其主要的原形爲「气」字，東漢許愼（58～147）《說文解字》中對於「气」的解說爲：「气，雲气也。象形。」〔註13〕可推知早期的人們觀察自然界，如雲氣、霧氣，甚至是風的變化與流動，認爲其從有形可見之物，變化到無形之質，即爲「氣」觀念產生的由來之一。而山嵐之屬，以及清晨旭日照射於大地之上時，地面水氣蒸騰的景況，應該也被視作雲氣、霧氣一類。

除有雲氣的意思外，「氣」的產生概念也來自於與人密切相關的食的層面，即「氣」有寫成「餼」字，段玉裁（1735～1815）於「气」字下注云：「气字乃又作餼。」〔註14〕由「食」與「氣」組成的「餼」，乃與穀物有關，通「氣」字，即「饋客之芻米也」。〔註15〕日人黑田源次（1886～1957）指出，「餼」字的發明，應是中國人進入穩定的農耕時代後，人經由攝取五穀而延續生命力與增加精力而來，〔註16〕因此「餼」這個字，可能是源自於食穀的經驗。

又，「氣」亦爲生物的生理作用之一，特別是呼吸時「氣」的流動，其表現出身體的機能以及生命的展現，此一部分也與食穀有部分的重疊，因此對於「氣」的概念，除了衍生出「血氣」、「精氣」，更進一步發展出養生、醫療之術。春秋戰國以降，道家的養生觀；乃至於戰國至漢初完書的《黃帝內經》，可說均與之有關，如《黃帝內經‧陰陽應象大論》云：

> 水爲陰，火爲陽，陽爲氣，陰爲味。味歸形，形歸氣，氣歸精，精歸化，精食氣，形食味，化生精，氣生形。〔註17〕

〔註13〕 《說文解字注‧一篇上》（段玉裁：《說文解字注》，臺北，藝文印書館，2005年），頁20。

〔註14〕 同前注。

〔註15〕 《說文解字注‧第七篇上》，頁336。

〔註16〕 小野澤精一：《氣的思想──中國自然觀與人的觀念的發展‧戰國諸子中的氣》（小野澤精一等編著：《氣的思想──中國自然觀與人的觀念的發展》，上海，上海人民出版社，2007年），頁32。

〔註17〕 《黃帝內經‧第二卷‧陰陽應象大論五》（《黃帝內經素問》，四部叢刊初編子

陰陽以屬性來分，則陰爲水，陽爲火，故在屬性的作用而言，陰氣爲凝聚；陽氣爲發散。凝聚而生形且有味；發散則趨於無形故爲氣，但陰陽二氣的本質上皆爲一，只是流動變化的差異而已，人類在生存之中，包括呼吸、飲食等日常作息過程中，即是不斷的吸收與釋放陰陽之氣，此是爲生理的必然現象。由此可知，包含人在內的一切有形之物，皆與自然的陰陽之氣交感相通，而陰陽之氣即是天地之氣。

　　而「氣」從自然的、生理的現象，也逐步涉及到與生理相關的精神層面，關於此一部分，可見孟子的「養氣」說，其云：

> 夫志，氣之帥也；氣，體之充也。夫志至焉，氣次焉。……志壹則動氣，氣壹則動志也。今夫蹶者趨者，是氣也，而反動其心。……我善養吾浩然之氣。……其爲氣也，至大至剛，以直養而無害，則塞於天地之閒。〔註18〕

「志」爲意志；「氣」爲構成身體的本質，意志主導著身體，亦即「志」爲「氣」的主宰。換言之，精神性的層次應該要強過物質性的層次。在意志上專注不二，則不受物質所牽動；反之，若專注於物質之上，則意志恐會隨著物質之變化而有所變動。另外從引文可推知，「氣」在孟子的思想中並非是純粹的材質，它亦是一種能量，以今日的知識而言，「氣」範疇包含了質與能。關於此部分，下文會再論述。

　　孟子所言「我善養吾浩然之氣」，並非是專注於「氣」之上，而是將之置於次要的位置，凸顯出以「志」爲第一義的思維，如此才有「至大至剛，塞於天地之間」之「氣」可以彰顯。由上述可知，最遲至戰國時代，「氣」在詞彙上亦可與意志力的展現聯繫，即「正氣」、「浩氣」等，但要注意的是，此一觀點實際上是精神層面的道德，與「氣」的本質性並無關聯，吾人從朱熹的注中可明白：「孟子爲善養之以復其初，蓋惟知言，則有以明夫道義，而於天下之事無所懼。」〔註19〕是以無論是孟子抑或是宋儒，「氣」雖都被視爲是現象界的本質，但其所關注的核心卻在道德的層次上。

　　上文所論述關於「氣」的觀念來源，多屬於人們觀察的自然現象以及從自然界中體悟到的層面。實際上，「氣」在甲骨文、金文之中，卻是另有其他

　　　　部，上海，上海商務印書館，1929 年），頁 15。
〔註18〕《四書章句集注‧孟子集注卷三‧公孫丑上》（朱熹：《四書章句集注》，北京，中華書局，2008 年），頁 230～231。
〔註19〕《四書章句集注‧孟子集注卷三‧公孫丑上》，頁 231。

的意涵，據目前研究歸納得出的結論有：（1）乞求，如〈殷契萃篇〉七七一條云：「庚申卜今日气雨。」此即有乞求之意。（2）迄今，如《殷墟書契菁華》第一條云：「王占曰：有祟，其有來艱。气（迄）至五日丁酉，允有來艱自西。」（3）訖終，《殷墟書契前編》七・三一・三條云：「之日气有來艱。」無論是郭沫若（1892～1978）、陳夢家（1911～1966）或饒宗頤（1917～）等學者，均指出甲骨文或金文上的「气」字形，應與雲氣之意無關。〔註 20〕由上所述更可證明出：「氣」在日後被人們視之爲天地萬物構成的本質，來源絕非單一的字形。

前述中已提過的「餼」字之外，另一個出現在《三代金吉文存・卷二十》四九條裡，出現由「气」與「火」所組成的「（气火）」字，亦是氣對象之一，其原文「行（气火）立則（辵畜）」，前川捷三引陳夢家對比先秦諸子的文獻後主張「行（气火）」就是「行氣」的說法，並云：

> 《孟子》等關於「氣」的說法，是經過劍祕銘文「氣」的說法這一個前階段的。在甲骨文、金文的資料中，包含有「（气火）」字的這一銘文，成了解明在後代發展氣的概念的一條線索。〔註21〕

在前川氏的論述中，陳夢家對比了《孟子・公孫丑》談「養氣」一章；《老子》第十章中的「專氣致柔，能嬰兒乎？」與第五十五章「心使氣曰強。」〔註22〕；以及《荀子・修身篇》中提及的「治氣養身」云云，因此可推測，（气火）所構成的這個字，可能涉及了養生與修爲的意涵。

上述關於今人研究「氣」字的來源與觀念，可確定的是，它的形成是一種多頭來源且逐漸形成的過程，包括了自然界的現象，生命存活的需求，人事的記載等等。是以「氣」的內容與層面極爲廣泛，在先秦時期，便已奠定了「氣」是多元論的觀念，而這些不同來源的概念乃因爲先民們存在著「類推式」的邏輯思維，如人的精神血氣必須依賴食穀得以存續外，呼吸時亦會出現氣流動，甚至是在秋冬之際看見霧氣蒸騰的現象，於是「餼」與「气」的聯結性出現，「餼」字亦通於「氣」字。

其次，天地萬物的存在與消逝，以人類爲例，人類的生老病死與自然界

〔註20〕 以上皆見前川捷三：《氣的思想——中國自然觀與人的觀念的發展・甲骨文、金文中所見的氣》，頁 13～14。
〔註21〕 前川捷三：《氣的思想——中國自然觀與人的觀念的發展・甲骨文、金文中所見的氣》，頁 16。
〔註22〕 《老子道德經》（《老子道德經》，臺北，世界書局，1973 年），頁 5。

中的風、雨、水、土等的滋養、孕育息息相關，而人們藉由具體的經驗觀察
這些存在又消逝的變化，歸納出「氣」為天地萬物的本質。第三，人的血氣
與生命生存相關外，亦可與容貌、威儀等等的展現有所關連，更據此延伸到
論述志氣、骨氣的道德層次，此一層次的「氣」論，即已涉及到了傳統義理
學的範疇。

第二節　關於「氣」論發展及其與智性之聯繫

　　「氣」之所以發展出做為萬物的本質的觀點，並在明代中葉以降逐漸形
成新義理範疇的氣本論，正是與此一類推式的邏輯思維有著直接的關係，述
之如下。

一、兩漢至明清之際的「氣」論發展

　　漢代至明代，歷時超過十五個世紀，關於「氣」的論述，除了在先秦時
期所建立的概念上繼續發展外，亦呈現出一個顯著的流變過程。

（一）陰陽合和萬物生

　　漢代的「氣」論，可以《淮南子》、董仲舒等做為代表。在《淮南子》
中，有數篇文字皆涉及到「氣」，如〈俶真訓〉、〈地形訓〉、〈天文訓〉等均
有之。

　　〈天文訓〉中，文章起頭就論述了「氣」化生成的過程，即從混沌到天
地之分，其云：

> 天墜未形，馮馮翼翼，洞洞灟灟，故曰大昭。道始於虛廓，虛廓生
> 宇宙，宇宙生氣。氣有涯垠，清陽者薄靡而為天，重濁者凝滯而為
> 地。〔註23〕

天地未分之前，是一混沌且無形無象的世界，此際的狀態稱做「太昭」。而
「道」的出現於「虛霩」，此應是空朗的狀態，虛霩生「宇宙」，即出現時
間與空間，「氣」亦在宇宙形成後出現。「氣」有其屬性、分際，清陽者為
天；濁重者為地。〈天文訓〉中所描繪的氣化生成過程，有幾處並未交代清
楚，首先「太昭」的性質並無任何解釋，只說明其混沌未明的狀態；再者，

〔註23〕　《淮南子・天文訓》（劉安著許慎注：《淮南子》，上海，上海古籍出版社，2016
　　　　　年），頁54。

「太昭」如何演變為「虛霩」？「道」又是如何的性質？又如何出現？注中並未解釋。

較為清楚的是關於論述「氣」的部分，引文中的「氣」顯然已具備了陰與陽的雛型，換言之，此一階段的「氣」並非是最初渾沌型態的「氣」。由整段引文的脈絡可知，〈天文訓〉的生成論中，「宇宙」先於「氣」；「道」又先於「宇宙」；「太昭」更是一切的起始。但是上文亦提及，關於「大昭」的性質，文中與注則皆未釐清，應是宇宙天地未明確成形的狀態，而文中又云：

> 道始于一，一而不生，故分而為陰陽，陰陽合而萬物生。故曰：「一生二，二生三，三生萬物。」〔註24〕

「道」於「一」中體現，因此「一」可說是一切萬物的根本概念，然而它並非事物本身，故而不能具體化與量化，能做為具體化的是陰陽之氣，此二氣交互作用下，天地萬物便能持續的發展。可以顯見的是，〈天文訓〉中所提到的，包含「一生二，二生三，三生萬物」，實際上應是承襲自《老子》的思想，《老子》的「道生一，一生二，二生三，三生萬物。萬物負陰而抱陽，沖氣以為和。」〔註25〕便是〈天文訓〉中此段引文的原型。

無論由《老子》抑或是《淮南子》的文字論述來看，均無法完整解釋「一（道）」與「二（陰陽）」之間的因果必然聯繫，有學者將「一（道）」解釋為存有論的意涵，〔註26〕即它是一種抽象概念，而體現於具體的陰陽之氣中，有陰陽之氣的交互作用，萬物才有發展、滋長的可能。換言之，〈天文訓〉認為，若現象界只有一（道），則不可能有萬物的出現，更不可能持續與發展。可知，「氣」在此一本體論的架構上雖然居次，但卻又是宇宙萬物之所以存在的具體因素，而「道」雖然是此一架構的核心，但無法獨立生成，甚至無法存在。從《淮南子》的論述中看出，「一（道）」無法生成萬物，唯有陰陽的作動，方可生成萬物，如此是否可謂：「氣」與「道」的關係其實應該是俱為本體範疇的二元概念？但在《淮南子》中所呈現的文字，二者的關係並非平行並陳，而是垂直的因果關係。

西漢時期，承襲自道家為主體的黃老思想盛行，而《淮南子》的本體論

〔註24〕 《淮南子‧天文訓》，頁70。

〔註25〕 《老子道德經》，頁26～27。

〔註26〕 參見《兩漢魏晉哲學史‧西漢儒道法的互攝和變遷》（曾春海：《兩漢魏晉哲學史》，臺北，五南圖書出版，2004年），頁34～35。

思維亦顯見受《老子》的影響，然而《老子》的宇宙生成論「道生一，一生二，二生三」云云，並未明確的提及「氣」，文本上只有「沖氣」二字，亦有學者認爲《老子》的「沖氣」即是陰陽之氣之前的渾屯狀態，〔註27〕可做爲參考，而比較起來，《淮南子》確實較多的著墨於「氣」之上，以〈地形訓〉爲例，其云：

> 土地各以其類生。是故山氣多男，澤氣多女，障氣多喑，風氣多聾，林氣多癃，木氣多傴，岸下氣多腫，石氣多力……湍水人輕，遲水人重，中土多聖人。皆象其氣，皆應其類。〔註28〕

以地理而言，因形貌不同而有所區分，如山、澤、障、風等等，因所形成的氣其成分不同，故於當地生活的人類，亦會受其氣的影響而產生出較爲特殊的面向。引文中還將中原地區歸納爲多產「聖人」之地，當然〈地形訓〉的這類以氣來決定人的型貌與性格特徵並無嚴謹的科學證據，尤其是「中土多聖人」，更是帶有嚴重的華夷觀念，但從地理環境與人的論述來看，證明了：《淮南子》的宇宙觀，不僅是一個「氣」化的宇宙觀，更是一個「氣」的連續性的宇宙觀，陰陽之氣的組成成分不僅影響、造就了地理環境，連帶亦反映在同樣爲陰陽之氣所組成的人類身上。換言之，地理與其人類特性息息相關，密不可分，其思維的根柢即在於連續性的「氣」。

　　古代知識份子視「氣」爲宇宙萬物之根源，具備陰陽屬性與聚散作用之故，是以天地萬物有相通的部分，此一部分在東漢王充（27～97）的《論衡》中亦可見到，如〈四諱〉云：

> 夫婦人之乳子也，子含元氣而出。元氣、天地之精微也，何凶而惡之？人、物也，子、亦物也。子生與萬物之生何以異？諱人之生謂

〔註27〕 馮友蘭云：「『道生一，一生二，二生三，三生萬物。萬物負陰而抱陽，沖氣以爲和』（四十二章）。這裡說的有三種氣：沖氣、陰氣、陽氣。我認爲所謂沖氣就是一，陰陽是二，三在先秦是多數的意思。二生三就是說，有了陰陽，很多的東西就生出來了。那麼沖氣究竟是哪一種氣呢？照後來《淮南子》所講的宇宙發生的程式說，在還沒有天地的時候，有一種混沌未分的氣，後來這種氣起了分化，輕清的氣上浮爲天，重濁的氣下沉爲地，這就是天地之始。輕清的氣就是陽氣，重濁的氣就是陰氣。在陰陽二氣開始分化而還沒有完全分化的時候，在這種情況中的氣就叫做沖氣。「沖」是道的一種性質，「道沖而用之或不盈」（四章）。這種尚未完全分化的氣，與道相差不多，所以叫沖氣。也叫做一。」見《老子哲學討論集・關於老子哲學的兩個問題》（任繼愈、馮友蘭等著：《老子哲學討論集》，北京，中華書局，1959年），頁61。

〔註28〕 《淮南子・地形訓》，頁88。

之惡，萬物之生又惡之乎？〔註29〕

王充批判漢通俗文化中有所謂四種不吉利之人事物，婦人產子亦其中之一，王充認爲「元氣」是宇宙萬物最爲精細之物，而嬰孩亦具有「元氣」，何以有不吉利的因素存在？在王充看來，人做爲宇宙中的一物，嬰孩難道不是？婦人產子與萬物孕育新生根本上沒有任何的差異性，若忌諱婦人產子，視爲不吉利之事，則所有物種孕育新生時是否亦當如此？

雖然文章所探討主要是在於迷信的層次，但由文字中可以發現，王充看待宇宙萬物的思維，明顯是建立在「氣」爲根源的觀念上，任何人事物皆是由「氣」所生，如「夫蟲，風氣所生……生春夏之物，或食五穀，或食眾草。」「蟲」具《說文解字》的解釋是有足者皆謂之，是以「蟲」的種類繁多，但無論是哪一種屬性的「蟲」，終歸是「氣」，在此脈絡下，王充云：

> 倮蟲三百，人爲之長。由此言之，人亦蟲也。人食蟲所食，蟲亦食
> 人所食，俱爲蟲而相食物，何以怪之？〔註30〕

「倮蟲」是沒有羽鱗厚毛蔽體的動物，而人類亦排列於其中，故人做爲「蟲」類之一，與其他「蟲」類吃相同的食物，是正常之事。當然，人之爲「蟲」，並非是王充首創的論述，在《大戴禮記・易本命》即有提到「有羽之蟲」、「有毛之蟲」、「有甲之蟲」、「有鱗之蟲」，以及「有倮之蟲」，「倮蟲」所指的就是人，是以可知，漢代知識份子對於「蟲」的定義非常之廣，而探究其原因，應與「氣化」的思維有密不可分的關係。

在王充的文字中，「陰陽合和萬物生」的觀念亦被呈現出來，其在論述政治時云：「夫治人以人爲主，百姓安而陰陽和，陰陽和則萬物育，萬物育則奇瑞出。」〔註31〕顯然作者認爲政治層面的安定和諧，與陰陽之氣的融合、調和兩者之間有繫聯，安定的社會意味著陰陽之氣的調和，陰陽之氣能調和，則萬物均能孕育並滋長，因此「祥瑞」亦可能出現。通過這一系列的論述，人類的社會與萬物滋長彼此息息相關，關鍵處即在於「陰陽合和」。人類的社會安定，雖然看似與自然萬物無涉，但從連續式的氣化論而言，人與萬物皆爲陰陽之氣所生，故本質爲相同，也因此兩者可說是一體的，而非表面上的分隔。

〔註29〕 《論衡・卷二十三・四諱第六十八》（王充：《論衡》，四部叢刊初編子部，上海，上海商務印書館，1929年），頁225。

〔註30〕 《論衡・卷十六・商蟲第四十九》，頁161。

〔註31〕 《論衡・卷十九・漢宣第五十七》，頁187。

　　值得一提的是，關於王充的氣化論思維，除了承繼先秦兩漢的部分外，亦有歷史進化觀的層面，在〈漢宣〉篇中可見出端倪，其云：「今瑞未必同於古，古應未必合於今，遭以所得，未必相襲。」祥瑞的徵兆古今皆有，然而雖然都是徵兆，但形式上未必相同，王充認爲歷代聖人王者因秉氣之不同，命亦不同，故不能一概而論。其又云：

　　　　俗好褒遠稱古，講瑞上世爲美，論治則古王爲賢，睹奇於今，終不
　　　　信然。使堯、舜更生，恐無聖名。〔註32〕

無論是黃老抑或是儒學，皆有稱古抑今的思維傾向，王充卻不受前二者的思想影響，其認爲古今不能一概而論，宇宙是一個不斷變動的氣化宇宙，因此若停留在古代賢王之治的標準並做爲一切標準，縱使堯、舜復生於漢代而爲帝王，那亦不符合古代聖王的標準。

　　王充的歷史觀，顯然沒有以古爲法的傾向，相對的，其論述是較著眼於具體的現實層面。即以國家政治而言，每一個朝代，均有其應呈現的特性或屬性，而非以一種亙古統一的框架來衡量。王充的觀點或許有一部份受五德終始說或董仲舒（前 179～前 104）政治思想的影響，前者如：「始皇推終始五德之傳，以爲周得火德，秦代周德……方今水德之始。」〔註33〕即根據土、木、金、火、水五行的特性不同，而政治亦有所改易；董氏的〈三代改制文〉：「王者必受命而後王，王者必改正朔、易服色、制禮樂，一統於天下。」〔註34〕按白統、赤統、黑統的順位輪替。

　　然而在「五德終始說」或「三統說」是歷史循環的思維，與王充的歷史觀在本質上並不同，王充的歷史觀具有與時俱進的思維於其中，而前二者則是循環更替做爲歷史思想的主體。以下王充的文字更可見出其歷史進化論的思維，其云：

　　　　古之戎狄，今爲中國；古之裸人，今被朝服；古之露首，今冠章甫；
　　　　古之跣跗，今履商舄。以磐石爲沃田，以桀暴爲良民，夷坎坷爲平
　　　　均，化不賓爲齊民，非太平而何？夫實德化則周不能過漢，論符瑞
　　　　則漢盛於周，度土境則周狹於漢，漢何以不如周？獨謂周多聖人，
　　　　治致太平？儒者稱聖泰隆，使聖卓而無跡；稱治亦泰盛，使太平絕

────────────

〔註32〕引文皆見《論衡・卷十九・漢宣第五十七》，頁 187。
〔註33〕《史記・卷六・秦始皇本紀第六》，頁 44。
〔註34〕《春秋繁露・卷七・三代改制文》，頁 36。

　　而無續也。〔註35〕

「戎狄」與「中國」的差別，不在於民族，而是在於文明的程度。遠古先民赤身裸體；今人懂得製衣穿鞋；把荒地開墾爲良田；教化愚昧者成良善之民；利用技術將崎嶇之地夷平，講王道令人民臣服。王充從歷史的實際觀點來看：論德政，漢王朝的仁義與祥瑞之徵，勝過周代；論國土，周無法與漢比擬。是以儒者們一味稱頌古代、忽視當下的事實，是王充無法認同的。

　　宇宙氣化論與歷史進化觀，或是進化觀本身，究竟有否關聯？本文會繼續探究，而可以確定的是，上文所舉《淮南子》與《論衡》，在關於氣化的論述上，所持的共同觀點便是陰陽之氣的交互作用下，萬物方得以滋長，而此一觀點影響漢代以降的傳統知識份子。

（二）「氣」論思想的形而上化形成──從張載到王夫之

　　宋至明清之際，乃是中國傳統學術思想的高峰之一，若將這段時間概略分爲兩個時期，則前期是儒者們與佛、道的爭席；後期是儒學內部的工夫論之爭。而「氣」的論述在此時亦有所發展，張載（1020～1077）無疑是「氣」論思想的代表者；至明末清初之際則要屬王夫之。

　　「氣」在歷代知識份子的觀念中，皆具備實體的、現象的意涵，而陰陽之氣交互作用而生萬物的論述，這一部分應無所爭議，然而若是從本體論的視角來看，張載的《正蒙》是奠定「氣」的第一義地位，張氏將「氣」由原本只強調具體的、現象的層次，提升到抽象的、形而上的層次，這裡需要說明的是，雖然先秦兩漢的知識份子已經將「氣」的意涵，賦予了哲學上的意義，但在主流的思想中，似乎未見到在第一義的範疇中純粹論述「氣」與形而上的關係，或者說形而上範疇中的「氣」究竟爲何？

1、張載論「太虛無形」

　　《正蒙・太和》篇中，張載於文章開頭便解釋了何謂「太和」？其云：

　　　　太和所謂道，中涵浮沈、升降、動靜、相感之性，是生絪縕、相蕩、

　　　　勝負、屈伸之始。〔註36〕

「太和」具有「浮沉、升降、動靜、相感」的特性，顯見其論述的「太和」

〔註35〕 《論衡・卷十九・漢宣第五十七》，頁 189。

〔註36〕 《張載集・正蒙・太和》（張載：《張載集》，北京，中華書局，2016 年），頁7。

完全是一變動不居的狀態，是以會產生「絪縕、相蕩、勝負、屈伸」的交互作用，而此段文字亦可呼應上文「陰陽合和萬物生」的思維。而關於上述的引文，其主要思想應是繼承《易・繫辭上》與《易・繫辭下》兩篇的部分內容，如「一陰一陽之謂道」〈繫辭上〉；「剛柔相摩，八卦相盪」〈繫辭上〉；「往者屈也，來者信也，屈信相感而利生焉。」〈繫辭下〉而「太和」的定義，即是「陰陽」，而「陰陽」即「氣」，是以「太和」的定義即是陰陽之氣，而張載認同〈繫辭上〉所云的「陰陽」即是「道」，是以內涵沉浮、升降、動靜，有絪縕、相蕩作用的「太和」，便是「道」。

　　既然「道」是「陰陽之氣」，且由張載的文字來看，「道」的解釋其實是偏向於陰陽之氣的交互作用的屬性、規律，而「氣」這一名詞的範疇，張載則給予了「太虛」之謂，即：「太虛無形，氣之本體，其聚其散，變化之客形爾。」〔註37〕，「氣」因其有陰與陽的屬性，而有聚有散，實則皆是一過程罷了，「氣」的本體即稱之爲「太虛」，張氏明確的給予了「氣」第一義的內容。換言之，「太虛」與「太和」二者，可視爲本體與作用的關係。

　　「氣」即「太虛」，在張載的論述中乃是做爲最核心的本體，其有著純粹而無雜的概念，是以張載會用「清」、「無礙」甚至是「神」來形容「太虛」，其云：「太虛爲清，清則無礙，無礙故神；反清爲濁，濁則礙，礙則形。」〔註38〕清則無礙，在邏輯上很容易理解，而「神」則是張載給予「太虛」的形容，其應源自《易・繫辭上》的「陰陽不測之謂神」之故，因爲「氣」本即通澈的，看似無，實則有，而且充塞於一切空間與時間，沒有一刻是有所空缺的，此謂之「神」，乃是一種無法度量的形容。而與「清」相對者爲「濁」，是爲氣的凝滯而聚合，故而有形可見。換言之，天地間可見可觸的萬物皆爲「形」，相對於通澈神妙又不可測的「太虛」，有形的萬物是「氣」的滯礙，但僅是暫時的現象，如張載所云：「方其聚也，安得不謂之客？」即是。

　　從張載的文字論述可知，其認爲「氣」的主體是無形的「太虛」，而客體爲「形」，從這一層面來說，「形」復歸爲「太虛」乃是必然，兩者之關係爲：「氣之聚散於太虛，猶冰凝釋於水，知太虛即氣，則無無」。張載援用了水與冰做爲太虛與氣的類比，以如此同一本質而不同形態的比喻而言，應是較容

〔註37〕　《張載集・正蒙・太和篇第一》，頁7。
〔註38〕　《張載集・正蒙・太和篇第一》，頁9。

易爲人所理解。

上述引文中第一個「氣」字乃指涉「質」，本體則稱爲「太虛」，這是從其本質相同的立場而言，「氣」與「太虛」並無二殊，是以「形」復歸爲「太虛」，「形」雖消亡，但實質上並未如此，只是恢復其本體而已，如張載所云：「聚亦吾體，散亦吾體，知死之不亡者，可與言性矣。」文字中傳遞出至少兩個訊息，其一是「形」之存在與否，本質皆不變，死而不亡，此爲連續性思維的體現之一；其二爲既知「體」之未亡，只是復歸，而依照此一邏輯，復歸即可視爲「氣」之本性，故張載方云：「可與言性矣。」由「氣」的本體義來言「性」，亦是張載學術思想的要項。

張載處理了太虛、氣化、性、心等之間的關係，其云：

> 由太虛，有天之名；由氣化，有道之名；合虛與氣，有性之名；合性與知覺，有心之名。〔註39〕

「太虛」實有卻無形，以「天」的虛廓的形象或至高無上的解釋，乃是較能被人理解的方式，而陰陽的氣化過程即是「道」，「太虛」加上氣化過程則是「性」，性與知覺的結合便是「心」。「性」與「太虛」以及陰陽氣化如何有關？可從「太虛」與「形」二項論起，張載認爲氣的本體爲「太虛」，其屬性爲「通」與「清」，而凝聚後具體的「形」，屬性爲「礙」與「濁」，從二項的屬性不同而區隔出兩種不同的「性」：其一爲「天地之性」；其二爲「氣質之性」，無論「天地之性」抑或「氣質之性」皆在「性」的範疇之內，故有「合虛與氣」云云。

「天地之性」所對應的是「太虛」，「氣質之性」則對應「形」，前者通澈，後者滯礙，而人類乃是氣所凝聚而成，故必定存有「氣質之性」，與萬物皆同，然而傳統知識份子認爲人與萬物的不同在於人有「知」有「心」，而張載亦繼承了此一觀點，故言：人除了「性」亦有「知」，合之爲「心」。是以人能知「太虛」本體，並從中體會「天地之性」，其云：

> 形而後有氣質之性，善反之則天地之性存焉。故氣質之性，君子有弗性者焉。〔註40〕

人類因有獨特的「知」與「心」，能反推而知「氣」之本體具有通澈的屬性，故能得「天地之性」。當然，「天地之性」原本就存在於「心」，因爲其組成的

〔註39〕 《張載集・正蒙・太和篇第一》，頁9。

〔註40〕 《張載集・正蒙・誠明篇第六》，頁23。

一部分為「性」，而「性」的一部分組成即是「太虛」。

從張載論心性的思維脈絡來看，「天地之性」與「氣質之性」皆是本來俱有的，而且不僅是人類有之，其他動物亦有之，由「動物本諸天，以呼吸為聚散之漸」一句可知，〔註41〕然唯獨人類有察覺出「天地之性」的能力，張載云：「天性在人，正猶水性之在冰，凝釋雖異，為物一也。」〔註42〕「天性」即是「天地之性」，而水與冰的類比，於張載的文章中不只出現一次，可視為其強調本質的一致性，然而因張載確立了「太虛」具通澈的屬性，故「天地之性」只能透過「心」來體證，並非透過經驗，故而又區隔出「見聞之知」與「德性之知」，前者「乃物交而知」，〔註43〕意即為透過具體「形」的經驗或感官認知，但「太虛」本體乃為無形，故「天地之性」不需要以經驗來察覺，倘若能依經驗而察覺，則凡是動物皆有察覺「天地之性」的可能了。

張載所言的「德性之知」，並非是今日所認知的知識系統，而是體證「太虛」的存在後所識得的一種「知」，因「太虛」是無形乃至於難以感知的對象所致，而「天地之性」亦然。換言之，「太虛」與「天地之性」皆為抽象的、形而上的範疇，且是直指本體的層次。「太虛即氣」在張載的學術思想中，確立起「氣」的本體義，或稱之為第一義，而對應抽象本體的便是「德性之知」，從這一視角來看，「見聞之知」的經驗性即顯得較為不足，但並非全然可屏棄，張載語錄中即有數條提及聞見不可棄，如其中一條云：

　　若以聞見為心，則止是感得所聞見。亦有不聞不見自然靜生感者，

　　亦源自昔聞見，無有勿事空感者。〔註44〕

引文中即透露出有不屬於經驗範疇內的認知（感），此即「德性之知」，張載提到「亦有不聞不見自然靜生感者」，頗有道、釋二家的思維，但上文嘗言，此為理解「太虛」後衍生出的體證，而文後又繼云「源自昔聞見，無有勿事空感者」，可見張載不若二程，張載在某種程度上是承認經驗認知的必要性，即「太虛」的認知亦源自於聞見的基礎，二程則否。因此在張載的思維中，所謂的「德性之知不假見聞」云云，其「德性之知」與「見聞」二者應是一種間接的關係，後者並非全然可以切割。

〔註41〕　《張載集·正蒙·動物篇第五》，頁 19。
〔註42〕　《張載集·正蒙·誠明篇第六》，頁 22。
〔註43〕　《張載集·正蒙·大心篇第七》，頁 24。
〔註44〕　《張載集·語錄上》，頁 313。

　　張載認爲透過人心的「靜」可以知「天地之性」，而「太虛」無形是不斷變化，其云：「聖人語性與天道之極，盡於參伍之神變易而已。」(〈太和篇〉，頁 8～9）換言之，「天地之性」與「天道」在張載的思想中，就是通澈陰陽之氣的神妙變化，其云：

> 氣有陰陽，屈伸相感（而）〔之〕無窮，故神之應也無窮；其散無數，
>
> 故神之應也無數，雖無窮，其實湛然；雖無數，其實一而已。〔註45〕

陰陽之氣的屈伸，無論是聚是散，皆有無窮無盡的延續與變化，此即是無窮的神妙之處。陰與陽雖屬性不同，二者互爲矛盾，但實則又是統一於「一氣」之內，而張載認爲「天地之性」便是可通澈這一矛盾與統一原則之性。從引文可知，張載的思維應是跳脫出循環史觀的模式，因爲其用無法預測的「神」來詮釋陰陽氣化的過程，又，其繼而言「無窮」「無數」，故有進化觀的趨向，而審視張載的文字，確實可見出此一跡象，如「日新者，久而無窮也。」；「生生，猶言進進也。」（皆見〈繫辭上〉，頁 190）；「理勢既變，不能與時順通，非盡利之道。」（〈繫辭上〉，頁 205）是以形而上的「太虛」本體及其陰陽氣化的論述，在在呈現出張載承繼了《易》變動不居的思維方法，而此一思想在宋代被主流理學家所否定，至明代中葉以降才出現轉機，尤其是到了明清之際的王夫之，更是承繼了張載形而上「氣」論的代表者。

2、王夫之論「性日生日成」

　　王夫之做爲十七世紀的中國學術代表之一，其不僅是總結了宋明理學的學術內涵，亦在陰陽氣化的立場上爲人性論開創了新途徑。王夫之的學術著作甚多，《張子正蒙注》是其以「氣」的形而上與宇宙氣化思想的立場來詮釋《正蒙》的內容，王夫之於〈序論〉云：

> 《正蒙》特揭陰陽之固有，屈伸之必然，以立中道，而至當百順之
>
> 大經，皆率此以成。〔註46〕

「陰陽之固有，屈伸之必然」所指的就是「氣」的陰陽屬性與「氣化」的律則，天地萬物皆在「氣化」的律則下或生或逝，沒有例外。此一律則即張載〈太和篇〉提及的「浮沉、升降、動靜相感」云云，輕者爲浮、爲升，重者爲沉、爲降，而動者即是進行變化的過程，變化一旦止息則爲靜者。

〔註45〕　《張載集·橫渠易說·繫辭上》，頁 184。
〔註46〕　《張子正蒙注·序論》（王夫之：《張子正蒙注》，北京，中華書局，2011 年），
　　　　　頁 3。

　　王夫之云：「動而趨行者動，動而赴止者靜。」〔註47〕但此「靜」並非恆
靜不動，從陰陽二氣而言，陽動而陰靜，此為相對性，而非絕對性，王氏
云：「動而成象則靜」；「動靜者即此陰陽之動靜，動則陰變於陽，靜則陽凝於
陰。」〔註48〕可見王夫之所認知的「動」與「靜」不在於二者對立，更正確
的說，乃是立基於「動」的思維上。宇宙間的氣化過程永遠是不停止的，此
乃因為一氣的陰陽屬性使然，雖陰凝而陽散，但凝之為形，僅僅是客形罷
了，是以即便是「靜」亦絕非永恆，「動」才是永恆。再者，萬物雖是凝聚成
具體的形，但每一個具體的形仍維持著運動與變化，絕非真正靜止，是以
「靜」之中必定有「動」，王氏云：「止而行之，動動也；行而止之，靜亦動
也。」〔註49〕即是。

　　由上可知，王夫之認為天地之間沒有純粹靜止的對象，其最主要的關鍵
即在於其與張載一樣，主張天地萬物，不論是無形抑或是有形，皆為氣之聚
與散的作用，既然非聚即散，自然都是動態，即「聚而成形，散而歸於太虛，
氣猶是氣也」，〔註50〕進一步論述則為：

　　　　陰陽者氣之二體，動靜者氣之二幾，體同而用異則相感而動，動而
　　　　成象則靜，動靜之幾，聚散、出入、形不形之從來也。

陰與陽、動與靜，乃為「氣」的屬性與作用，陰靜而陽動，陰陽皆統攝於一
氣之下，兩者交感，互為滲透，而此「活動」乃是不間斷的進行著，是以「氣」
之聚散、屈伸往來、有形與無形，一直以來是持續著。此一變動的連續性思
維，與《周易》的緊密性是顯見的，〈繫辭上〉的「一陰一陽之謂道」一句，
便帶出了變動的連續性，一陰一陽既是對立又是互為交感，此一存在乃是本
來即有之，不可能有任何一刻得以停歇，即便是「太虛」的狀態亦然。王夫
之又云：

　　　　《易》之為道，〈乾〉、〈坤〉而已，〈乾〉六陽以成健，〈坤〉六陰以
　　　　成順，而陰陽相摩，則生六子以生五十六卦，皆動之不容已者，或
　　　　聚或散，或出或入，錯綜變化。〔註51〕

「道」的基礎來自於〈乾〉、〈坤〉，也就是陰陽，陰陽之氣做為一切有形與無

〔註47〕《張子正蒙注卷一・太和篇》，頁1。
〔註48〕上引文分見《張子正蒙注卷一・太和篇》，頁9、10。
〔註49〕《張子正蒙注卷一・太和篇》，頁20。
〔註50〕《張子正蒙注卷一・太和篇》，頁8。
〔註51〕二引文皆見《張子正蒙注卷一・太和篇》，頁9。

形的唯一基石，世界就是以陰陽交感的動態模式，彼此不斷進行互滲，變化不已，聚與散、出與入，表面上雖是矛盾與對立，但實質上都是前後連貫的，體現在《易》的內容上，除〈乾〉☰與〈坤〉☷，其餘六十二卦皆由上述二卦所衍生。換言之，即便乾、坤二者對立，但卻是統一在「氣」之中，而其餘六十二卦，代表著具體現象的符號，亦可以找到彼此的對立卦，如〈雷〉☳與〈風〉☴；〈既濟〉䷾與〈未濟〉䷿，但就是因為有此對立，才有不斷變化前進的動力。

基於上述的氣化動態思維方式，與宋明主流的理學思想有所衝突，是以其云：「誤解〈太極圖〉者，謂太極本未有陰陽，陰動而始生陽，靜而始生陰。」〔註52〕將太極與陰陽（氣）切割，即是程朱與陸王理學，在王夫之看來與《周易》的思維脈絡不相符。換言之，非連續性的、否定變動不居的論述，將道與陰陽斷裂為二者，都是受其質疑的論述，如王氏認為，朱熹以「大輪迴」來譏諷張載的氣聚而為天地萬物，復回歸太虛的思想，才是悖離儒學反而近於佛學的思想，其云：「愚以為朱子之說反近於釋氏滅盡之言，而與聖人之言異。」〔註53〕「滅盡之言」就是指涉程朱的學術將「道」、「器」（理、氣）分割，且主張「道」（理）為永恆不動的善，「器」（氣）一旦散去則滅盡，不復存在，朱熹云：「一去便休耳，豈有散而復聚之氣。」〔註54〕可見程朱的論述與張載、王夫之的立論迥異。

而關於人性的層面上，在將「氣」提升至抽象高度的思維下，王夫之將「天地之性」、「氣質之性」都視為自然，只是因氣之聚散而有所分別，此與張載的思想趨於一致。王氏解釋〈誠明篇〉中的「天性在人，正猶水性在冰」云：

> 未生則此理在太虛為天之體性，已生則此理聚於形中為人之性，死則此理氣仍返於太虛，形有凝釋，氣不損益，理亦不雜，此所謂通極於道也。〔註55〕

「天地之性」是太虛的本然，即便氣凝聚為一實在、具體之人，亦存於此形體（器）之中，若形體（器）消失，則此性依舊存在於太虛之中，是以無論

〔註52〕《張子正蒙注卷一·太和篇》，頁9。
〔註53〕《張子正蒙注卷一·太和篇》，頁7。
〔註54〕《朱子語類·卷第一·理氣上·太極天地上》（黎靖德編：《朱子語類》冊一，長沙，岳麓書社，1997年），頁7。
〔註55〕《張子正蒙注卷三·誠明篇》，頁101。

氣之聚抑或散，皆不影響本來即存在的「天地之性」。在王夫之看來，氣不滅的定律下，「天地之性」亦是不滅，唯一會消逝的是隨凝聚之氣而散的「氣質之性」，因此形而有的「氣質之性」與本然的「天地之性」雖然都爲性，但孰大孰小實是清晰可辨的，而上文嘗言，太虛的特性爲清通無礙，是以「動」爲本質，故而「天地之性」也應隨著太虛的特性而動。

當然，太虛本是抽象無形的本體，是以欲體證「天地之性」，其仍可先藉由實在、具體的人事來進行，王氏云：

> 天所命人而爲性者，即以其一陰一陽之道成之。……人生莫不有性，
> 皆天道也，故仁義禮智與元亨利貞無二道。〔註56〕

「仁義禮智」是人性中的善，即爲德性，而「元亨利貞」則是在《周易》中所見的詞彙，除了求占問卜之利的原始義外，後來亦衍生出君子有「四德」之義，《周易》中有較爲詳細的解釋，其云：

> 元者善之長也，亨者嘉之會也，利者義之和也，貞者事之幹也。君
> 子體仁足以長人，嘉會足以和禮，利物足以和義，貞固足以幹事。
> 君子行此四德者，故曰：「乾，元、亨、利、貞。」〔註57〕

「元」爲善之始，與「仁」的意義相同；「亨」者美善之聚，與「禮」的意涵一致；「利」乃「義」之和，即行合宜之事；「貞」則有堅定善的原則之意，而「智」爲明辨是非之能力，故而亦同。王夫之在《讀四書大全說》有「天所成之人而爲性者，則固但有元、亨、利、貞，以爲仁、義、禮、智」，〔註58〕因秉陰陽之氣之聚而成爲人者，即具有上述四種德性。一陰一陽之氣化運行而成天道，體現於人性中則爲「仁義禮智」，而《周易・上經・乾卦》：「〈乾〉，元亨利貞。」中，〈乾〉乃六陽爻，爲氣的太虛本體，是以「元亨利貞」乃是通澈無滯以至合宜的狀態，此即爲《易》不斷變動的內涵，故而人所秉受的「性」勢必亦是同「元亨利貞」的模式。王夫之云：

> 性，體性也；太虛之體，絪縕太和，是以聚散無恆而不窮於運。孔
> 子之學不厭，教不倦，人皆可學而不能幾。〔註59〕

氣之本體神妙無窮，其陰陽之氣交感運作不曾止息。人之性亦然，並非停滯

〔註56〕 《張子正蒙注卷三・誠明篇》，頁99。
〔註57〕 《周易譯注・上經・乾》，頁5。
〔註58〕 《船山全書（第六冊）・讀四書大全說卷八・孟子》（王夫之：《船山全書》，長沙，嶽麓書社，1996年），頁960。
〔註59〕 《張子正蒙注卷三・誠明篇》，頁116。

不動之性，必須藉由不斷累積才能有所認知，故而所重者乃是學習的過程，從實在的經驗而言，「學」確實是積累德性的途徑。王夫之將「天地之性」與孔子好學兩者之間作一聯繫，最主要在於其主張陰陽之氣合和交感而變化無窮，否定了定靜不動的「理」的存在，亦否定了人「性」的本即完滿，而在此一思維方式下，強調後天的學與授，應是適切的說明。

孔子云：「吾十有五而志於學，三十而立，四十而不惑，……七十而從心所欲不逾矩。」〔註60〕從這段文字中可清楚看見，此乃孔子爲學後逐漸體悟的一進化過程。王夫之認爲人之「性」不可能在一開始就是完滿的狀態，德性亦然，必須經過後天的學習，故而其主張「日日成之爲性」，王夫之云：

> 愚於《周易》《尚書》傳義中，說生初有天命，向後日日皆有天命，
> 天命之謂性，則亦日日成之爲性。〔註61〕

以《周易》來說，即如「一陰一陽之謂道，繼之者善，成之者性」，即可與王夫之的思想相呼應，陰陽交感之初乃爲生之初，秉氣而生即是有「天命」，而「向後日日」則爲「繼之者」，依順天命則爲善。事實上「天命」無不善，人之所以爲人，即是依順陰陽交感的「天命」，此天命包含仁義禮智四種德性，但此性只是善端，尙未成之，必須靠繼之才得以成，是以王夫之又將性細分爲二階段：「先天之性」與「後天之性」。「先天之性」即生之初的「天命」，而「後天之性」並非另有一性，乃是加上「習」，王氏云：「先天之性天成之，後天之性習成之也。」〔註62〕此說接續孔子所言的「習相遠」之「習」，在王夫之云先天或後天「得位」之下，則「吾取夫物而相習以成後天之性亦無不善矣」。〔註63〕所謂的「得位」，概略而言，即：陰陽五行氣化的交感，無論是先天生之初，抑或是後天繼之者，會因時間與空間的一往一來，而有最適切與否的組合。〔註64〕王夫之認爲，凡所有人皆是先天得位者，「固無不得位而善者」，於是重點乃在於後天的「習」了。

在王夫之看來，人均秉受陰陽五行之氣而生，乃「秀以靈」之人，正有無限發展的可能，雖人的智愚或有差異，但「仁義禮智之理，下愚所不能滅」，

〔註60〕 《四書章句集注・論語集注・卷一》，頁54。
〔註61〕 《船山全書（第六冊）・讀四書大全說卷一・大學》，頁405。
〔註62〕 《船山全書（第六冊）・讀四書大全說卷八・孟子》，頁962。
〔註63〕 《船山全書（第六冊）・讀四書大全說卷八・孟子》，頁963。
〔註64〕 參見《船山全書（第六冊）・讀四書大全說卷八・孟子》，頁962～963。

〔註 65〕此並非意味「仁義禮智」已全然俱足不假外求，上文已指出，張載亦不能捨見聞之知，而王夫之亦然，其認為陰陽之氣交感不已，其「道」雖不變，但所指涉的乃是「乾道變化，各正性命」的生生之善，不是一制式靜止的「道」，是以在此一變動不居的思維方式下，王夫之引《周易・繫辭上》「日新之謂盛德」來做為註解，其云：

　　守其故物而不能日新，雖其未消，亦槁而死。不能待其消之已盡而
　　已死，則未消者槁。故曰「日新之謂盛德」。〔註 66〕

既然天地萬物皆在變動不己的狀態下存在，更何況是不測的陰陽之氣？是以「天地之性」的通澈本質雖不變，但藉聞見事物卻是認知的方式，倘若以「天德不能易」而誤以為德之內容可以恆久不變，則悖離了陰陽氣化的運作，悖離了生生之天道。換言之，在連續性的思維方式下，不存在能定靜不動而稱之為德的狀態，唯有與時俱進、日新又新才是符合天道的思維，故而王夫之會有「人皆可學」之語，除了與「日新」的思維有密切關係外，亦不可忽略其惟「器」論之主張。

　　前文提過，張載雖云「德性所知，不萌於見聞」，但又不否定聞見之知的必要性，王夫之則云：

　　多聞而擇，多見而識，乃以啓發其心思而會歸於一，又非徒恃存神
　　而置格物窮理之學也。

　　形色莫非天性，故天性之知，由形色而發。智者引聞見之知以窮理
　　而要歸於盡性。〔註 67〕

多聞多見，對於啓發天地之性有其效能，天地之性為無形抽象，若不由具體的形象做為起始，光憑「心」來體悟，恐會墮入不誠、不莊之列，如：「釋氏以天理為幻妄，則不誠；莊生以逍遙為天游，則不莊」，釋、道二家「皆自謂窮埋盡性」，〔註 68〕以王夫之從陰陽之氣的變動與連續性的模式而言，因為釋、道忽略聞見之知的必要，忽視格物以窮理的途徑，自是不能理解「道」亦有日新變動之勢，因王氏主張「氣」為第一義，故「道」的順位猶在「器」之後，〔註 69〕而「氣」雖為實有，但必須凝聚成萬物後始為所見，此即為「形

〔註 65〕《張子正蒙注卷三・誠明篇》，頁 108。

〔註 66〕《船山全書・思問錄・外篇》冊十二，頁 434。

〔註 67〕兩引文皆見《張子正蒙注卷四・大心篇》，頁 125。

〔註 68〕皆見《張子正蒙注卷三・誠明篇》，頁 117。

〔註 69〕參見《王船山哲學・第三編・第二章・論船山之即氣言體》（曾昭旭：《王船

器」。王夫之認為唯有透過了解、學習實在形色之「器」後，方能體認出「道」，而此「道」乃是一總稱，「天地之性」、「德性」即含括於其中。

王夫之與宋明理學最大的差別，在於前者主張「天下惟器而已矣」，〔註70〕即氣化凝聚後成「器」，此一實在的宇宙才始現，且有「形」之後才有所謂的「形而上」，即「既有形矣，有形而後有形而上」；「器而後有形，形而後有上」，〔註71〕在如此的思維脈絡下，會將儒學的核心置於現象界的「形器」之中乃是必然的結果，是以王夫之云：「故聖人者，善治器而已矣。」；「『惟聖人然後可以踐形。』踐其下，非踐其上也。」；又云：「作者之謂聖，作器也，述者之謂明，述器也……嗚呼！君子之道，盡夫器而已矣。」〔註72〕由此可知，王氏對於實在的現象界之重視，認為歷代儒者所追求的德性，無論是欲成德的途徑抑或是彰顯聖人之德，皆要從萬事萬物中獲得。換言之，關注於現實的世界，並貫徹於其中，即是盡君子之道。是以，體現於實在的人事之中，屬於「聞見」範疇的「學習」，即成為能彰顯天性而與時並進的要項，即王夫之所云：

> 二氣之運，五行之實，始以為胎孕，後以為長養，取精用物，……
> 形日以養，氣日以滋，理日以成；方生而受之，一日生而一日受
> 之。……故曰性者生也，日生而日成之也。〔註73〕

氣化所生成的天地萬物中，無一日不持續交感運作，人為二氣五行中最為秀靈之物，是以在得此仁義禮智之「天命」後，僅僅是一胎孕階段而已，必由後天的「形日以養，氣日以滋，理日以成」，當然生理上的日日滋養是為必要，但王夫之的「性成」重點乃在於仁義禮智等德性的後天學習。及其將「形器」提升至首要，應可理解為至清中葉時部分清儒如戴震與焦循等人強調智性觀的一個先導與趨勢，雖然王夫之的義理至清末才被知識份子所發覺與重視，是以乾嘉儒者恐沒讀過王氏的文字，但其由重「氣」到重「器」的思維，確實與戴震和稍後的揚州諸儒的重實在經驗的思維相契合。

（三）陰陽氣化的變動擴充——清儒的重智論

在張載開拓氣的形而上路徑，至王夫之闡述了「日新」的動態規律，以

　　　山哲學》，臺北，里仁書局，2008 年），頁 337～338。
〔註70〕 《船山全書（第一冊）・周易外傳・卷五》，頁 1027。
〔註71〕 引文分見於《船山全書（第一冊）・周易外傳・卷五》，頁 1028、1029。
〔註72〕 同前注。
〔註73〕 《船山全書（第二冊）・尚書引義》，頁 200～300。

及強調重視「形器」方能盡君子之道後，包括揚州學派在內的清儒則是進一步在此動態氣化的思維上論述出「智性」的層面。無疑的，將「氣」置於形而上的地位後，陰陽二氣聚散的神妙過程此一本身，是推動「智性」的關鍵，但不可就此將「智性」與現代的學術範疇畫上等號，畢竟從諸多的文字內容可確定，儒學價值中的道德、性善如何實踐之可能，才是包括揚州儒者在內的所關注的思想核心。基本上，陰陽氣化之種種雖說是神妙難測，但儒者所能企圖體認的是「道」，或是稱爲「理」的律則。在論述乾嘉時期揚州諸儒前，必須提及的人物是清中葉揚州儒者的前導——戴震（1724～1777）。本文上章已提過，戴震的「以情絜情」和「以學養智」說，應可被視爲氣化與連續性的思維方式，此部分即就針對氣化與連續性的部分進行探究。

1、戴震「德性資於學問」說

陰陽之氣在戴震的主張中，即是無形之對象，此與張載、王夫之的觀點一致無二，於《孟子字義疏證‧天道》有詳盡的論述。首先，戴氏解釋了「道」，其云：「道，猶行也；氣化流行，生生不息，是故謂之『道』。」〔註74〕而文後又引《詩經》的《毛傳》：「行，道也。」顯然戴震是以全然動態的觀點詮釋「道」，將「道」的內涵視爲陰陽之氣的交感變化，而天地在此恆常變動不居的狀態下，其中的萬物則展現出生生不息的契機。《周易》「一陰一陽之謂道」所代表的是氣的運行與變化，而陰陽之氣再行細分則有「五行」，換言之，戴震認爲論述「陰陽」的同時，即已是包括了「五行」，其引「《洪範》：『五行：一曰水，……五曰土。』」後又云：「舉陰陽則賅五行，陰陽各具五行也；舉五行即賅陰陽，五行各有陰陽也。」〔註75〕由上述可知，戴震所認知的「陰陽」、「五行」與「道」均是一體的，連續性的，本質上都是一致，並未有斷裂或區隔，是以會有「陰陽五行，道之實體也」之語。

既然陰陽之氣化爲「道」的內涵，是以不難理解戴震會提出將「形而上」與「形而下」解釋爲「形而前」與「形而後」的區隔，此一概念其實亦出現於王夫之的文字之中，王夫之論性時以「形而上」和「形而後」來解釋，〔註76〕二人之所以會出現相似性高的詮釋，實則是二人皆以「道即爲陰陽

〔註74〕《孟子字義疏證‧卷中‧天道》（戴震：《孟子字義疏證》，臺北，世界書局，1974年），頁47。

〔註75〕同前注。

〔註76〕見《張子正蒙注券三‧誠明篇》，頁108。

氣化；陰陽氣化即爲道」來做爲理解天地萬物與其運行的思維方式。換言之，從論述抽象的本體到具體的現象界，戴震的本體論思維即是一致且連貫的。

既然萬物爲連續性的氣化呈現，則關於人性的探究亦在此一範疇之中，戴震引《大戴禮記》「分於道謂之命，形於一謂之性」，云：

> 分於道者，分於陰陽五行也；一言乎分，則其限之於始，有偏全厚薄清濁昏明之不齊，各隨所分而形於一，各成其性也。然性雖不同，大致以類爲之區別。〔註77〕

道可分屬在陰陽五行各氣之中，乃是氣化的律則，因此所謂的「分於道者」，自然是依據其氣化的律則進行歸類，每一類具體的「形」，不僅其陰陽五行之氣的比例原則不同，即便是同一類，亦有所差異。換言之，天地萬物種類繁眾，因天生所賦予的氣不同，而有不同的族群，故其生存方式自有所區別，稱之爲「命」，而每一族群中的個體亦因秉氣之不同而有所差異，此稱之爲「性」。個體之「性」雖有其差異，但從族群的視角而言，則又可說是一致的。

從張載分析出本然的天地之性與凝滯的氣質之性的不同後，大抵宋明儒都接受此一論述，而戴震從氣的連續性此一視角來論「性」，其云：

> 性者，分於陰陽五行以爲血氣心知，品物區以別焉：舉凡既生以後所有之事，所具之能，所全之德，咸以是爲其本。故《易》曰：「成之者，性也。」〔註78〕

「性」根源自陰陽五行之氣，依據交感之氣的屬性比例而有不同的種類。意即，「性」可謂是氣凝聚而成的具體有形物的一切表現，以人類來說，「人性」就是人類這一物種的行爲與思想的實踐結果，《周易》所云的即是。可知，戴震所云的人性，乃是不能脫離「氣」而獨立審視與理解的人性，這不僅是秉承《周易》的連續性思維，亦是與張載所立的天地之性和氣質之性呼應，因張載的「天地之性」亦是「氣」的本然屬性，與程朱或陸王學派的性論截然不同。是以戴震會以具體的「血氣心知」來論「人性」，因爲兩者之間實則是一體的，沒有「血氣心知」，亦沒有「性」的體現。

上引文中戴震嘗言「然雖性不同，大致以類爲之區別」，所指涉的就是同

〔註77〕《孟子字義疏證・卷中・性》，頁51。
〔註78〕同前注。

一類的物種，其屬性大致上是相似的，以人類而言，陰陽氣化爲人，有其一定的比例原則，雖其間有或多或少的差異，但絕大說數是一樣的，因此在「性」的表現上大致上也是相似的，戴震即云：

> 故《論語》曰：「性相近也」；此就人與人相近言之也。孟子曰：「凡同類者，舉相近似也，何獨至於人而疑之！聖人與我同類者。」〔註79〕

在萬物皆爲陰陽氣化產物的思維下，同爲人類族群的「性」彼此相近，實屬合理的論述，故而戴震會以孔子與孟子二者之文做爲引證。

戴震進一步將同類性相近的思維擴大，在分析告子的「食色性也」時，戴氏主張不僅是人類的「人性」相同，應該是說所有動物的「性」均有相似之處，其云：「凡血氣之屬，皆之懷生畏死，因而趨利避害。」〔註80〕「血氣之屬」之屬即是包含了禽獸在內，不僅是懷生畏死的層面外，戴震甚至認爲「仁」在禽獸身上亦可見及，其分析云：

> 禽獸知母而不知父，限於知覺也；然愛其生之者及愛其所生，與雌雄牝牡之相愛，同類之不相噬，習處之不相齧，進乎懷生畏死矣。
>
> 一私於身，一及於身之所親，皆仁之屬也。〔註81〕

動物知其親，但不及於人類之所知的層面，此乃是因爲所秉之「氣」的差異所在，但撇開此一部分而言，所有的動物包含人類，皆有懷生畏死的能力，而在此一基礎之下進行推擴，動物和人類一樣，對於其所親屬與友朋，亦有懷生畏死的知覺與感受，因此能去愛其親屬、友朋，此即是「仁」的範疇。儒學強調的是「親親之殺」，意即是「仁」由自身而起，推擴至家族、友朋，而戴震舉禽獸之例亦然，故而在「仁」的基礎點上，其結論爲「人之異於禽獸亦不在是」，〔註82〕唯獨有明顯差異的即在於「知」的層面上。

在上文論述「太虛」及其氣化不已的過程中，已經清楚顯露出一條「日新」的思維途徑，戴震在此則有所發揮，其認爲「氣」凝聚成形後，其形仍然繼續接受外在「氣」的影響，因此可分爲「本受之氣」與「所資以養者之氣」二類，其云：

> 氣之自然潛運，飛潛動植皆同，此生生之機，肖乎天地者也；而其

〔註79〕　《孟子字義疏證・卷中・性》，頁51～52。
〔註80〕　《孟子字義疏證・卷中・性》，頁53。
〔註81〕　同前注。
〔註82〕　同前注。

> 本受之氣，與所資以養者之氣則不同。所資以養者之氣，雖由外而
> 入，大致以本受之氣召之。……本受之氣及所資以養者之氣，必相
> 得而不相逆，斯外內爲一。〔註83〕

陰陽氣化的運作變動，造就天地萬物的生生不息，而萬物除了自身族群所秉受的陰陽五行之氣外，稱之爲「本受之氣」，此氣必須不停的接受來自外界陰陽之氣的滋養，此稱爲「所資以養者之氣」。「本受之氣」可視爲內；「所資以養者之氣」則視之爲外，兩者之間存在著相得益彰的效果，戴震指出飛潛動植均是由內氣引領外氣而逐漸擴充而成。

同理，感官知覺亦是如此，戴震解釋所謂的「知覺」，其云：「如寐而寤曰『覺』，心之所通曰『知』」，〔註84〕心之通徹乃是「知」，醒悟則爲「覺」，而所有的感官知覺中，以心爲最，即「百體皆能覺，而心之知覺爲大」，〔註85〕因此將上文內、外之氣相得與其知覺論述合併，即可知戴震主張「以學養智」的立論根據爲何了，從變動不居的思維方式來看，「學習」本爲「心」此一知覺所具有的，如此才能得以不斷擴充，戴震云：

> 若夫鳥之反哺，雎鳩之有別，蜂蟻之知君臣，豺之祭獸，獺之祭魚，
> 合於人之所謂仁義者矣，而各由性成。人能擴充其知，至於神明，
> 仁義禮智無不全也，仁義禮智非他，心之明之所止也，知之極其量
> 也。〔註86〕

飛禽走獸各依據其性而有不同的行爲表現，而人類的感官知覺，能觀察其不同的行爲，將之歸納以用於人類自身，便成爲所謂的道德仁義，如烏鴉反哺可視之爲孝；水鳥求偶反映出夫婦之禮；蜂蟻社群有階級之分；豺狼與水獺的獵捕方式猶似人類的儀式。人類之所以可藉由觀察天地萬物的呈現，再經過心的知覺過程而逐漸擴充，這便是人類智性優於其他族群之處。孟子主張人有仁義禮智四端，而端即爲起始，並非完備，必須藉由後天的資養，方可達到無不全的可能。

2、淩廷堪「學禮復性」說

以戴震作爲精神領袖的揚州儒者們，亦承續了陰陽氣化的連續性與變動

〔註83〕 《孟子字義疏證・卷中・性》，頁54。
〔註84〕 同前注。
〔註85〕 同前注。
〔註86〕 同前注。

不居的思維方式。首先，來看淩廷堪（1757～1809），身爲乾嘉時期的禮學大家，淩氏顯然對於「學」頗爲重視，而上文言及戴震主張凝聚後的「本受之氣」必須借助外來的「所資以養者之氣」才能持續擴充，而淩廷堪的〈復禮〉三篇中，便是以學禮以復歸性善爲其宗旨。

　　淩氏在〈復禮上〉篇開宗明義便云：「夫人之所受於天者，性也。性之所固有者，善也。」〔註87〕「天」即是陰陽之氣，從陰陽之氣所凝聚而成形的人類，其本身便具備了本然之性，而此一本然之性中乃蘊含了「善」，換言之，淩廷堪論「性」就是氣化而成的自然人性，而自然人性中即具有善端，或者稱之爲善之質，淩氏又繼云：「所以復其善者，學也。」（〈復禮上〉，頁27）由文字上來看，「復其善」一詞似乎透露出「善」本就於人性中俱足完備，人們只要向內心求之，即可令「善」完全體現，然而淩廷堪的思維方式絕非如此，其認爲唯有「學」才能令「善」周全，而上文提過，「學」其實就是一「資以養之氣」，淩氏表示透過外在的「資以養」的行爲是學，而其內涵則是「禮」，即其所云：「所以貫其學者，禮也。」（〈復禮上〉，頁27）學「禮」乃是朝向「善」的唯一途徑。

　　何以言淩氏所主張的「學禮」契合所謂的「所資以養者之氣」？吾人可以從其文字中搜尋出線索。其一，淩廷堪云：

　　　　夫性具於生初，而情則緣性而有者也。性本至中，而情則不能無過
　　　　不及之偏，非禮以節之，則何以復其性焉。〔註88〕

對於淩廷堪而言，「性」與「情」的關係，若以人倫爲例，猶如父子之親、君臣之義乃屬於「性」之中本來即具有一定的認知基礎，而親、義的表現程度，或高或低，或強或弱，則屬於「情」的範疇。是以要令「情」的表現合乎中庸，使得「人性」得以處於適宜狀態，就必須依靠學習「禮」來做爲權衡。針對〈中庸〉的「喜怒哀樂之未發謂之中，發而皆中節謂之和」淩氏又補充云：「其中節也，非自能中節也，必有禮以節之。」（〈復禮上〉，頁27）顯然可知，淩廷堪認爲純粹就天所賦予的本來之「性」與「情」無法有調節、自制的本能，必須藉助後天學習的「禮」方可達成。

　　再者，「禮」做爲外來的制度或規矩，淩廷堪有頗適切的比喻，其云：

〔註87〕《校禮堂文集卷四・雜著一・復禮上》（淩廷堪：《校禮堂文集》，北京，中華書局，2006年），頁27。
〔註88〕同前注。

> 良金之在礦也，非築氏之鎔鑄不能爲削焉，非栗氏之模範不能爲量
> 焉。良材之在山也，非輪人之規矩不能爲轂焉，非輈人之繩墨不能
> 爲輗焉。禮之於性也，亦猶是而已矣。〔註89〕

良金與良材，皆爲上等的素材，然而若是沒有經過人爲的發掘以及後天的鎔鑄、形塑，沒有經過後天的裁量、製作，無論是良金抑或良材，皆無法將最佳的成果呈現於人們眼中。同理，禮之於性亦然，沒有經過學禮、習禮的過程，則性之善端亦無法在群體之中體現出來。是以可知，凌廷堪所看重的其實是藉助外在之力以成就人性的這一個層面，是以可說，其否定了本然之性具有自足完備的可能，若從連續性的氣化思維來看，凌廷堪所認同的亦是此連續性的人性論，若捨棄學禮而可臻至性善，則是「金之爲削、爲量不必帶鎔鑄模範也，材之爲轂、爲輗不必待規矩繩墨也」〔註90〕，無異是虛幻玄渺的幻想。

其三，凌廷堪重禮，且所重視的核心呈現於其所撰寫的《禮經釋例》中，從其所撰的〈禮經釋例序〉開頭所云：「《儀禮》十七篇，禮之本經也。」〔註91〕《儀禮》的內容所揭示的是非常具體的禮制與禮器，而非探究「禮」的思想層面，凌氏自身亦言：「其節文威儀，委曲繁重。驟閱之如治絲而棼，……雖上哲亦苦其難。」〔註92〕此段文字可證明凌廷堪對於探究禮制或禮器的戮力程度。在上文中戴震嘗言「烏之反哺，雎鳩之有別，蜂蟻之知君臣，豺之祭獸，獺之祭魚」云云，此是萬物本受之氣所具有的個別之性，而人類亦是有仁義禮智之性，雖然僅是初端，而禮的初端部分可由人類爲群體的生存模式來看，如同其他的群體動物一樣，必然會形成階級制與分工制，如同蜂蟻，此即是人類本受之性中的「禮」。

除了本性中初端的「禮」自是不足，凌氏重視是在學習人爲制定之禮，對於凌氏而言，學禮即是格物，故其云：

> 〈禮器〉一篇皆格物之學也。若泛指天下之物，有終身不能盡識者
> 矣。蓋必先習其器數儀節，然後知禮之原於性，所謂致知也。〔註93〕

天地萬物種類繁多至不可勝數，窮極一生亦無法盡數得知。故而「格物」雖

〔註89〕《校禮堂文集卷四・雜著一・復禮上》，頁28。
〔註90〕 同前注。
〔註91〕《校禮堂文集卷二十六・禮經釋例序》，頁241。
〔註92〕 同前注。
〔註93〕《校禮堂文集卷四・雜著一・復禮中》，頁30。

是向外求知，但在淩廷堪的認知中，至關重要的唯有禮，是以必須學習禮制、禮器，進而明白「禮」對人本然之性中的善端有何作用。實際上，從淩廷堪的著作可知，其對於數學的認知亦屬深入，是以可知，其所謂的學「禮」，乃是以經學為範疇的廣義之「禮」──能維持國家社會秩序的一切知識皆屬之。

故淩氏的論述，即可視為「本受之氣」與「所資以養者之氣」的關係，因「本受之氣」召之，故「所資以養者之氣」乃配合之；人類承天之「性」中因為有「禮」之端，故而人會經後天的學「禮」、習「禮」，進而令「禮」完備，二者相得而不相逆，則是為「格物致知」。從淩氏論「禮」的內容來分析，確實是反映出氣化變動的思維方式，而且符合「重智」的觀點，在其論述中，雖然幾乎不見論陰陽之氣即其氣化的層面，此與淩廷堪摒棄了理氣之辨有密切關係，但不可忽視的一點，即：淩氏的確是以變動不居的氣化思維方式，來建構其學禮思想。

3、焦循「能知故善」說

另一位揚州儒者焦循（1763～1820）對於戴震義理與《周易》皆有一定的心得，特別是其「易學三書」──《易通釋》、《易圖略》與《易章句》，所自創的「旁通」、「相錯」以及「時行」，即屬變動不已和連續性的思維所驅使，從其替戴震辯護義理時所寫的文字可推知一二，其云：「凡人嗜好所在，精氣注之，游魂雖變，而靈必屬此，況臨歿之際哉？」〔註94〕從引文中透露出焦循的思維：生到歿，其雖然有所轉變，但二者存在著連續性，而連意識都包含在內，焦循之所以如此肯定，應是來自於其對於陰陽之氣的認知，其《論語通釋》中云：

> 一陰一陽之謂道，分於道之謂命，形於一之謂性，分道之一以成
> 一人之性，合萬物之性以為一貫之道，一陰一陽，道之所以不已。
>
> 〔註95〕

陰陽之氣交感運行稱之為「道」，細分下去則又有五行，依據陰陽五行之氣所匯聚的比例，則稱之為「命」，「性」則是包含了此形體的內外總合。從邏輯上而言，「道」至「性」是一貫的，雖然有總體與個體之分，而且個體的性會

〔註94〕 《雕菰集卷七・申戴》（焦循：《雕菰集》，臺北，鼎文書局，1977 年），頁 95。
〔註95〕 《論語通釋・一貫忠恕條》（焦循：《論語通釋》，國立編譯館印傅斯年圖書館藏木犀軒叢書），頁 4 上。

因陰陽五行之氣的比重不同而有其特殊之處，但由陰陽之氣化的整體性來看，個體亦僅是氣的凝聚而已，故可謂總體的「性」即稱之爲「道」，因一陰一陽的氣化交感從未停止，是以「道」亦隨之不止。

而關於「道」、「性」等命題，焦循在《易通釋》中有更爲詳細的闡釋，而總括而言，皆是以《周易》的陰陽之氣論述做爲立基，如云：「以爻之定言，謂成既濟。未成既濟之先，陰陽變化，生生不已，是之謂道。」〔註 96〕既濟卦☲☵是六十四卦中最穩定、亦是最完美的一卦，其爲离下坎上，六爻都當位，即初九和六四相應；六二和九五相應；九三和上六相應，陰與陽皆得以完成，是以焦循會云在既濟卦之前，陰陽交感不斷，接續不已，此一現象即是「道」。《周易》六十四卦所體現的就是陰陽二氣的不斷變化，是以不可能有穩定、終止的時刻，故而可發現，既濟並非置於最後一卦，最後一卦乃是未濟☲☵，意味者陰陽氣化不可能窮盡，仍將是連續的變動與發展，焦循即云：

> 成兩既濟而終止，無復一陰一陽相對，是但有形器而無道，惟成性
> 之後，而又存存。前者未終，後者已始，柔剛迭用，至於無窮。
> 〔註 97〕

既濟卦在理論上是穩定並且呈現終止的狀態，而此時陰陽之氣也停止交感變動，即一切都凝滯後，只剩下具體之形器而再無道，因爲有陰陽的交感才有道。然而實際上不然，焦循提出了「存存」，出自《易經·繫辭上》：「成性存存，道義之門。」而「存存」之意爲存在不息，若從氣化日新的思維來看，具體的人事物爲「本受之氣」，而「本受之氣」會召「所資以養者之氣」，故陰陽之氣又得以交感而不止息，如此則道亦不止，即「前者未終，後者已始，柔剛迭用，至於無窮」。

《周易》的卦爻之所以強調陰陽交感、剛柔迭用，又無窮無盡，一方面體現出變動不居的宇宙觀與氣化連續性的思維外，尚有另一個重要的原因，即在於人類懂得趨吉避凶、逢凶化吉，焦循云：

> 蓋人性皆善，失可變而爲得，始雖凶，一經悔吝，凶仍化而爲吉。易
> 之爲書也，聖人教人遷善改過，故吉多於凶，悔吝亦吉也。〔註98〕

〔註 96〕《易通釋·卷五·道》（焦循：《易學三書》，臺北，廣文書局，1977 年），頁
225。

〔註 97〕《易通釋·卷五·道》，頁 225～226。

〔註 98〕《易通釋·卷二·吉凶》，頁 96。

「人性皆善」這個命題是絕大多數知識份子所承認的，從具體經驗方面來說，趨吉避凶除了貼近人類的欲望，亦可以視爲性善的體現，此一部分下文會再說明，若進一步分析，則會發掘：智或不智乃是居中的關鍵。

　　上章嘗提及，在焦循的思想中，變通乃是其學術的主軸，是以其會研究卦爻彼此間的關係與變動規律。而變動不居而至於無窮無盡，乃是陰陽氣化的思維特徵，其所呈現出來的其中之一爲「日新」的進化觀，而落實在人性之中，則會比較關注在智性的層面，審視從王夫之至揚州儒者們，愈形重視外在的、經驗的、歷史的影響，是以焦循據戴震「以學養智」而提出「能知故善」乃是有其思維脈絡，在焦氏的諸篇文章中均可見到此一思維，如〈述難二〉云：

> 上古知母不知父，則夫婦不定，伏羲知夫婦定，而後有父子君臣上下，於是作八卦而天下皆知夫婦之別，而彝倫由是敍。上古茹毛飲血，不知有火化也，燧人知之，而教人火化，而天下遂知有火化。不知有耕捔耨也，神農知之，而教人耕耨，而天下遂知有耕耨。〔註99〕

從歷史的進程而言，上古的人類尚未制定出明確的夫妻關係；沒有具備如何熟食的技術；沒有具備農耕的相關知識，之所以後來有夫妻制、有明確的群體階級，也懂得用火來烹煮食物，更會利用土地與工具進行耕作，脫離採集階段，皆是因爲有少數人獲得了靈感，成爲先知先覺者，再進一步推廣教授予人，於是乎人們都有相關的知識，而改善了原本的狀態。

　　除了上述引文，在另外一系列的〈性善解〉中，焦循亦列舉出相同的例子，且亦闡釋了人有智性而禽獸無智性的區別，其云：

> 禽獸不知，則禽獸之性不能善，人知之，則人之性善矣。以飲食男女言性，而人性善，不待煩言自解也。……人之性可引而善，亦可引而惡，爲其可引，故善也。〔註100〕

無論是人類抑或是禽獸，皆是有欲望，但二者的差別在於知（智）性的高與低，人類因爲有欲加上有智性，故而會渴望更好的生活環境，即焦循所謂的「以飲食男女言性」云云。換言之，人會因爲想要好的結果，因此知道該如何令自己進步。而焦循也從另一個角度言，人由外在的引領下亦可爲善，自

〔註99〕　《雕菰集・卷七・述難二》，頁103。
〔註100〕　《雕菰集・卷九・性善解一》，頁127。

然亦可爲惡,上文探討王夫之的人性論時,即有「後天之性不得位,則物以移習於惡而習以成性於不善也」,〔註101〕亦是言外在的事物可以影響人之爲惡。但若由人懂得趨吉避凶的天性來論之,確實是能肯定性善。焦循分析並舉例:牛的天性能力是可以抵禦虎,但不能引領牛食人,因牛的「所知所能不能移也,惟人能移,則可以爲善矣」。〔註102〕

由上述的引文可知,焦循認爲因惟人之性可以引、可以移,故能趨向於善,而可以得知,焦循所云的「善」除了道德層面外,亦包含了具體的現象層面,故而其言「性善」,更多的是契合於《周易》中的「元亨利貞」,具體的即是人類要懂得如何「趨吉避凶」,是以焦循會主張以旁通、時行、相錯來研究卦爻,主要乃是從變動不居的思維方式而來,而變動不居又是主張氣化流行的結論。

必須一提的是,雖揚州儒者如淩廷堪、焦循等人深受戴震的學術思想所引想,但亦可見出其與戴震的差異,即:淩氏、焦氏等學者,較多的是著墨在「人」的知性以及具體的、實際的層面上進行論述,對於「形而上」的議題不再關注,連陰陽氣化的論述亦不涉及。若以王夫之的「道器」論來看,在王夫之的文字之中,猶可見到他對於「道」和「器」關係的釐清與再建構,是以必須去處理並確認「道」的內容,最終乃是彰顯出具體之「器」(形而後)的重要性:即先有「器」才有「道」。(戴震的「理氣」論亦然,皆是在爲重視「形而下」的理論鋪陳)而到了淩廷堪、焦循的階段,則已經是完全著重在「器」的、經驗層面了。換言之,淩氏、焦氏所關注的是「形而下」的,或者是戴震稱之爲「形而後」的層次,這涉及到價值觀與學術觀的轉移:明清之際尙在此一轉移的過渡時期;到了戴震,則是清代新義理的集大成;而至淩氏、焦氏這時已經完成了轉移,所關注的自是以具體的、經驗的人事物爲主體。前幾章業已論述過,本節便不再贅述。

第三節　氣化思維對「西學中源」說的啓發

關於陰陽氣化的思維在上一節已經提出一個約略的輪廓,而本節的主軸則是置於明萬曆以降,歐洲傳教士爲傳教與散播文明而東來,將當時的西方

〔註101〕《船山全書(第六冊)・讀四書大全說卷八・孟子》,頁963。
〔註102〕同前注。

宗教與自然哲學帶進中國，在部分的知識份子間引起了迴響，然而大多數的知識份子皆奉行「西學中源」說，直至清末之際此說猶未歇息。本文除論述西學傳入之梗概外，以萬曆以降的代表性儒者至清中葉揚州儒者爲對象，試圖分析當時知識份子對於西學東傳的觀點，以及之所以如此觀點的原因試圖尋出一個根源於氣化宇宙論的可能脈絡。

一、西學東傳的契機與取向

明萬曆年間，來華的傳教士代表應屬利瑪竇（1552～1610），阮元（1764～1849）即云：「利瑪竇，明萬曆時航海到廣東，是爲西法入中國之始。」〔註103〕誠然利瑪竇是西方傳教士的代表者，但實際上稍早於利瑪竇的尚有羅明堅（1543～1607），〔註104〕其與利瑪竇等西方傳教士帶來數學、天文與地理的相關知識，是以其名聲在中國的知識份子圈內逐漸流傳開來。

而當時羅明堅、利瑪竇等人來華，其目的除了爲傳播天主教外，尚有一個使命，便是「給萬民文明化」，〔註105〕這是自十五世紀海權時代以來，西歐各國採取對外擴張的方式之一，亦即對於非基督教文明的地區，授之予文明的教化，在美洲、非洲等地，如此的教化確實有其效果，然而中國文明較之於基督教文明卻來得悠久，在羅明堅、利瑪竇等人實際接觸過中國的知識份子之後，不得不轉變其心態，甚至改穿起儒服，接觸起儒學的經典。

不可否認，西方文明早在基度教文明之前已有豐富的希臘與羅馬文化，而無論是希臘抑或羅馬文化，在學術方面均有著卓著的貢獻，尤其是希臘的哲學領域，包含形上學、倫理學、邏輯學、幾何學的範疇，均有不可抹滅的成果。跨過歐洲的中古世紀後，文藝復興與科學革命的出現，加速了歐洲人對於知識的開拓，是以對於當時掌握知識系統的傳教士們而言，文化的優越性自然產生，而欲以自身的文化去教化其他地區的人們，在邏輯上是合理的，但是當羅氏、利氏等人在東亞認知到中國學術後，便改以平等互惠的原則在中國進行學術交流，此從利瑪竇的《交友論》可窺知，其云：

〔註103〕《疇人傳・卷四十四・西洋二付》（阮元等撰：《疇人傳彙編》，揚州，廣陵書社，2009 年），頁 507。

〔註104〕羅明堅 Michele Ruggieri，字復初，義大利人，與利瑪竇同屬天主教耶穌會，是明朝以來第一個進入中國大陸的西方傳教士。

〔註105〕參閱《從利瑪竇到海德格・引言》（沈清松：《從利瑪竇到海德格》，臺北，臺灣商務印書館，2014 年），頁 36。

交友之旨無他，在彼善長於我，則我效習之；我善長於彼，則我教
化之。是學而即教，教而即學，兩者互資矣。〔註106〕

對於利瑪竇而言，中國傳統學術有值得學習之處，與西方學術互有擅場。是
以在充分了解到中國傳統知識份子，特別是儒者長於道德哲學，而較少涉獵
自然哲學與其相關的邏輯範疇，利瑪竇等人便積極的將後者介紹進中國。

而明萬曆年間，當時的曆法已經不敷使用，無論是延自郭守敬（1231～
1316）的「授時曆」，抑或是朝廷延用札馬魯丁（元初，生卒年不詳）的「回
回曆」，均產生明顯的差時，《明史》即載：

惟明之《大統曆》實即元之《授時》，承用二百七十餘年，未嘗改憲。
成化以後，交食往往不驗，議改曆者紛紛。〔註107〕

差時的部分，據《明史》記載，明憲宗繼位後（1464），問題逐漸浮現，特別
是在日蝕的日期預測上，如嘉靖七年閏十月（1528），依回回曆推算無日蝕；
大統曆卻有，最終沒有發生，即「閏十月朔，回回曆推日食二分四十七秒，
大統曆推不食。已而不食。」又，嘉靖十九年三月（1540）欽天監預測當日
有日蝕，但實際卻沒發生。而修改曆算的部分，欽天監官員束手無方。曆時
與實際產生誤差，對於農作與節氣的頒布相當不利，若從政治層面而言，更
意味著皇權未能遵循天道而行，是以不能不進行修改。

萬曆二十三年（1595），數學家朱載堉（1536～1610）推算出回回曆與大
統曆之間相差九刻，即上奏云：

夫差雖九刻，處夜半之際，所差便隔一日。節氣差天一日，則置閏
差一月。閏差一月，則時差一季。時差一季，則歲差一年。其失豈
小小哉？〔註108〕

朱載堉的說法固然稍嫌誇張，但時差九刻，算換成現代計時則有一百三十分
鐘，以零時而言，確實相差一日。而朱載堉雖爲當時的數學名家，亦編著《聖
壽萬年曆》與《律曆通融》二部，但仍對曆律幫助有限。換言之，當時的欽
天監與國內數學家無能力進行曆法的精準修改，朝廷只能對外進行招募能
士，史載當時官員上奏推薦傳教士龐迪峨（D. Pantoja）、熊三拔（S. DeUrsis）
等人，「攜有彼國曆法，……取知曆儒臣率同監官，將諸書盡譯，以補典籍

〔註106〕利瑪竇：《交友論》（收錄於李之藻：《天學初函》（一），臺北，學生書局，1972
　　　　年），頁312～313。

〔註107〕《明史・志・曆一》（《明史》，臺北，鼎文書局，1991年），頁516。

〔註108〕《明史・志・曆一》，頁520～521。

之缺。」〔註109〕其結果便是於崇禎二年（1629）由徐光啓（1562～1633）、李之藻（1571～1630）與龍華民（N. Longobardi）、龐迪峨、熊三拔、湯若望（J. A. S. vouBell）、艾儒略（J. Aleni）等傳教士進行改曆的工作。當然，改曆的工作至明滅亡前猶未完成。

　　由上可知，雖然利瑪竇本人在崇禎改曆之際已經離世，但其注意到中國欲制曆而遭遇的困境，因而積極的由此利用自然哲學和數學的優勢嘗試切入，最終的結果也獲得成功。直至入清，雖嘗經歷本土知識份子的反彈，但主管天文與曆法的欽天監終讓西方傳教士所掌握。

二、「西學中源」說的形成與發展

　　西學與傳統中學的關係究竟為何？從現存的資料來看，多數的知識份子多主張西學源自中國而後轉精，本文將透過幾位代表性的儒者，包括淩廷堪、焦循、阮元等幾位儒者，其在「西學中源」說的形成與發展上各自論述的內容。

（一）徐光啟、方以智：西學東傳與「古學廢絕」之重新檢視

　　最早與利瑪竇合譯《幾何原本》前六卷的徐光啓，在〈幾何原本序〉中嘗云：

> 唐虞之世。自羲和治曆，暨司空、后稷、工、虞、典樂五官者，非度數不為功。《周官》六藝，數與居一焉；而五藝者，不以度數從事，亦不得工也。……故嘗謂三代而上，為此業者，盛有元元本本，……至於今而此道盡廢，有不得不廢者矣。〔註110〕

無論是治曆，抑或掌管水利、農業、工程、山澤、音樂等，均與數學有關。而「六藝」之中，數學亦有一席之位。換言之，諸多工作必須利用到數學的運算。徐氏於序文中提到三代以前的中國，在數學領域原亦屬強項，姑且不論其是否有牽強誇飾之處，但本文在前幾章論及傳統數學時，的確涉及到不少數學的成果，尤其是宋金元時代，數學的成就確實不凡，而徐氏之所以會認為明代「此道盡廢，有不得不廢者矣」，主要是因為其接觸到利瑪竇等人所帶來的數學與自然哲學的精確論證所致，在另一篇文章中，徐氏云：

〔註109〕《明史・志・曆一》，頁 528。
〔註110〕《利瑪竇中文著譯集・刻幾何原本序》（朱維錚編：《利瑪竇中文著譯集》，上海，上海復旦大學出版，2001 年），頁 303。

> 觀利公與同志諸先生所言曆法諸事，即其數學精妙，比於漢唐之世
> 十百倍之，……大率與舊術者同者，舊所弗及也；與舊術異者，則
> 舊所未之有也。〔註 111〕

西方當時的數學、天文學經過了一些器械工具的發明，以及傳承至希臘的邏輯思維，加上逐漸醞釀的科學革命，在論證上面，比起中國傳統的數學運算來得更爲清晰。而從徐氏的文字可以清楚得知：其確實是有經過比較的。徐氏列出二種結果：

> 其一、面對同一類型的數學問題，中西方若都有探討並進行運算，則西
>   方的數學解釋與運算方式勝過中國。
> 其二、若中西方有所不同者，則是中國的傳統數學沒有解決這一類問題
>   的方式或能力。

　　換言之，徐光啓認爲中西方的數學成果在經過對比後，中國的傳統數學確實不如西方，特別是在「理」的呈現上，即「共讀之，共講之，大率與西術合者，靡弗與理合也；與西術謬者，靡弗與理謬也。」〔註 112〕當然，引文中的「理」已經不再是宋明理學家思想中的「理」，而是指具體的證明與規律。

　　由徐光啓讚揚西方的數學成就比起漢唐要高明百倍來看，似乎是對傳統的數學失去信心，但立於中國文化優越的傳統思維上，要承認西方的某些文化勝過中國，從內部脈絡言，實難以在當時中國的知識份子圈內成立，而當時考據學尚未興起，徐光啓也無法綴補二者之間的落差。從外部而言，中國的政治權威性亦會受到損害，「中」國或「天朝」的概念難以繼之。在連徐光啓自身都無法接受的情況下，只能朝唐虞三代原本即有，秦漢後衰弱的說法，企圖用以解釋十七世紀初中西方數學交流的局勢，其云：

> 私心自謂，不意古學廢絕二千年後，頓獲補綴唐虞三代之闕典遺義，
>
> 其裨益當世，定復不小。因偕二三同志，刻而傳之。〔註 113〕

徐氏憑藉著些許的立論點，即：中國與西方的數學在解決問題的契合之處。這些經過比較核對過的部分，被徐光啓認爲是秦漢以前傳統數學猶足以表彰的部分。由此可推知，徐光啓認爲，古代中國的數學領域曾經被重視過，然

〔註 111〕《利瑪竇中文著譯集・刻同文算指序》，頁 648。
〔註 112〕《利瑪竇中文著譯集・同文算指序》，頁 648。
〔註 113〕《利瑪竇中文著譯集・刻幾何原本序》，頁 303。

而秦漢後的沒落，導致至明萬曆年間在中西文化的接觸下，讓西方的數學佔上優勢，這並非是中國傳統數學本不如西方，而是因為「古學廢絕」的緣故，而西方數學的優勢，可視之為「典闕遺義」。徐氏如此的觀念，無非是想替傳統數學之所以不如西方找到一個合理的台階。

　　而利瑪竇在當時想加入中國的知識份子圈，是以在地圖的製作與呈現上盡可能的融入儒者們的既有的思，如其云：「有謂地為方者，乃與其定而不移之性，非語其形體也。」〔註114〕顯然利瑪竇試圖以古代《周髀算經》中的「蓋天說」來解釋大地為球型。「蓋天說」是最廣為中國知識份子所接受的天地型態，天為圓，地為方，構成了傳統中國知識份子的天地形貌。利瑪竇得知十七世紀初多數的中國知識份子無法立即接受「地球」的事實，因此融合了《周髀》中的蓋天說概念，將大地為方解釋成不動之德性，而非指涉其形貌。在利氏的附會下，確實是說服了一批知識份子，但從另一方面而言，此一附會卻可能也替稍後的「西學中源」說帶來了一定程度的強化作用。

　　面對西學的精確優勢，傳統知識份子有如徐光啟、李之藻等接受並利用其學來修曆與測繪，當然不免的會企圖解釋原因，而其中方以智（1611～1671）的論述值得關注，其〈物理小識自序〉有云：

> 萬曆年間遠西學入，詳於質測而拙於言通幾，然智士推之，彼之質
> 測猶未備也，儒者守宰理而已。聖人通神明、類萬物，藏之於
> 《易》，呼吸圖策，端幾至精，曆律醫占，皆可引觸，學者幾能研極
> 之乎？〔註115〕

對於利瑪竇帶入的西學，方以智認為其學長於「質測」，卻短於「通幾」，而且西方的「質測」之術猶未到周全的地步，之所以在中國引發起波瀾，乃是因為儒者們多是謹守於「理」。從方氏的引文可看出，其認為問題其實出在中國的知識份子之中，並非是西學真的超越中學。方氏首先指出「質測」和「通幾」二類學問，「質測」即「大而元會，小而草木蟲蠕，類其性情，徵其好惡，推其常變」是也，意就具體的時間、空間之物做實際研究。「通幾」則為「推而不可知，轉以可知者攝之，以費知隱，重元一實，……深究其所自來」，〔註116〕簡言之，即由個別所知推向普遍，此為儒者較為熟悉的「格物窮

〔註114〕　《利瑪竇中文著譯集・坤輿萬國全圖・總論》，頁173。
〔註115〕　《物理小識・自序》（方以智：《物理小識》，《中國科學技術典籍通彙・物理卷一》，鄭州，河南教育出版社，1995年），頁1～323。
〔註116〕　同前注。

理」之法。

　　方以智認爲，無論是「質測」或「通幾」，皆包含於《周易》之中，聖人
早已在其中展示了此二類學問，只是後來的學者無法達到二者皆通的境地。
審視〈物理小識自序〉即會發現，方以智主張天地爲一具體之物，自序中開
頭便云：

> 盈天地間皆物也，人受其中以生，……所見所用無非事也，事一物
> 也。聖人制器以安其生，因表理以治其心，器固物也，心一物也。
> 深而言性命，性命一物也。〔註117〕

無論是有形的人、器、山川、動植物，抑或是無形的心、性、鬼、神，在方
以智看來皆可歸之爲「物」，換言之，「物」不僅僅是「器」，凡實有皆爲「物」。
將此引文與上段所示的「質測」、「通幾」合之，則可知方以智認爲二類學問
實是不相害，畢竟具體之物必須藉由「質測」方可窺知其究竟；而格一物後
再格一物，最後亦可歸結出一普遍性的規律，此一規律即是「道」，故而方氏
云「以費知隱」，沒有「質測」，「通幾」便只是妄自臆測，而能周備此二類學
問者，只有《周易》一書，足見方以智對於《周易》的推崇。

　　從「盈天地皆物」，即可知方氏的宇宙觀深受陰陽氣化論所影響，在其所
撰寫的〈總論〉篇中亦見及「天地生萬物者五氣」，〔註118〕而此「五氣」自
然是中國傳統的「水火木金土」五行；另外在〈氣論〉篇裡亦云：「一切物皆
氣所爲也，空皆氣所實也。」〔註119〕是以可證明方以智的宇宙論是以「氣」
做爲第一義，而天地間有形之質，必是氣化交感之所成，至於無形的對象，
則仍是氣。然而方氏斷定西學在「質測」方面見長，但在「通幾」的層次
上就處於劣勢，此論如何成立？其主要立論點應是在「氣」之上，方氏在
〈氣論〉篇云「空皆氣所實」之後又繼言：「物有則空亦有，則以費知隱，絲
毫不爽其則也，理之可徵也，而神在其中矣。」〔註120〕「以費知隱」，則所有
的「物」之規律（理）皆可推知，而「神」即在其中。此處方氏顯然是論
述「通幾」的範疇，而「神」即是《周易》的「陰陽不測之謂神」，乃指陰陽
二氣的變化之極，方以智認爲西學之中缺乏的就是《周易》所揭示的此一深

〔註117〕《物理小識・自序》（方以智：《物理小識》，《中國科學技術典籍通彙・物理
　　　　卷一》，鄭州，河南教育出版社，1995年），頁1～323。

〔註118〕《物理小識・卷一・總論》，頁1～328。

〔註119〕《物理小識・卷一・氣論》，頁1～332。

〔註120〕同前注。

沉的層次。意即在方以智的觀察中，西學僅有針對具體的有形做「質測」，但其所質測之「物」並未涉及到「隱」。換言之，從方以智所主張的「氣」的形而上思維來說，「隱」仍屬「物」的範疇，唯有中國古代的聖人有所觸及且周備。

由徐光啟、方以智的論述中，可以看出二人對於西學東傳的態度：徐氏認為漢唐以降古學沒落，以至於中學在數學曆算等部分表現皆不如西學精確；方氏雖然承認西學在質測上占有優勢，但在通幾的層面上不如中學，而整體來說無論是質測抑或通幾，中學均有所長，特別是體現在《周易》這部經典之中，只是後來的儒者墨守一隅，無法發揮出聖人之所傳。徐、方二者基本上對於傳統學術是具有一定自信，特別是方以智，但二人未觸及到「西學中源」的理由，關於此說的形成，乃至於成為主流，則要待到康熙年間的論述成立。

（二）王錫闡、梅文鼎：古學視野下的天文觀

雖然在康熙主張「西學中源」說之前，熊明遇（1579～1649）與王錫闡（1628～1682）即分別嘗試建構「中學西傳」的歷史源流，如熊明遇在《格致草·自序》中嘗云：「三苗復九黎之亂德，重黎子孫竄於西域。」〔註 121〕以中國上古時代的部落紛爭之說，企圖解釋西方何以擁有曆算、數學等技術。而王錫闡為清初著名的數學大家，其對於西學的立場基本上與方以智趨於一致，認為「西曆者善矣，然以為測候精詳，可也。以為深知法意，未可也」，〔註 122〕法意所指應是能放諸四海之理。另外，王氏考證曆法後提出一個線索，其云：

> 元修大統秝，雖錄守敬舊章，然覺其未密，故去消長不用，而又別
> 寫土盤經緯秝法，……近代西洋新法，大抵與土盤秝同源。〔註 123〕

王氏原以為元代《大統曆》本源於郭守敬的《授時曆》，但因為與實際觀測有誤差，故而又另立《土盤經緯曆》，但後繼者並未採用《土盤曆》。王錫闡研究後發覺：傳教士所用的曆算方式，大抵上就是與《土盤曆》一致。顯然王錫闡認為西學的曆算應該是源自元代的《土盤曆》而有之。事實上，此是王

〔註 121〕《格致草·自序》（熊明遇：《格致草》，《中國科學技術典籍通彙·天文卷》
　　　　　冊六，鄭州，河南教育出版社，1993 年），頁 6～57。
〔註 122〕《疇人傳彙編·卷三十四·國朝一》，頁 381。
〔註 123〕《疇人傳彙編·卷三十四·國朝一》，頁 388。

錫闡的考證有誤,在《四庫全書》裡收錄的《七政推步・提要》即有提到「土盤曆」乃是回回曆,其云:「洪武十八年,遠夷歸化,獻土盤法,……時歷官元統去土盤而譯爲漢算。」而文後亦有記載梅文鼎的考證,梅氏云:「然回曆即西化之舊曆,泰西本回曆而加精耳,亦公論也。」〔註124〕可見《土盤曆》應爲傳教士們所帶來的曆算之源無誤,但並非是中國本土的曆算成果。

　　值得注意的是,王錫闡論羅雅谷(1593～1638)的《五緯曆指》時,〔註125〕在在闡述了「西學中源」之旨,其云:

> 七政異天之說,古必有之,近代既亡其書,西說遂爲創論。余審日月之視差,察五星之順逆,見其實,然益知西說原本中學,非臆譔也,請舉其概。《五緯曆指》謂日月本天,以地心爲心;五星本天,以太陽爲心。〔註126〕

「七政異天」此處所指的乃是日月五星各有其軌,如《尚書・舜典》即有記載,而西學亦有同樣的論述。羅氏言日月皆繞地而轉,而五星則繞日而轉的主張,被王錫闡據以爲切合古書的證據。在當時,哥白尼(1473～1543)的「日心說」並未被完整的介紹進中國,〔註127〕兼之歐陸的天文學眾說紛起,以至於傳教士帶來的天文學亦未有統一定論,這也是王錫認爲西學缺乏「法意」之原因,其批評云:「法既不定,安所取衷乎?」〔註128〕在莫衷一是之下,自然不定,王錫闡云:「舊法之屈於西學也,非法之不若也,以甄明法意者之無其人也。」〔註129〕而中國的曆算核心價值爲何?王錫闡認爲在「革」,即「曆之道主革」,〔註130〕「革」即爲變革之謂,如此似乎與其批評西學「法既不定」互爲矛盾,實則不然,王氏云:「古人有言:『當順天以求合,不當爲合以驗天。』」〔註131〕在其思維中,天體是運行不止息的,是以曆算的目的是要去契合天的運行,並非是設立一套模式來印證天符合此一模式。

〔註124〕兩引文皆見《七政推步・提要》(貝琳編:《七政推步》,《景印文淵閣四庫・子部・九二・天文曆算類》冊786,臺北,台灣商務印書館),頁786～311、312。
〔註125〕羅雅谷 Giacomo Rho,字味韶,義大利人,天主教耶穌會傳教士。
〔註126〕《疇人傳彙編・卷三十五・國朝二》,頁393。
〔註127〕尼古拉・哥白尼 Nicolas Copernicus,是文藝復興時期波蘭數學家、天文學家,他提倡日心說模型,提到太陽爲宇宙的中心。
〔註128〕《疇人傳彙編・卷三十五・國朝二》,頁393。
〔註129〕《疇人傳彙編・卷三十五・國朝二》,頁395。
〔註130〕同前注。
〔註131〕《疇人傳彙編・卷三十五・國朝二》,頁396。

在王錫闡看來，西學的曆算與天文知識並沒有達到契合天的運行的要求，是以不如中學掌握法意來得高明，而曆算之所以主「革」，即是因爲天之變而變，從陰陽氣化的思維來看王錫闡的曆算主革論，應當是可以理解其何以如此主張，時間與空間是隨時都在變化的，不可能有一成不變的時間和空間，是以王錫闡引《周易·革》云：「革，君子以治曆明時。」〔註132〕明時，其實就是應時，要明瞭時間與空間的相應，亦要令人與天相應。換言之，王錫闡所欲闡明的「法意」，就是《周易》裡的「天人相應」之道，而此正是中學淩駕於西學之處，西學所竊取者，不過就是實測之術，而加以精詳而已。

被錢大昕（1728〜1804）譽爲是清代算學第一的本土數學曆算家梅文鼎（1633〜1721），其在面對西學的態度上，亦是採取較具貶抑的視角，其嘗云：

> 吾爲此學，皆歷最艱苦之後，而後得簡易。……吾惟求此理大顯，
> 使古絕學不致無傳，則死且無憾，不必身擅其名也。〔註133〕

所謂的古絕學是指有著作卻鮮爲人知的運算之法，此涉及了儒者們較爲陌生的數學領域，有爲數不少的古學是關於計算類的著作，梅氏皆盡可能的涉獵並加以整理作注，如元代《授時曆》，其先撰《元史曆經補註》後，又因認爲授時法爲集古法之大成，於是梅氏參校了七十多家古法後，再著《古今曆法通考》共七十餘卷。〔註134〕《疇人傳》中列舉梅文鼎的著作不止前述，諸如《春秋以來冬至考》、《庚午元曆考》、《平立定三差詳說》、《周髀算經補注》、《七政系草補注》等等超過四十種，誠如其自評：多數均是以闡發古學做爲考量。

首先，由上文內容可看出一個問題，就是古學無人聞問的困境，起碼在康熙時代是被梅文鼎如此認爲的，畢竟考據學大興，乃是乾嘉二朝。本書前章論述古代數學時，便舉李冶（1192〜1279）的謂理學家程頤（1033〜1107）對於數學的輕視，而王錫闡亦云：「至宋而曆分兩途，有儒家之曆，有曆家之

〔註132〕《疇人傳彙編·卷三十五·國朝二》，頁395。
〔註133〕《疇人傳彙編·卷三十七·國朝四》，頁420。
〔註134〕阮元云：「讀《元史》授時曆經，歎其法之善，作《元史曆經補註》二卷。又以授時集古法大成，然創法五端外率多因古術，因參校古術七十餘家，著《古今曆法通考》五十八卷，後增至七十餘卷。」見《疇人傳彙編·卷三十七·國朝四》，頁414。

曆。儒者不知曆數,而援虛理以立說。」〔註135〕多數儒者只識得「道」,而忽略曆法需要精確的數學知識,是以許多傳統數學成果在宋以降逐漸湮沒,梅文鼎應與王錫闡一樣,意識到「古學」絕不能被西學所取代,是以會致力於發掘古學。

當然,梅氏除了致力於發掘古學外,另一方面也關注「西學中源」說的線索,梅氏認爲:中國古代有許多數學曆算的文獻與成果,而且先於西學並在中國境內發展,因此將其考證確切後,起碼能證明中學立於不後於西學之境。首先,審視其處理「地圓說」的來源問題。明末傳教士帶來的「地圓說」,與長久認知的「天圓地方」觀念截然不同,引起中國知識份子的震撼,然而經過驗證後,確實讓當時中國人了解到地圓的眞實性,梅氏亦支持「地圓說」,〔註136〕但其企圖由古書上來印證此說早由古人所發現。其《曆學疑問》中有數篇文章皆在討論地圓之眞,而值得注意的是,梅氏除了由《周髀算經》之中搜尋線索外,亦由其他文獻中求得證據,諸如《大戴禮記》、〔註137〕《黃帝內經》、〔註138〕甚至是北宋的邵雍、二程等,〔註139〕其云:

> 是故《大戴禮》則有曾子之說,《內經》則有岐伯之說,宋則有邵子之說、程子之說,地圓之說固不自歐邏西域始也。〔註140〕

曾子和單居離的對話中,曾子提出天圓地方是一種類比式的概念,用天人合

〔註135〕 《疇人傳彙編・卷三十四・國朝一》,頁380。

〔註136〕 梅文鼎云:「以渾天之理徵之,則地之正圓無疑也。是故南行二百五十里,則南星多見一度,而北極低一度;北行二百五十哩,則北極高一度,而南星少見一度。若非地正圓,何以能然?」參見《疇人傳彙編・卷三十八・國朝五》,頁428。

〔註137〕 《大戴禮記・曾子天圓第五十八》云:「單居離問於曾子曰:『天圓而地方者,誠有之乎?』曾子曰:『離!而聞之,云乎!』單居離曰:『弟子不察,此以敢問也。』曾子曰:『天之所生上首,地之所生下首,上首謂之圓,下首謂之方,如誠天圓而地方,則是四角之不揜也。』」(《大戴禮記》四部叢刊初編經部,上海,上海商務印書館,1929年),頁29。

〔註138〕 《黃帝內經・卷十九・五運行大論篇第六十七》云:「帝曰:『地之爲下否乎?』岐伯曰:『地爲人之下,太虛之中者也。』帝曰:『憑乎?』岐伯曰:『大氣舉之也。』」(《黃帝內經素問》,四部叢刊初編子部,上海,上海商務印書館,1929年),頁133。

〔註139〕 以邵雍爲例,其《漁樵問對》曰『天何依?曰依地;地何附?曰附天;曰天地何所依附?曰自相依附。』」(邵雍:《漁樵問對》,上海,上海商務印書館,1929年),頁21下。

〔註140〕 《疇人傳彙編・卷三十八・國朝五》,頁428。

一的思維來說，天如人之首；地如人之足，而人爲圓顱方趾，是以天圓而地方，並非實際的形狀。又，《黃帝內經》中提到地是位於太虛之中，意味著懸於氣之中。而宋代理學家的宇宙論述，如邵雍即認爲天與地互爲依附。上述這些例證，在梅文鼎看來，皆是透露出地圓的意涵。

而被認爲是最有力的「地圓說」之證據，梅氏則撰寫〈論蓋天周髀〉，文中除闡述地圓的觀點外，亦將傳統的「七衡圖」與西學的寒暖帶相爲呼應，強化古代地圓論述的可靠性，其云：

> 蓋天之說懸於《周髀》，其說以天象蓋笠，地法覆盤，極下地高，滂
> 沲四而下，而地非正平而影圓象明矣，固其言盡晝夜也。日日行極
> 北，北方日中，南方夜半；……此即西歷地有經度以論時刻早晚之
> 法也。其言七衡也，曰北極之下不生萬物，北極左右，夏有不釋之
> 冰。中衡左右，冬有不死之草，五穀一歲再熟。凡北極左右，物有
> 朝生暮獲。即西歷以地緯度分寒暖分五帶晝夜長短各處不同之法
> 也。〔註141〕

中國古代的宇宙論基本上分爲三種論述：蓋天說、渾天說以及宣夜說。《周髀算經》則主張蓋天說，大抵是以天如帽型覆蓋於地之上，而地之形狀並非是平面，乃是像覆蓋的盤一樣，中間高四周低。當太陽運行至偏北方位，北方爲晝，相對的南方則爲夜半，此即爲西學中的東西經度與時區劃分的原因。至於「七衡」是指古人將天以七個同心圓線劃分出六個區間（見附圖十），最裡面的圓稱爲內衡，是太陽夏至日所運行的軌道；最外圈爲外衡，是冬至日太陽運行的軌道，其餘的五衡則是太陽在其他節氣所運行的軌道。

梅氏認爲「蓋天說」裡的「七衡」論，就是西學的「五帶」之分法，「五帶」即「寒帶、溫帶、熱帶」因有南北半球，故寒帶與溫帶各有南北之分，合爲「五帶」，而「七衡」是以太陽運行的軌道來劃分，故有寒暑之分本屬自然。《周髀算經·卷下》云：

> 極下不生萬物。何以知之？冬至之日去夏至十一萬九千里，萬物盡
> 死；夏至之日去北極十一萬九千里，是以知極下不生萬物。北極左
> 右，夏有不釋之冰。〔註142〕

〔註141〕 《曆算全書·卷一·論蓋天周髀》（梅文鼎：《曆算全書》，《景印文淵閣四庫
全書·子部·100·天文曆算類》冊794，臺北，臺灣商務印書館，1983年），
頁 794-15、16。

〔註142〕 《周髀算經·卷下之一》（趙爽注：《周髀算經》，《中國科學技術典籍通彙·

北極之正下，因離太陽之軌道（內衡）尚遠，所以沒有任何物能存在於此，而離北極較近的地點，則有萬年的積冰。雖然古人對於極地的描述多以想像，但從實際的生活經驗來說，愈往北方，其氣候愈是寒冷，故推測極地之下無萬物。由上可知，《周髀》裡的「蓋天說」其實並不能契合「地圓說」，它僅僅是古人對於天文宇宙的一種直觀的理解，但是梅文鼎卻將其視之爲地圓說之源，加上其援引《大戴禮記》等資料，不啻爲一種附會之說。

除在文獻的考徵外，梅氏對於儀器的部分亦相當嫻熟，且有崇中抑西的觀念，阮元即云：「文鼎於測算之圖與器，一見即得要領。」無論是郭守敬的簡儀、明初渾球指數以及新製六儀等，梅氏皆非常了解，而其也嘗試自造儀器，如月道儀、揆日測高器。在其《日晷備考》中云：

> 吾郡日晷依赤道斜安，實爲唐製，則日晷非始西人也。……余所見
> 自曆書、《渾天儀說》、《比例規解》外，別有日晷崇書三種，互爲完
> 缺。而其中作法，亦有似是而非之處，則以所學有深淺，抑倣而爲
> 者，以臆參和，厥理遂晦。〔註143〕

日晷在中國出現的時間甚早，先秦以前即有精確的日晷儀出現，其大致上分爲三種：赤道日晷、地平日晷與垂直日晷，各有其利弊。梅文鼎認爲，關於日晷的文獻雖有保留，但因內容上有所失誤，真假參和，故導致後人不甚理解其所以。

除了上述之外，梅氏在諸多著作中在在舉出中學不落於西學的證據，如西法謂恆星東移，蓋即古曆上的歲差之法。又，節氣平氣與定氣的問題，梅氏考證出「舊法原知有定氣，但不以之註曆耳。譯西法者未加詳考，……則厚誣古人矣」，〔註144〕諸如此類，梅氏皆加以敘述古學中本有的紀錄或方法。實際上，梅文鼎在經過一連串的考證與蒐集曆算古籍的過程中，也明白到中學在此一領域上的缺失，除了測量的部分不如西學外，對於形成的原因亦缺乏追究的精神，其云：「是則中曆所著者當然之運，而西曆所推者其所以然之源，此其可取者也。」〔註145〕對於西學的內容，梅文鼎亦是戮力研究過，是以在比較過中西兩方在天文數學上的成果後，其亦不得不承認西學在理論的建構上確實勝過中學。然而雖是如此，梅氏仍舊秉持「西學中源」說

數學卷》一冊，鄭州，河南教育出版社，1993年），頁1～45。
〔註143〕連同上引文皆見《疇人傳彙編・卷三十七・國朝四》，頁418～419。
〔註144〕參見《疇人傳彙編・卷三十八・國朝五》，頁431～432。
〔註145〕《疇人傳彙編・卷三十八・國朝五》，頁427。

的立場，且在其後來所撰寫的《歷學疑問補》中，更是堅定此一思想，如上文引《大戴禮記》、《黃帝內經》做爲中國自古便有地圓說的佐證即是此一本書中所見。

爲了強化「西學中源」，梅文鼎在史書上進行了推論，其〈論中土曆法得傳入西國之由〉一文試圖建構出中學西傳的時間、人物等事件，其從《史記‧曆書》記載的幽、厲王之後周室衰微，「故疇人子弟分散，或在諸夏，或在夷狄」爲證，〔註146〕梅氏指出一些典籍所記載的擅長律呂音樂者亦流落於外，是以「歷官假遁，而歷術遠傳，亦如此耳」，然而爲何只有西學能比肩中國，不是來自其他方位？梅文鼎對於這一命題，也設想了一個合理的原因，其云：

> 然遠國之能言歷術多在西域，則亦有故。堯典言乃命義和，欽若昊天歷象，日月星辰，敬授人時，此天子曰官在都城者，蓋其伯也，又命其仲叔分宅四方，以測二分二至之日景，即測里差之法也。義仲宅嵎夷曰暘谷即今登萊海嵎之地；義叔宅南交則交趾國也，此東南二處皆濱大海，故以爲限。又和叔宅朔方曰幽都今日外朔方地也，地極冷冬至於此測日短之景，不可更北，即以爲限，獨和仲宅西曰昧谷，但言西而不限以地者，其地既無大海之阻，又自東而西氣候略同內地，無極北嚴凝之畏，當是時，唐虞之聲教四訖，和仲既奉帝命測驗，可以西則更西，遠人慕德景從，或有得其一言之指授，一事之留傳，亦即有以開其知覺之路而彼中穎出之人，從而擬議之，以成其變化，固宜有之考，史志唐開元中有九執歷，元世祖時有札瑪魯丹測器，有西域萬年歷，明洪武初有瑪沙伊克瑪哈齊譯回回歷，皆西國人也，而東南北諸國無聞焉，可以想見其涯略矣。〔註147〕

大抵緣自地理環境之故，上古時堯令義仲往東至今暘谷，觀察日出以定春分；令義叔往南至交趾，觀察日照直射處（北回歸線）；令和叔往北至朔方，觀察日照最短之際，以定多至；令和仲往西至昧谷，觀察日落以定秋分。而東與南，皆處陸海交界之帶，是以無可再進，而北方氣候嚴寒，極地之下無

〔註146〕見《史記‧卷二十六‧曆書第四》（司馬遷：《史記》，長沙，岳麓書社，2001年），頁136。
〔註147〕含上引文皆見《歷學疑問二‧補一‧論中土歷法得傳入西國之由》（梅文鼎：《歷學疑問》，新北，板橋，藝文，1971年），頁5上～5下。

萬物，是以不可能再往北，唯有西方，無大海阻饒，氣候又相當，是以可以持續的往西方前進。梅文鼎所設想的，乃是堯帝聖王派遣大臣觀諸天文定節氣外，亦肩負教化四方之責，是以西方必有人得聖人教化後，開啓智慧，學得曆算測量之術，從史書得知，唐代、元代、明代，皆有西方人士貢獻曆算之術，而東南北國則無，乃是有其不可抗之原因。

是以溯源西學，即是要上推到堯帝之時的和仲，是其將古學帶往西方。事實上，《史記》中所記載關於五帝時期的內容是難以求證的，但對於要建構「中源」立論點的中國知識份子而言，卻是一個可以接受的途徑。總之，梅文鼎的中學西傳論述，便是搜尋眾多史料的「點」，加上其自己的設想之下，描繪出「線」，終形成了一個「面」。當然，康熙本人的支持，亦是此說成爲主流的一大助力。康熙嫻熟於數學領域，其亦嘗向教授數學知識的傳教士們詢問過中西學術的關係，所獲得的回覆實是強化「西學中源」說的成立，而其後《御製數理精蘊》中云：

> 周末疇人弟子，失官分散，嗣經秦火，中原之典章，既多缺佚，而海外之支流，反得真傳，此西學之所以有本也。〔註148〕

此說即是經由傳教士等人所回覆的敘述，雖然康熙所撰寫的歷史時間與梅文鼎的西傳時間點不同，但於當時似乎並不相悖，反倒均能突顯出中國傳統數學與曆算的高遠之處。換言之，從徐光啓、方以智、王錫闡，到梅文鼎、康熙等人的論述，對於中土數學地位的維護，起到了非常大的效果，而以梅文鼎的數學成就，加上康熙有力的支持，「西學中源」說的形成並居主流地位，乃是可以理解的趨勢。

（三）凌廷堪、焦循、阮元：「六藝」關照下的算學發揚

經過梅文鼎、康熙等人的努力與提倡，在進入乾嘉時期後，在數學領域中，西學已經退居至考據傳統古學之後。換言之，中國傳統數學的重要性凌駕於西學之上。許多儒者均將「西學中源」說視之爲理所當然，包括戴震亦是此說的中流砥柱，其師江永（1681～1762）雖被時儒批評爲西學的少數擁護者之一，〔註149〕但戴震卻與之相反，其致力將數學回歸到經學系統之下，

〔註148〕《御製數理精蘊・卷一・周髀經解》（愛新覺羅玄燁：《御製數理精蘊》，收錄於任繼愈主編：《中國科學技術典籍通彙・數學卷》第三冊，鄭州，河南教育出版社，1993 年），頁 3～16。

〔註149〕阮元云：「慎修專力西學，推崇甚至，故於西人作法本原，發揮殆無遺蘊。然

是以除了另創名詞外，許多古代的數學詞彙亦被戴震考證並使用，即「取梅文鼎所著《三角法舉要》、……易以新名，飾以古意」，〔註150〕大抵戴震在數學領域的成就上，無法超越梅文鼎，但在「西學中源」的影響下，戴震將卻刻意將數學帶回「六藝」之列，阮元即云：

> 九數爲六藝之一，古之小學也……。庶常以天文、輿地、聲音、訓詁、數大端，爲治經之一，故所爲步算諸書，類皆以經義潤色，縝密簡要，準古作者。〔註151〕

六藝之中，數學確實占有一席之地，關於此部分，其實歷代的儒者都有相同的認知，但能顧及此者卻少之又少，是以數學做爲傳統經學的範疇之一，就應該以傳統的方式來處理數學運算的問題。戴震的這一觀念，出現在當時的西學中源說之下乃屬合理，但亦有儒者提出一些質疑，如對於戴氏取梅文鼎的《三角法取要》等三部著作，改著爲《句股割圜記》三篇，其中涉及到改當時通用之名爲深奧的古辭或自創新辭一事，焦循即批評：「戴書務爲簡奧，變易舊名，恆不易了。」〔註152〕

　　誠如焦循所言，戴震爲求回歸經學，而特意將當時知識份子所習用、沿用的詞彙改易，反顯得艱澀難解。

　　除了焦循的批評外，淩廷堪對此也表示不滿，在其與焦循往來的書信中便提出此事，其云：

> 戴氏《勾股割圜記》唯斜弧兩邊夾一角及三邊求角，……爲補梅氏所未及，其餘皆梅氏成法，亦即西洋成法，但易以新名耳。……又記中所立新名，懼讀之者不解，乃托吳思孝注之，……今戴氏所立之名皆後於西法，是西法古而戴氏今矣。〔註153〕

戴震在其著作中有增補梅文鼎所未提及的一些幾何學公式，但多數爲梅氏已揭示過的方法，而這些方法在西學中亦可發現，被戴震所易名而已，從時間的順序上言，其所創立的詞彙猶較西學來得晚。足見戴震有意將西學隱藏，

　　守一家言，以推崇之故，并護其所短，《恆氣注術辨》專申西說以難梅氏，蓋猶不足爲定論也。」見《疇人傳彙編，卷四十二・國朝九》，頁476。

〔註150〕《疇人傳彙編・卷四十二・國朝九》，頁477。

〔註151〕《疇人傳彙編・卷四十二・國朝九》，頁489。

〔註152〕《釋弧・自序》（焦循：《釋弧》，收錄於《叢書集成・三編》第29冊，臺北，新文豐出版，1996年），頁469。

〔註153〕《校禮堂文集・卷二十四・與焦里堂論弧三角書》，頁213～214。

其目的自然是欲突顯出傳統數學的優先地位，然似乎也忽略了當時關注於此領域的知識份子，已經習於中西學兼容的模式，是以如焦循、淩廷堪會批評戴震的刻意爲之之法。然而，縱使如此，吾人還是會發現到焦循抑或淩廷堪，對於「西學中源」說乃是立於接受並肯定的立場，當然此說最明顯的支持者即屬阮元了。

　　由上述焦循與淩廷堪利用書信討論幾何學範疇，可知淩廷堪對於數學領域與西學亦是有相當的掌握，在其不少文章中，除了論及禮學外，亦有涉及西學或數學，如〈與王蘭泉侍郎書〉中即有論述自己對學術的偏好，其云：「所深好者雖在《士禮》一經，而性喜旁鶩，不自揆度，兼及六書九數之等。」〔註154〕對於數學的興趣確實不吝於透露。而在〈復孫淵如觀察書〉中，則可以見到淩廷堪對於西學的態度，其云：

> 竊謂主中黜西，前代如邢雲路、魏文魁諸君皆然，楊光先淺妄，不
> 足道也。蓋西學淵微，不入其中則不知。故貴古賤今，不妨自成其
> 學，然未有不信歲差者也。歲差自是古法，西法但以恆星東移推明
> 其故耳，不可以漢儒所未言遂并斥之也。〔註155〕

從淩氏的回信中可知，孫星衍（1758～1818）乃爲中學的絕對擁護者，對於西學的論述十分摒斥，即便連「歲差」亦不予承認，歲差在古代首次發現於東晉，漢代自然未曾紀錄，是以「歲差」仍屬中國固有的曆學知識，〔註156〕而當時西學亦對「歲差」有所論述，雖方法不同，但內容更加明確。淩廷堪舉了楊光先（1597～1669）爲例，顯然是要孫氏勿重蹈覆輒，楊氏曾在康熙初期擔任過欽天監監正一職，其對於西學的立場爲「寧可使中夏無好曆法，不可使中夏有西洋人」，〔註157〕足見楊氏之偏激，實不可取。淩廷堪站在復禮與重經學考證的學術領域中，雖其亦認同貴古，但對於西學仍是持一較爲公允的視角，其又云：「西人言天，皆得諸實測，猶之漢儒注經，必本諸目驗。」〔註158〕由引文中可知，淩氏對於西學所肯定之處，在於「實測」。

〔註154〕《校禮堂文集・卷二十四・與王蘭泉侍郎書》，頁216。
〔註155〕《校禮堂文集・卷二十四・復孫淵如觀察書》，頁219。
〔註156〕「歲差」乃是由東晉虞喜（281～356）所提出，即太陽會在春分與秋分的時間內與赤道軌交會，而此一時間每年都會緩緩的退後約五十秒，待到退完一整圈，大約是二萬六千年。之所以會有如此現象，則是因爲地球自轉的緣故。
〔註157〕《疇人傳彙編・卷三十六・國朝三》，頁407。
〔註158〕《校禮堂文即・卷二十四・復孫淵如觀察書》，頁219。

　　而從另篇〈擬璿璣玉衡賦並序〉中，則可以見到淩廷堪對於傳統數學的優先認同，其就《尚書》的「在璿璣玉衡，以齊七政。」一句，先引戴震的《書補傳》云：「衡，橫也。橫帶中圍，《周髀》所謂七衡以界黃道，其中衡則是赤道，或古之遺制歟！」戴震認爲「璿璣玉衡」云云，乃指《周髀》蓋天說裡的「七衡」，而淩氏云：

> 自漢太初以來，推步家不知有黃極。雖授時精於測驗，於黃極亦茫
> 如也。至西人始發明之，儒者驚爲創獲，不知其名已見於〈舜典〉，
> 其解已具於《周髀》，後人囿於傳注，未之詳也。戴氏之言，信而有
> 徵。〔註159〕

「黃極」乃是指與黃道面垂直的天頂。漢武帝以降中國的數學家即便能運算出吻合天象的時曆，但不知有所謂的「黃極」，直到西學東傳後方才獲知，殊不知《尚書》、《周髀》早有紀錄。若從《周髀》的「七衡」來看，其爲太陽運行的軌道，而同心圓的圓心應該就是「黃極」，但後代作傳注時，皆將其注爲「北極」，實際上漢代以降的疇人們無法分辨兩者不同。可見淩氏贊同戴震的解釋，認爲古籍中早已明言，只是後儒未能接續。

　　在〈戴東原先生事略狀〉中，淩廷堪又一次提出「黃極」在《周髀》中早已出現，其云：

> 自漢以來，疇人不知有黃極，西士入中國，始云赤道極外，又有黃
> 道極，是爲七政恆星右旋之樞，詫爲《六經》所未有。先生則謂西
> 人所云赤極，即《周髀》之正北極也，黃極即《周髀》之北極璿璣
> 也。……赤極居中，黃極環繞其外。〔註160〕

文字主旨與〈璿璣玉衡賦并序〉一致，皆是言漢代以降的曆算家不知黃極與赤道極的不同，前者在地球的南北半球上各畫出一個圓；後者則幾乎與北極星重疊的地軸，兩者的夾角約爲二十三點五度。

　　而〈縣象賦并序〉中亦表出現相同的觀點，該文內容以淩廷堪與其座主韓城公夜論中國星宿的區分與變遷，即有些星宿是古有今無；有些則是古無而今有，然而「蓋自利氏東來，而天文之學又一變矣」。淩氏除引韓城公的話外，亦於賦後表明對古學佚失之感慨，云：

> 顧亭林云，三代以上，人人皆知天文。「七月流火」，農夫之辭也。「三

〔註159〕《校禮堂文集・卷一・擬璿璣玉衡賦并序》，頁1。
〔註160〕《校禮堂文集・卷三十五・戴東原先生事略狀》，頁315。

星在天」，婦人之語也。……後世文人學士有問之而茫然者，此亦儒
者之所恥也。

來利氏於歐羅，學因之而大變。發鄧平所未發，辨唐都所難辨。譬禮
失而求野，詎棄經而信傳。昔披圖而莫明，今尋文其如見。〔註161〕

三代以上之人，無論是何種身分，對天文皆有一定程度的了解，而漢代以後
的儒生們則對天文乃是算學皆茫然無所知，這當然偏向一種誇飾與譏諷，但
自利瑪竇等一干傳教士挾西方天文曆算的知識來華後，帶給明清儒者們相當
的大震撼，初期即令徐光啓、李之藻等爲之崇敬，似未有如傳教士般熟稔於
天文曆算知識的學者，此即有如：禮制散逸，需於民間索求；亦可比擬爲：
放棄經典文本而去信奉文本的註解一般。換言之，有本末倒置之感。

可知，淩廷堪對於西學雖是有所肯定，但其與梅文鼎一樣，對於古學中
所本來即有的數學或算學更爲重視，在〈黃鐘說〉中，淩氏更是欲突顯出中
學主體的價值，其首先云：「黃鐘起於一黍。黍之積而爲分，分之積而爲寸
也，寸之積而爲尺。」將黃鐘從十二音律之首，解釋爲度量之根本單位，其
又繼云：

然則西人點線面體之說，古聖人固已嘗言之，後人特未之察耳。世
之學者但知平弧三角爲古聖人勾股之精，而以幾何之點線面體與九
章本末不同，咸以爲西人之新意，而不知亦中國所自有也。〔註162〕

點線面的平面與體積的公式運算乃是西方幾何學範疇，而儒者們知勾股定理
即是解三角平面與圓弧的定理，兩者不同，但淩廷堪則認爲古代早已有平面
與體積的論述，其由黃鐘做爲中國點線面與體積的運算根本，並云：「三角不
同於勾股者，其名耳，黃鐘不同於點線面體者，亦名耳。」是以「吾有黃鐘
而不能用之，此學者之過也，於西人何尤？於西人又何羨乎？」〔註163〕值得
注意的是，淩氏提到的「聖人」，下文會再進行論述。

本書在第四章第三節的〈揚州儒者對數學知識的探索〉中，曾提過焦循
的《加減乘除釋》乃是中國的第一本數學理論之作，而焦氏亦被譽爲是乾嘉
時期的「談天三友」之一，若以淩、焦、阮三儒在數學領域上進行比較，則
焦循的成就應屬最豐碩，不論是其撰寫出如《釋輪》、《釋橢》、《天圓一釋》、

〔註161〕二則引文各見《校禮堂文集‧卷一‧縣象賦并序》，頁5～6、10。
〔註162〕引文皆見《校禮堂文集‧卷十七‧黃鐘說》，頁152。
〔註163〕兩引文皆同前注。

《開方通釋》等等諸部數學專著，抑或是將數學原理徹底運用在《周易》之中，均顯示出其對於研究數學的熱衷。

在《疇人傳續編》中，撰者羅士琳（1783～1853）對焦循的天文學研究較為忽略，將《釋輪》、《釋橢》評為「意主實用，故詳於法而略於理，旨哉洵儒者之學也」，[註164] 事實上，以《釋輪》為例，焦循收錄的四篇序文以及卷上篇頭文字來看，此正是為解釋天文現象而書，焦循云：「循既述《釋弧》三篇，所以明步天之用也，然弧線之生，緣於諸輪。」[註165] 可知此為《釋弧》的後續之作，弧線源自於輪，而輪亦即是圓周。

而輪與步天有何關係？此源乃因西學而起，清初湯若望等人所主持的新曆，所採用的乃是第谷（1546～1601）的折衷天文體系，[註166] 此體系將傳統的地心說與哥白尼的日心說加以融合，形成了在中國清末以前天文曆算的主流，即：地球仍是宇宙的中心，而日、月與恆星皆繞地球而運行，另外五行星則繞日而行。在焦循寫給錢大昕的信中即提到第谷的學說，其云：「竊私第谷以來，諸輪之設。」[註167] 是以可明確知道，從《釋弧》到《釋輪》乃是受西學影響所作，至於後續再撰寫的《釋橢》亦然，江藩（1761～1831）為其所寫的序文中即云：

> 嘉慶三年，里堂出所製《釋橢》一篇示予。考西法，自多祿歆以至第谷，皆以日月五星之术，天為平圓。其後有西人有刻白爾噶西尼等以為橢圓，兩端徑長，兩要徑短。[註168]

刻白爾（1571～1630）、噶西尼（1625～1712）的天文學，[註169] 乃是修正哥白尼的日心說，是以更符合實際的天體運行，《疇人傳》亦有載：「刻白爾以

[註164] 羅士琳云：「西人所謂本輪、均輪、次輪，亦虛象耳，非確有諸輪。如連環相套於無形之天也，乃西人言之鑿鑿，層層相包，如裏蔥頭，……其所以能衒惑愚人者，正在此等新奇無據之說。」見《疇人傳彙編・卷五十一・國朝續補三》，頁 622。

[註165] 《釋輪・卷上》（焦循：《釋輪》，收錄於《叢書集成・三編》第 29 冊，臺北，新文豐出版，1996 年），頁 514。

[註166] 第谷・布拉赫 Tycho Brahe，丹麥貴族，精通天文學、占星術。

[註167] 《雕菰集・卷十四・上錢辛楣少詹事論七政諸輪書》，頁 224。

[註168] 《釋橢・序》（焦循：《釋橢》，收錄於《叢書集成・三編》第 29 冊，臺北，新文豐出版，1996 年），頁 535。

[註169] 刻白爾 Johannes Kepler，即今譯的克卜勒，德國天文學家、數學家，是十七世紀科學革命的關鍵人物。噶西尼 Giovanni Domenico Cassini，法籍天文學家兼水利工程師。

平行爲橢圓面積求實行，……噶西尼又立借角求角之法，極補湊之妙。」多祿畝（約 90～168）與第谷的天體運行皆認定軌道皆爲正圓，[註170] 是以爲了符合實測，不得不又設定出許多輪，有本輪、次輪等，形成非常繁複的大小正圓。之後哥白尼的日心說一出，解決了繁瑣的諸輪問題，刻白爾、噶西尼又進行修正，使整個天體運行的概念更進一步。

　　姑不論傳教士起初刻意曲解哥白尼的日心說，但可見焦循對於西學基本上是採取較爲開放的心態，而在傳統數學的領域，焦循關注的是金宋元的數學成果，其《天元一釋》的開卷即云：

> 天元一之名，不著於古籍。金元之間，李仁卿學士作《測圓海鏡》、《益古演段》兩書，……宋末秦道古《數學九章》亦有立天元一法。……終明之世，此學遂微。國朝梅文穆公悟其爲歐邏巴借根法之所本，於是世始知天元一之說。[註171]

李冶（1192～1279）與秦九韶（1208～1261）在數學領域的成就，均未載於史冊之中，此即緣於儒者們對數學的輕忽所致，後經梅瑴成（1681～1764）發覺李、秦二氏的「天元一」竟與西學的「借根法」一致，清儒才逐漸知有李、秦二人，才知傳統數學在宋金時期已有此成就。而焦循的學友談泰（生卒年不詳）在爲焦氏作序時亦言《測圓海鏡》、《數學九章》等諸作被發現，乃是「眞古學之絕而復續，幽而復明者」，談氏又續云：

> 夫西人存心巨測，恨不盡滅古籍，俾得獨行其教，以自衒所長，吾儕托生中土，不能表章中土之書，使之淹沒而不著，而數百年來但知西人之借根方，不知古法之天元一。[註172]

西學當時傳入中國，本是伴隨的天主教而來，並非是純粹的知識輸入，是以傳教士或多或少均有以傳教爲優先的考量，而吸引儒者們願意入教的方式之一，便是突顯出知識或理論上的優越性，由此立場而言，傳教士們展示出西學的優越性亦屬合理，況談氏於序文中亦言：「治經之士，多不治算數。」[註173] 在此積習下，若將傳統數學的認知不彰歸責於傳教士們，實有商榷之必要。

[註170] 多祿畝 Claudius Ptolemaeus，即今譯的托勒密，爲羅馬時期的學者。
[註171]《天元一釋·上》（焦循：《天元一釋》，收錄於任繼愈主編：《中國科學技術典籍通彙·數學卷》第四冊，鄭州，河南教育出版社，1993～1995 年），頁 4-1414。
[註172] 引文皆見《天元一釋·序》，頁 4-1413。
[註173] 同前注。

由上所述的內容來看，焦循身處於「西學中源」說為主的氛圍中，似乎不太主動去涉及此一問題，此應與其對於西學用幾何的方法解釋天體之運行仍持高度興趣有關，然而可以確定的是，焦循對於宋金元數學成就的復興是顯得積極的，而且在當時亦被時儒們肯定，因為此舉即可證明：中學的數學乃是自古已有，不必假於西學。汪萊（1768～1813）在《開方通釋・敘》亦提及焦循、李銳（1768～1817）以及張敦仁（1754～1834）均對於宋金元的數學文獻進行研究，而「三君子之用力於古也深矣」。〔註174〕焦循的〈衡齋算學序〉中則云：「予幼好九九之學，雖求古書，而不能得。」此所指的重點古籍，即是李冶與秦九韶所撰寫的這類著作，要知道，當時雖透過梅瑴成的發現而令二人得以重被清儒們所認知，但二人的著作卻鮮少儒者能接觸得到，故在焦循獲得《益古演段》、《測圓海鏡》與《數學九章》時，即與李銳「同客武林節署中，互相證訂，喜古人絕學復續於今」。〔註175〕焦循對於中學的闡發，實是可見一斑。

淩、焦、阮三人，對於「西學中源」的認知與主張程度各所有偏好，而阮元在此一方面的成果便是主編《疇人傳》了，從此部作品中可清楚見出阮元對於西學是採取相當貶抑的手段，雖不若清初的楊光先、王夫之等人一般激烈，但亦屬三人之中最嚴屬者，本文即以《疇人傳》做為探究阮元如何體現「西學中源」說的文本。

《疇人傳》的形制內容，時間上由上古排序至清，人物的部分則包含中土與西方的嫻熟於數學曆算領域之人。但是西方的疇人們一律排在最末的附篇之中，阮元云：「自黃帝以至於今（嘉慶四年，1799），凡二百四十三人，附西洋三十七人，大凡二百八十人。」〔註176〕而每一位疇人在介紹完其生平與著作要項後，均會在文末加上評論，從此評論中即可看出阮元某人的褒或貶。首先，從〈凡例〉來看，阮元在倒數第三項次云：

> 西法實竊取于中國，前人論之已詳。地圓之說，本乎曾子。九重之論，見于《楚辭》。凡彼所謂至精極妙者，皆如借根方之本為東來法，特譖譯算書時不肯直言之耳。〔註177〕

〔註174〕《開方通釋・敘》（焦循：《開方通釋》，收錄於《中國科學技術典籍通彙・數學卷》第四冊，鄭州，河南教育出版社，1993～1995年），頁4-1449。
〔註175〕二引文皆見《雕菰集・卷十五・衡齋算學序》，頁246。
〔註176〕《疇人傳彙編・疇人傳序》，頁1。
〔註177〕《疇人傳彙編・疇人傳凡例》，頁4。

在「西學中源」的觀念下，阮元以「竊取」來爲西學下其來源的定論，實是過於偏頗不當，而其所云的「地圓」說源自《大戴禮記》裡的曾子之說，「九重天」說源自《楚辭·天問》，均是牽強附會的辯詞而已。

關於「九重天」的內容，在〈天問〉裡有「圜則九重，孰營度之？惟茲何功？孰初作之？」之問，「九重」乃是古代中國人對宇宙的臆測。在《疇人傳四編》中有云，最上爲宗動天，依序往下爲恆星天、塡星天、歲星天、太陽天、熒惑天、金星天、水星天，最下一層爲太陰天。〔註178〕而利瑪竇所謂的「九重天」由上至下的排列爲：宗動天、列宿天、土星天、木星天、火星天、日輪天、金星天、水星天、月輪天。〔註179〕然而中國的九重天不只是上述的一種說法，在《呂氏春秋》、《淮南子》、《太玄》等亦有提到，如《淮南子·天文訓》分中央曰鈞天，東方曰蒼天，東北曰變天，北方曰玄天，西北方曰幽天，西方曰昊天，西南方曰朱天，南方曰炎天，東南方曰陽天，〔註180〕與《呂氏春秋》的內容亦同。因此《疇人傳四編》中的「九重」其來源應是西學，而非中國古代的「九重天」內容，從《淮南子·天文訓》來看，九重天其實是九個方位，與地的八方加上中央相對應，而非指涉天體運行的結構。換言之，無論是曾子的地圓說或是《楚辭》的九重天說，在考證上實是難以成立。至於「東來法」則是指由阿拉伯傳入歐洲的借根方法，雖然與李冶的「天元術」如出一轍，但亦有學者整理出四個不同之處，〔註181〕是以這一部分應屬於中方與西方各自發展的結果。

對於利瑪竇等人的評論，亦顯示出阮元維護傳統學術價值的立場，其云：

> 其于天學皆有所得，采而用之，此禮失求野之義也。……天文算數之學，吾中土講明而切究者，代不乏人。……然則可云明之算家不如泰西，不得云古人皆不如泰西也。〔註182〕

從《周髀》到《天元一術》等古人的著作中，中國的數學確實是有其成就，尤其是宋金元時期，是以當這李冶、秦九韶等數學家被認識後，乃至於戴震

〔註178〕 《疇人傳彙編·四編·卷一·周後續補遺三》，頁819。
〔註179〕 《疇人傳彙編·卷四十四·西洋二附》，頁508。
〔註180〕 《淮南子·卷三·天文訓》，頁57。
〔註181〕 《孔子與數學——一個人文的懷想·清初西方代數學之輸入》（洪萬生：《孔子與數學——一個人文的懷想》，臺北，明文書局，1999年），頁192。
〔註182〕 《疇人傳彙編·卷四十四·西洋二附》，頁511。

又從古籍之中校勘出《五曹》、《孫子》等，彙編成《算經十書》，將中國歷代遺留的數學成果重新刊刻後，阮元自然會有「不得云古人皆不如泰西」之語。然而在評論湯若望時，阮元則又指出漢魏唐宋人的問題，其云：「古法所以疏者，漢、魏之術冀和圖讖，唐、宋之術拘泥演讖。」〔註183〕當然，阮元所批評的現象確實存在，無論是迷信，抑或是閉門推衍，其皆不能與實測相比，阮元承認西學的優勢，即在實測，但實測需要精密的儀器，這一部分西人實有其長，阮元云：

> 蓋儀象精審則測量眞確，測量眞確則推步密合。西法之有驗于天，
> 實儀象有以先之也。〔註184〕

當方以智在《物理小識》提出「質測」時，即意味著中國一部分的儒者們意識到空談性理是妨害經世致用的實踐之途。而自明末開始，儒者們紛紛鼓吹經世之學，無論是顧炎武（1613～1682）、黃宗羲（1610～1695）、王夫之等皆關注起具體的、經驗的範疇，而至清中葉的乾嘉時期亦承襲此風，如傳教士所製作的天文儀器，乃至於日用器械，即受到注目，在淩廷堪的〈與阮伯元閣學論畫舫錄書〉中即有提到「鐘表、水銃、鼻煙之屬及近日英吉利所製之洋燈、風鎗，古之所無」，〔註185〕可見一斑。是以阮元認同西學中的實測，包含了儀象在內，確實是因為歷代在此一領域上的表現並不突出。

　　值得一提的是，傳教士將西方天文學帶進中國時，時值科學革命之際，歐洲人原本所信奉的托勒密地心說被哥白尼的日心說所質疑，而第谷則折衷兩者。清初湯若望正式引進中國的，便是第谷的折衷天體論。然而中國知識份子亦得知西學的天體論仍未有定論，是以如王錫闡便云：「新法既云星天以太陽為心，……仍以地心為心，法既不定，安所取衷乎？」〔註186〕而阮元亦有相同的疑惑，其在評哥白尼時云：

> 蔣友仁言歌白尼論諸曜，謂太陽靜，地球動，恆星天常靜不動。西
> 士精求天文者，皆主其說，與湯若望術法西傳所稱迥異。據若望言，
> 歌白尼有天動以圓解，又求太陽最遠點，及太陽躔度。夫既曰天動
> 以圓，而太陽又有遠近有躔度，則天與太陽皆動而不靜矣。同一西

〔註183〕《疇人傳彙編‧卷四十五‧西洋三附》，頁531。
〔註184〕《疇人傳彙編‧卷四十五‧西洋三附》，頁536。
〔註185〕《校禮堂文集‧卷二十三‧與阮伯元閣學論畫舫錄書》，頁208。
〔註186〕《疇人傳彙編‧卷三十五‧國朝二》，頁393。

人，何其說之互相違背如此耶？〔註187〕

蔣友仁（1715～1774）與湯若望所介紹的哥白尼的天體運行方式顯然缺乏一致性，〔註188〕以至於阮元無法理解何以蔣氏所言的是「日心說」，而湯氏所言的卻是「天動以圓解」，在阮元的理解中，「天動」相對的就是「地不動」。而在當時，西方天文學都是藉由一批批來華的傳教士所翻譯，阮元只能經由這些翻譯來認知西方的天文知識，是以面對出自同一個天文學者的論述，卻有兩種不同的解釋，難怪會產生混淆與不解。當然，此一情況只會令阮元對西學產生出不確定性而已。

綜觀整部《疇人傳》，可知阮元對於「西學中源」說的實踐，實際上亦可由其爲西洋疇人傳編年時亦可看出端倪，如在〈西洋一附〉首位的默冬（西元前五世紀），〔註189〕其內文云：「于周考王十四年，推定十九年而太陰滿。」第二爲亞里大各（不詳），內文云：「于周顯王二十五年，測得黃赤大距爲二十三度五十一分二十秒。」〔註190〕即所有西方的人物與事件，全都以歷朝代的帝號、年號標註時間。而阮元在凡例中亦提到萬曆以前的西洋疇人歷史眞僞的問題，其云：

> 歐邏巴人自明末入中國，嗣後源源而來，……惟新法書所載未入中
> 國之西洋人，有在秦漢以前者，而驗其時代，又往往前後矛盾，不
> 可檢校，是有無其人，蓋未可知。如果有其人，所謂默冬、亞里大
> 各之類，亦斷不可與商高、榮方并列。〔註191〕

言下之意，湯若望等人所介紹的西方疇人，不僅其眞僞性需要質疑，而即便是眞，亦不能與古人併列一處。從阮元的文字之中，不難發覺出其所透露出刻意區隔的態度。換言之，阮元之所以做出區隔，乃是源于「西學中源」的觀念。而由引文可知，阮元所參考的《新法》，乃是明崇禎年間由湯若望、徐光啓等人所編譯的《崇禎曆書》（清代定名爲《西洋新法算書》）當然，必須注意的是：阮元在編撰時，應是以中國知識份子所熟悉的年號爲考量，加上當時人對於西方歷史又一無所知的情況下，如此呈現亦屬合理。

〔註187〕 《疇人傳彙編·卷四十三·西洋一附》，頁499～500。
〔註188〕 蔣友仁 Michel Benoist，字德翊，法國人，天主教耶穌會傳教士。
〔註189〕 默冬 Meton，西元前五世紀，希臘天文學家。
〔註190〕 《疇人傳會編·卷四十三·西洋一附》，頁495。
〔註191〕 《疇人傳彙編·凡例》，頁4。

三、「西學中源」說的思維與形成

在上文概略敘述了西學東傳與包括凌廷堪、焦循和阮元在內的明清儒者們對於「西學中源」說的接受與表現後，即會發現：無論是接受此說的程度高或低，均可於諸儒之中整理出兩個趨向：其一是貴古思想；其二是將西學內容視之爲工具。總的來說，便是明清之際至乾嘉時期的儒者們無一不是以儒學文化的視角與西學進行接觸，而此一視角的背後，則有《周易》的陰陽氣化貫穿於其中。

關於貴古思想的層面，上文所列舉的明清儒者們，無論是徐光啓，抑或是阮元，在接觸西學並對其有一定的認知後，會做出的反應便是「古以有之」，進一步的或引經據典、或詳加徵考，提出證明以求闡發古學，來揭示予時儒，而所有的先秦經典或儒學著作當中，與天文曆算相關的，包含《周易》、《禮記》、《尚書》，而數學曆算方面最普遍的則是《周髀算經》，當然也包括乾嘉時期戴震、焦循等人彙整作注的宋金元時期的數學著作。

首先論《周易》，何以此書成爲儒者們主張西學中源說的重要依據？乃是因爲《周易》爲千年以來建構中國宇宙論的重要基礎。對於所有的儒者而言，論述整個宇宙生成與變化的根源，乃至於聖人所建構出的倫理綱常，均來自于此部經典。換言之，《周易》所揭示的宇宙論與儒者念茲在茲的天道、人道，彼此是互滲的，合而爲一的，即歷代儒者關懷的「天人合一」是也。

上一節已經提過，《周易》透露出天地萬物之源就是「氣」，因其屬性之故而有陰陽氣化的交感，才有此一世界的產生，〈繫辭上傳〉即云：

> 天尊地卑，乾坤定矣。卑高以陳，貴賤位矣。動靜有常，剛柔斷矣。方以類聚，物以群分，吉凶生矣。在天成象，在地成形，變化見矣。是故剛柔相摩，八卦相盪，鼓之以雷霆，潤之以風雨。日月運行，一寒一暑。〔註192〕

引文中所示現的乃是一個強調相對性與相關性的宇宙觀：天體在上運行而不止，地在下相對沉穩而定靜，物種各依其屬性而有所次序、有所分別。而天地萬物有動就有靜，有剛就有柔，有吉就有凶，乾與坤、震與巽、艮與兌、坎與離相對，此爲八卦，乃是古人經過觀察天地萬物後所歸納出來的八種現象，而此八卦彼此不僅具有相對性，亦包含了相關性，〈說卦〉篇中的「天地

〔註192〕《周易譯注・繫辭上傳》，頁 302。

定位，山澤通氣，雷風相薄，水火不相射」即是說明，〔註193〕如果缺少其中一項，則無位無通亦無相薄，相對性與相關性亦就不存在。而此八卦相傳為古聖人所做，〈繫辭下傳〉云：

> 古者包犧氏之王天下也，仰則觀象于天，俯則觀法于地，觀鳥獸之
> 文與地之宜，近取諸身，遠取諸物，于是始作八卦，以通神明之德，
> 以類萬物之情。〔註194〕

伏羲氏經過對天象、地形以及對物種屬性、關係的觀察，進而創發出八種符號來展示對於宇宙形象的認知。不論伏羲此人的歷史真偽，可確定的是，上古聖人因觀察天地萬物的屬性與其變化，從中體悟了天之德與地之理。所謂的「通神明之德」，應可解釋為明白天象何以如此運行的規律，而「類萬物之情」即是指瞭解地形與物種何以如此區別的道理。

是以透過這樣的認知後，人方可能進一步依萬物屬性而用之，「作結繩而為網罟」、「斷木為耜，揉木為耒」、「日中為市」等等，所描述的就是由漁獵到農耕，再進化到依天時而作息，即〈繫辭下傳〉所云的「上古穴居而野處，後世聖人易之以宮室」，「上古結繩而治，後世聖人易之以書契」這樣一個過程。〔註195〕當然，人類的歷史是一個結果的陳述而已。回到《周易》之中，聖人體察天地萬象後，以八卦符號來演示宇宙的這一個層面，即透露出一個訊息：八卦符號是具有共通性的，而此一共通性就是陰與陽，並且貫穿整部《周易》核心內容，上文提過，陰陽亦即是「氣」的內在屬性，所謂「一陰一陽之謂道」，便是陰陽氣化的規律，而依循此一規律者稱之為善，體證此一規律則稱之為性。

八卦中陰陽的符號：陰為▬▬；陽為▬，古人也以數來表示，陰即為偶數；陽即為奇數，並從中進行類推。而要注意的是，《周易》中陰陽爻符號的形成本身即是氣化宇宙論的本質，是以從陰陽爻可以進行天地萬物中任何一種形象或屬性的表示，而如此的類推即來自於連續性的思維方式。在〈繫辭上傳〉中即以數來分天與地，其云：

> 天一，地二；天三，地四；天五，地六；天七，地八，天九，地
> 十。天數五，地數五。五位相得而各有合，天數二十有五，地數三

〔註193〕《周易譯注·說卦》，頁364。
〔註194〕《周易譯注·繫辭下傳》，頁335。
〔註195〕引文皆同前注。

十，凡天地之數五十有五。〔註196〕

大衍之數的演算，即凡天之屬皆爲奇數；凡地之屬皆爲偶數。換言之，〈繫辭上傳〉中陽爻歸爲奇；陰爻歸爲偶，並據此分類來計算得出占卜結果。《周易》最原初本爲占卜之書，是以利用陰陽奇偶的原則，雖然歷代許多儒者試圖解出「大衍之數」的究竟，但此不在本文論述的主旨上。惟從此一模式可得知：古代中國天文曆算亦與此模式有關。何以得知？

《禮記·月令》篇的內容是依一年十二月爲序，列出每月的天象、氣候狀況，動、植物與之相應的變化，以及人事之間的關係，而於其中正文有「其日甲乙，其帝大暭，其神句芒，其蟲鱗，其音角，律中大蔟，其數八」，於下鄭玄（127～200）作注云：

《易》曰：「天一，地二，……天九，地十。」而五行自水始，火次之，木次之，金次之，土爲後。木生數三，成數八。〔註197〕

從一到十的數字，又推演出水、火、木、金、土來，這乃是《易》與「五行」的結合，此部分待下文再論。「月令」是天體運行與萬物之間對應下的產物，屬於人類社會所專有，而在古人陰陽氣化的思維之下，因爲陰陽二爻用數來表示，是以類推到月令亦可以用數的運算來呈現，如此，便影響了中國曆算的模式，習慣於用代數運算來曆法，而非以幾何模型來算曆法，康熙嘗云：「算法之理皆出於《易經》。」〔註198〕又，從梅文鼎解釋當時所爭議的「平氣」與「定氣」即可窺知一二：即中曆慣用的算法是以一周年之天數以二十四節氣均分，此爲「平氣」；西曆則是以圓周三六〇度來均分二十四節氣，此爲「定氣」。推究其源，實與《周易》的陰陽予以數化有關係。

上段引文中，鄭玄以五行結合《周易》來解釋月令的數字，事實上「五行」之說的來源，應屬於「四時」、「五方」與「五材」融合後的體系，爾後又融入了陰陽體系之中，形成以《周易》爲主體的宇宙論。上文提及，《尚書·堯典》記載堯分派羲仲、羲叔、和仲與和叔分使四方記錄天象時節，用以定二分、二至等四節氣，顯然已有東南西北搭配春夏秋冬的觀念，當然東南西北四方，便有居中之位，此於《史記·天官》和其他古籍中均可見之。

〔註196〕《周易譯注·繫辭上傳》，頁317。

〔註197〕《禮記訓纂·卷六·月令第六》（朱彬：《禮記訓纂》，北京，中華書局，2007年），頁216。

〔註198〕《東華錄·卷二十一》（蔣良騏撰：《東華錄》，北京，中華書局，1980年），頁348。

〔註199〕而「五材」的部分，從《國語‧鄭語》「以土與金、木、水、火雜，以成萬物」，〔註200〕以及《尚書‧洪範》「五行：一曰水，二曰火，三曰木，四曰金，五曰土」的記載可知。〔註201〕而五材乃根據其屬性，賦予其相應的五方與四時，〔註202〕至《禮記‧月令》時，已具完整的論述，如「某日立春，盛德在木」、「某日立夏，盛德在火」云云。〔註203〕在《周易‧說卦》亦可見方位與卦爻的搭配，如「震東方也」；「离也者明也，萬物皆相見，南方之卦也」；「乾，西北之卦也」；「坎者水也，正北方之卦也」；「艮，東北之卦也」，〔註204〕可見在儒者的思維中，五行方位與陰陽八卦合爲一，代表其所認知的天地萬物。

從〈月令〉的內容來看，可以發現其所傳達的訊息除了曆法之外，包括人在內的天地萬物均是相互搭配，此一思維或可從《周易‧繫辭下傳》所提到的「三才」來說明，其云：

> 《易》之爲書也，廣大悉備。有天道焉，有人道焉，有地道焉。兼三才而兩之，故六。六者非它也，三才之道也。〔註205〕

《周易》的核心即在於陰陽，其氣化之道乃包含著一切天地萬物，故而天道、人道、地道，均攝於其中，此「三才」重複後爲六，此六者，六爻也，六十四卦即是。換言之，「一陰一陽之謂道」，此「道」亦是「三才之道」，六十四卦的初爻與二爻象徵爲地；三爻與四爻對應爲人；五爻與上爻應之天。而〈月令〉的內容即是展現了類推的思維方式——天象、人倫、地形三才的融合。而「人倫」的部分，〈說卦〉裡有云「立人之道曰仁與義」，〔註206〕仁與義即爲儒學的義理核心，體現在人與人之間，就是倫常。從《周易》的內涵來審視此

〔註199〕如《史記‧卷二十七‧天官書第五》有「中宮天極星」、「東宮蒼龍」、「南宮朱鳥」、「西宮咸池」、「北宮玄武」五個方位，見頁148～149。

〔註200〕《國語‧卷第十六‧鄭語》（韋昭解：《國語》，臺北，中華書局，2016年），頁4上。

〔註201〕《尚書孔傳‧卷第七‧洪範》（《周易王韓注、尚書孔傳》，臺北，中華書局，2016年），頁2上。

〔註202〕關於土的部分，《淮南子‧時則訓》云：「季夏之月，招搖指未，昏心中，旦奎中。其位中央，其日戊己，盛德在土。」是安排於夏季的第三個月。見《淮南子‧卷五‧時則訓》，頁114。

〔註203〕《禮記訓纂‧卷六‧月令第六》，頁220、241。

〔註204〕《周易譯注‧說卦》，頁365。

〔註205〕《周易譯注‧繫辭下傳》，頁354。

〔註206〕《周易譯注‧說卦》，頁363。

一倫常，其不僅僅是人與人之間的相處，更蘊藏的「天人合一」的思想。

在「西學中源」的形成歷程之中，儒者於其文章論述曆算與西學時，不少人提出一個共同的觀念，便是「敬授人時」，此乃是歷代曆法的核心價值，在儒學的思想中，「道」實是精微又難以論述的，連聖賢亦無法精確的表述，王錫闡即云：「天地始終之故，七政運行之本，非上智莫窮其理，然亦只能言其大要而已。」〔註207〕《論語》中更有「性與天道，不可得而聞也」之感，因為「道」的範疇是形而上，並無具體的對象能稱之為「道」者，具體的只有氣化凝聚而成的形器，「道」則蘊含於其中，是以吾人回頭審視方以智所云：「天地一物也，推而至於不可知，轉以可知者攝之。……質測即藏通幾者也。」〔註208〕此一「通幾」誠然為「道」也，方氏認為西人的「質測」再精確，終究缺乏了《周易》的核心──陰陽氣化──的認知。是以在方氏看來，西學之中因為沒有陰陽氣化的思想，所以不存在《尚書・堯典》的「敬授人時」、「天人合一」的曆法精神，換言之，也就無此一連續性的思維方式。事實上，西方哲學普遍認同宇宙的本質是由幾何形狀的元素──火、氣、土、水──所構成，〔註209〕不存在陰陽氣化的觀念。

除了方以智提到中西學的差異外，王錫闡、李光坡（1651～1723）、凌廷堪、阮元等儒者皆在此層次上有所闡發。上文亦有提過王錫闡批判西學缺乏法意，其提出治曆要順天，此謂之「革」，此一思想其實就是「天人合一」，曆算就要順應天道的運行，如此方可使人合，王氏認為「治曆者不能以天求天，而必以人驗天」，〔註210〕《周易》主張天象與人倫合，但在當時西學出現數種天體論而莫衷一是，顯然是將人置於天之外，完全忽略「敬授人時」的價值，王氏由《周易》中領悟出「理一」來，其云：

夫曆理一也，而曆數則有中與西之異。西人能言數中之理，不能言理之所以同。〔註211〕

〔註207〕《疇人傳彙編・卷三十四・國朝一》，頁387。

〔註208〕《物理小識・自序》，頁1～323。

〔註209〕莫里斯・克萊茵（Morris Kline，1908～1992）云：「所有物質都是土、氣、火和水四種元素所構成。柏拉圖則更進一步認為，火元素是四面體，氣元素是八面體，水元素是二十面體，土元素是立方體。第五種形狀──十二面體，被神保留下來作為宇宙本身的形狀。」（莫里斯・克萊茵著、張祖貴譯：《西方文化中的數學》，上海，復旦大學出版社，2012年），頁46。

〔註210〕《疇人傳彙編・卷三十四・國朝一》，頁387。

〔註211〕《疇人傳彙編・卷三十四・國朝一》，頁388。

此「理一」便等同「敬授人時」，即便是中曆與西曆的運算的方式有所差異，但共通的核心價值——敬授人時——都應當一致。王錫闡指出，傳教士能清楚的解釋出數學的原理、方法，但是不能認知到曆法背後所蘊藏的精神核心，在中國傳統的曆算領域上，雖能體認到敬授人時的核心價值，但儒者們卻不理解數學運算的方法，而西方傳教士正好相反。不過相較之下，王錫闡自然是認爲「理一」仍要高於「數中之理」，故而王錫闡能接受曆算方式的差異，但不能不提出西學缺乏「法意」的觀念。

關於當時西學的天體論意見分歧的情況，阮元在《疇人傳・凡例》中亦提出來批評，其云：「西洋新法，累經改易，派別支分，師傅各異。……議論紛如，難以合一。」〔註212〕前文提過，湯若望引進的是第谷的天體論，而尚有哥白尼的日心說，而僅是星晨的運行軌道有主張正圓的，亦有主張橢圓的，若從《周易》的三才合一思維來看，實是令儒者們難以接受，在阮元《疇人傳・自序》中，則強化了「敬授人時」的立場，其云：「堯命羲和，舜在璿璣，三代迭王，正朔遞改，蓋效法乾象，布宣庶績。」〔註213〕「效法乾象，布宣庶幾」，即是依據天道施行人道，倘若天道紛如，則人道如何建立秩序？同樣在清初對曆算有所接觸的李光坡亦提出了「敬授人時」的曆法觀念，李氏云：

> 聖人作曆，大抵爲順天授時而已。天道之大，在寒暑四時，而寒暑四時，運于無形，不可見也。……《書》所謂「曆象日月星辰，敬授人時」，《易》所謂「治曆明時，觀乎天文，以察時變」皆謂是也。〔註214〕

從引文中可見到李光坡對於曆法與天道的觀點，仍是延續著《周易》與《尚書》而來，基本上出自於先秦經典的天道人道合一的觀念，類推到人事作爲與天體運行的結合，對於儒者來說，是根深蒂固的思想，而《周易》的陰陽與其氣化不已的思維方式即是關鍵。另外，凌廷堪的評論亦被引用在《疇人傳四編》之中，其云：「古之儒者通天地人，……西人之說，徵之《虞書》、《周髀》而悉合。」〔註215〕「通天地人」即是「三才」，如此的觀念一樣出現在凌廷堪的言論中。

〔註212〕《疇人傳彙編・疇人傳凡例》，頁4。
〔註213〕《疇人傳彙編・疇人傳序》，頁1。
〔註214〕《疇人傳彙編・卷四十・國朝七》，頁451。
〔註215〕《疇人傳彙編・四編・卷一・周後續補遺三》，頁818。

可注意的是，堯、舜、文王、周公等儒學思想中的古代聖人，總是隨著經典文獻而被儒者們提出來做為支持傳統曆法具有西學無法企及的優勢明證之一，列舉如：方以智「聖人通神明、類萬物」；淩廷堪「西人點線面體之說，古聖人固已嘗言」以及阮元的〈疇人傳序〉等皆是，如此可能意味著在儒者們的思想中，認為聖人乃是中國文化的重要基石，當然從歷史來看，儒學文化確實是支配東亞文明的有力者。然而，若從陰陽氣化的思想來看，亦可做為其提聖人的思維方式之一。

「聖人」其地位之尊，乃在君子、賢人之上，在傳統五經系統中「聖人」出現的次數實是不可勝數，如光是《周易・繫辭上傳》即有「聖人設卦觀象」、「《易》有聖人之道四焉」。〔註216〕是以可知，聖人便是指能體證天地之道，又能教化世俗者。上節論氣的連續性思維中，提到一切天地萬物皆秉受陰陽之氣而生，而陰陽之氣細分下又有五行之屬，故天地萬物各自有其陰陽五行的屬性，而關於「人」的組成乃如朱熹（1130～1200）所言的「陰陽五行，氣質交運，人之所秉獨得其秀」，此「秀」即為陰陽五行之精氣，而「聖人之生，又得秀之秀者」，〔註217〕至於「聖人」則是靈秀之氣中最精粹的氣所凝聚而成。

而《淮南子・地形訓》中有云：「中土多聖人。」〔註218〕此即是五方與陰陽之氣的結合有關，氣化流行的思維下，陰陽五行自然包含了五方，而且自漢代以降，儒者們持續保有此一觀念，在焦循一篇討論天圓地方的道德義中，約略可以見到與之相關的文字，其云：「天旁通於地，故地之德方，處乎中，東西南北在其四旁，則為四方。」〔註219〕若按朱熹所云：「土，沖氣，故居中。」土居中，因沖四方之氣，是以最為中和。換言之，在陰陽五行的論述下，東、南、西、北與中，五方皆有其德，而中土為最具盛德。可以推知，在陰陽氣化的思維方式與五行結合的影響下，「中土多聖人」或可視為一種形塑「西學中源」說的潛在意識。

〔註216〕　《周易譯注・繫辭上傳》，頁304、320。
〔註217〕　《周敦頤集・太極圖說》（周敦頤：《周敦頤集》，北京，中華書局，2009年），頁6、7。
〔註218〕　《淮南子・卷四・地形訓》，頁88。
〔註219〕　《雕菰集・卷十・說方上》，頁143。

第七章　結　論

　　筆者源自對於清代學術的興趣，並且深感以往——中國思想史的教科書中僅呈現出清代學術只有考據法——的論述實是未竟學術之全貌，故而本書寫作的出發點，便是欲呈現出清代學術的另一條途徑外，同時亦要藉由分析清中葉揚州學派，來釐清起碼是一部份清儒自身發展的學術特色及其思維方式。

　　本書主要分爲上、下兩篇探究清中葉揚州學派的學術方法論，以考察揚州學派的主要人物——汪中、淩廷堪、焦循、阮元——爲線索的前現代特色以及思維方式，而上、下兩篇並非各自獨立，而是有所呼應與疊合。

　　本書書寫的內容，大致可以有幾個主要面向：首先，是分析揚州學派的學術趨向，即對於經驗層面的關注，而此一又與儒學的學術淵源相關，是以從明代中葉的朱、王之爭開始書寫，於此，經典考證成爲理學兩大體系共同的聚焦處，加之外在社會與政治因素使然，導致儒者的視野產生轉變，即由原本專注於形而上的學術觀念朝向關注形而下的經驗層面，而在本文的第二章、第五章與第六章即是分別從不同的面向對此進行研究。

　　第二章主要呈現的是明中葉到清中葉儒學學術轉變的趨勢與結果，包含了淩廷堪、焦循、阮元等人在其前輩如清初三家、戴震等人的義理架構下，對於「德性」的途徑予以重建，即對於「理」範疇的解構；在「實事求是」的理解與運用上，汪中、淩廷堪等人致力於實事求是的經學考證之外，亦有心將此治學態度用之於實踐之中。而第五章則是分析揚州學派立基於具體的經驗層面之動機與思維方式，包含從義理思想的範疇上，重視並主張經驗層面的正統性；另一部分從關注現實的思維方式藉由考證經典來給予「利」的

合理地位。第六章的第二節，則分析了在主張「氣」爲第一義的思維方式之下，「智性」何以能成爲重建「德性」（性善）的另一條途徑。

而關於清代的新義理學的部分，在淩廷堪、焦循以及阮元三位揚州儒者的著作中可以清楚看到他們對於新義理學的認同與闡釋，是以在本文的第三章乃就這一部分進行分析探討，包含了三位儒者對於人性之中的「情」和「欲」的積極認同與處理方式；另外對於「禮」學的重視，三位儒者均主張「禮」具有高度的實踐性與具體性，相對於理學的「理」，因爲人類乃是社群團體，故所需要的乃是「禮」的可行性，而非依據抽象的「理」。

揚州學派之所以被時儒譽爲「博通」，乃在於其中的儒者們所涉獵之範圍較其他學派廣博之故，在本文的第四章即就此部份做一介紹，如阮元的〈禹貢〉地理考，尤其對於「三江」相關的地理位置進行經典考據與實地考察，進而得出其結論。另外，汪中與淩廷堪在中國學術源流上亦有所心得，特別是汪中，除了提升儒者荀子的地位之外，其對於墨子在學術史上的重新評價，在清中葉之際仍是以尊儒的氛圍之下乃具有其特殊之處。

而淩廷堪、焦循與阮元等人，在數學知識與傳統科學史的追求上，亦是顯現出被同期儒者譽爲通儒的特點之一，尤其是焦循，從其自述當中即可知，其對於鑽研數學熱衷程度之高，而其將數學原理應用在分析《周易》的卦爻象數之中，更是傳統《易》學中自創一格的途徑。在清初儒者乃至於本文所考察的揚州儒者普遍熱衷於數學領域，吾人可以發現其因首先是來自於西學的刺激所致，然而當時的知識份子中卻普遍認同「西學中源」之說，是以無論是焦循亦或淩、阮二氏，對於挖掘傳統數學成就的興致是相當顯見的，關於此一部分，筆者認爲與傳統中「天人合一」思想有密切關係，若再往上溯源，則又與「氣」論思想有所關聯，故而本書的第六章乃就針對「氣」論的思想進行思維方式的分析，從陰陽氣化與其聚散不已的連續性所構成的宇宙論，以及立基於現實層面的進化觀到人類智性的獨特性，再到氣化連續性與「天人合一」的思想運用於曆算之中，即包含揚州儒者們的中國知識分子在內，皆以「敬授人時」的思維方式看待曆法之所以成的價值所在。

從下篇所分析的思維方式來看，吾人應可以理解到：思維方式乃涉及到一種文化或一個民族，其體現在應對於某一事物或對象時的思考途徑，而其途徑多半是潛在的、是伏流於歷史與環境的連續發展之中，亦即分析思維方式之後，多半可見思維方式所呈現出來的是與傳統文化具有緊密關聯的

結果。

　　以汪中、凌廷堪、焦循和阮元為首的揚州學派，在透過本文對其學術方法論的研究分析後，分別就其在學術史上的突破與思維方式之呈現上的特點再做說明。

一、揚州學派在學術史上的進展

　　分析一學術，從歷史的視角來看，必定有其脈絡可依循，畢竟學術發展乃是有其必然的因果關係，是以首先仍需先釐清清中葉時期揚州汪、凌、焦、阮等諸儒的學術淵源與脈絡。眾所周知，宋代乃至於清代是儒學復興的時期，而主要仍歸功於清代以前的儒者們對於儒學的形而上體系建構完備之故，是以此時期的儒學亦多以理學或道學相稱。然而自入清以降，無論是儒者自身的意識，抑或是今日的研究者，皆清楚清代又是經學再起的階段，其中考據方法更是清儒治學的主流。依據經學與考據方法的興起，清代學術與思想應該是屬於復古，其中不少儒者亦以接續漢學為志，然而今日的研究者卻在其中得出所謂的前現代特徵，何以如此？

　　宋明二代的儒者們雖致力於建構並闡發形而上的道德論述，但至明代中葉以降，不僅在儒學內部產生了顯見的工夫論分歧，即理學一系與心學一系之爭，而也因為過於強調形而上學之道而抽離經驗層面，加上明末士人的束書不觀、游談無根，進而與現實脫離，儒學蹈空的問題益愈形加深。

（一）重視經驗視域的學術特色

　　在陽明心學風靡的明代中葉，與王陽明同時的羅欽順乃提出了：回歸經典以文本實證來判斷孰是孰非。學者余英時則認為此文揭示了儒學內在理路的轉化契機，於是乎朱、王的工夫論之爭，在如此之「勢」下，便逐漸趨向於日後清儒所重視的考證方法。畢竟自孔子以降，儒學可視為一門經典詮釋之學，即依據記錄聖人事蹟或國家典制的文獻進行道德層面的詮釋，但是宋明理學家的詮釋，卻往往不依經文與相關史實進行詮釋，近似於一創造式的詮釋。故而回歸經典，乃是解決上述紛爭的途徑之一。

　　另外，過於強調形而上層面的道德論述，也造成理學摒除了「聞見之知」的結果，事實上，創立「聞見之知」的張載，其文字亦嘗透露出：「德性之知」不萌於聞見，但「聞見之知」亦不可偏廢。然而二程引用後曲解其意，在在強調儒者所著重的是內在涵養，主張內求心性之道德而合於統攝萬

物之理。如此即忽略了經驗上的學養，至明中葉後受到部分儒者如王廷相的質疑，其從現實中可證明：摒除經驗層面的「聞見之知」與學養，如何能有仁義禮的認知？如何能知人倫之綱常？故而，連心學一系的劉宗周亦提出「聞見之知」的必要性，而歷經清初的顧炎武、黃宗羲與王夫之等儒者對於理學的修正後，形成清代新義理學的先導，再經歷清中葉集大成者——戴震主張「德性資於學問」，焦循進一步提出「以學養知」說，此一強調「智」性的重要，不僅是闡發戴震的義理，亦是接續清初三大家的思想脈絡，是以成爲其特色。

再者，無論程朱抑或陸王一系，二者所主張的「理」均是能統攝一切萬物，爲寂然不動並永恆的至善之理，與「氣」之特性截然不同，程朱更是明確主張「理」是先於一切而獨立存有，包含宇宙天地在內，但並非所有的儒者都能認同此第一義之「理」的論述，在明代中葉後「理先氣後」之論述即受到質疑，如羅欽順、王廷相等紛紛提出「理在氣中」之說，亦是企圖解決儒學義理無法與現實世界接軌的困境。

至明清之際，由於內外因素使然，此際無論是程朱抑或是陸王的傳承者，均修正了以「理」作爲第一義的觀念，不約而同地朝向主張「理」乃爲氣之理、爲物之理的論述，如上述的顧、黃、王三人、以及方以智等皆然，尤其是王夫之，其從《周易》提煉出「唯器」論的主張，可視爲儒學義理轉折的趨勢，而至清乾嘉戴震的《孟子字義疏證》強化了「理」乃爲物理、肌理、條理的立場，不復有寂然不動並永恆的至善之理。而淩廷堪、焦循、阮元，則是進一步的解構了「理」，尤其是淩廷堪，更欲以具體的「禮」取代宋明理學的「理」，淩氏甚至全盤否認儒學思想中有「理」字的存在，其認爲捨棄了具體的「禮」，則亦無所謂論「道」的可能。而焦循與阮元除延續了戴震的「理」之論述外，亦強調「禮」才是人與人相處不可缺的至要關鍵。

然而總的來說，淩廷堪、焦循與阮元，面對「理氣之辨」的命題已無明清之際時的迫切感，尤其經過戴震的重新詮釋後，諸位均認爲不應在群體社會中強調「理」，群體之中必須有「禮」，才是眞正「道」的體現，是以在汪、淩、焦、阮四者的著作中，不僅未見其辨「理氣」的痕跡，除了焦循認爲數學領域的「理」仍具有先驗性外，餘者連「氣」亦幾乎無涉。換言之，對於儒學義理範疇的界定與認知，本書所考察的揚州諸儒皆將重點置於現實世界的人事物之中，顯然已經完全脫離了宋明理學「理氣之辨」的範疇。

　　而本書第二章的最末節，則是以「實事求是」做爲主軸，探究揚州儒者們對治學方法的建構，但也必須要提的是，其諸位在「實事求是」之外，亦有企圖從中拓展至「經世致用」層面的理想，尤其是汪中爲最顯著，其所云的「推六經之旨以合於世用，及爲考古之學，惟實事求是」即爲學致用的結合，也因爲如此，汪中不像其他三位儒者在義理思想上有較多的著墨。

　　事實上，明清之際的顧炎武，其所倡導的便是經世致用之學，而非僅僅是治經方法，而汪中便有「嘗有志於用世，而恥無用之學」之語，其亦自言深受顧氏所影響，當然更多的應該是來自於其生活背景使然，在〈與劍潭書〉一篇書信中，即可看到汪中對孤兒與寡婦等弱勢者的關懷，其設想創建「貞苦堂」與「孤兒社」，並對其運作詳加描述。而焦循的實事求是法又不同於汪中，其所主張的是「證之以實，運之於虛」，焦循特別提到治經需要亦有「性靈」，此一「性靈」乃是指「心之所同然」，即已自己的「性靈」契合於經典上聖賢的「性靈」。換言之，焦循對於「性靈」的認知，乃在於貫通經文與一切相關之著作，令經學得以回復其以具體的、經世的目的，而非獨抒己言抑或紙上考訂而已。而從其治《易》的成果上亦可得證，即其從「旁通」、「相錯」與「時行」的算學原理之中，釐清了卦爻變化的意義，旨在教後人趨吉避凶之道。

　　相較於焦循，阮元的「實事求是」觀點基本上與當時的漢學陣營更爲重疊，此處要提出的是，清代學術隨著清初的朱陸之爭逐漸落幕後，取而代之的卻是漢宋之爭，表面上似乎是考據與義理之爭，實際上卻是蘊含著義理思想的歧見。雖然阮元嘗以「官方」立場調和漢宋之爭，但其個人偏向漢學的立場卻是事實，從其爲江藩的《國朝漢學師承記》作序即可窺知。

　　但阮元並非是以考據方法做爲治經目的的儒者，其認識到義理學上須藉由考據方法來突破宋明理學的藩籬，如此才能契合於先秦兩漢的儒學義理。其在「格物」解的內容上以「至事」做爲詮釋，此「事」指涉了一切人立政行事的國家之事，而其中亦包含了倫常、是德性的彰顯與教化風俗之事，阮元從先秦兩漢的典籍中進行考證，確立了上述「格物即是至事」的解釋。是以可說清中葉的揚州儒者在「實事求是」的治經態度下，各自建構出與「致用」之間的聯繫。

（二）性善論的經驗層面理論建構

　　淩廷堪、焦循與阮元三位儒者的義理思想可分爲人性論以及崇禮思想二

個部分。淩氏等人的義理思想主要是繼承戴震的義理而來，特別是在自然人性論上，戴震言「情之不爽失」爲人之理，主張「情」不可被排除在「性」之外，而「情」中有「欲」，但是「欲」須有所節制，故提出了「以情絜情」說，此乃脫胎自孟子的「心之所同然」，亦同於孔子所言的「己所不欲勿施於人」。

淩廷堪主張「以禮代理」之說，並戮力於以往宋明儒較少涉及的明確禮制規範，以及回歸到五經系統來言禮，其彙整了繁瑣的《儀禮》而撰寫成《禮經釋例》，所著重的就是重建起五倫的社會架構與群體價值。在個人方面，淩氏嘗試將愼獨與威儀結合；在群體方面，淩氏強調禮制與人性「好惡」之間的聯繫，而其人性論亦是從自然血氣的角度進行闡釋。「好惡」即是「欲」，要令人的好惡之欲得以適切而至中庸，就必須制禮予以節之，淩氏認爲，好惡之太過或者不及，皆會使人失去應有的本性，即「過則侇於情，反則失其性矣。先王制禮以節之，懼民失其性也」，是以無論是個人或群體，在在所面對的便只有「禮」，而儒學的精華也盡在於此，是以所學所習的都是「禮」，當然淩氏的禮學乃是廣義的，不光是應對進退與儀式之禮等，一切的社會制度與文化亦屬之。換言之，所有的典章制度、人倫日常皆爲「禮」。故而淩氏的禮學內涵是具有實踐性與具體性的。

焦循在人性的範疇上嘗云：「人欲即人情，與世相通，全是此情。」而其於《孟子正義》中亦言人爲陰陽氣化之所成，而因秉受周全不偏之氣，故人具有本然之善端，即「夫以其稟陰陽五行之全而謂之善」。除了主張人「情」即是人「欲」外，焦循也言「好惡」。其認爲人除了秉氣周全而有性善之質外，亦具有其他動物所缺乏的「知」性，其云：「知知者，人能知而又知，禽獸知聲不能知音，一知不能又知。」焦循在人性論上扣緊了重「知」，認爲人有較爲複雜的認知能力，而動物僅有簡單的認知本能；人類有好惡之別，故而可以進步；動物不會判斷好惡，故而其知不如人類。

焦循將「知」與「好惡」結合，成爲其論人性的一個重要特點，而且因爲人有好惡之欲，又有知的能力，是以能透過後天的學習而進入到道德的層面，此道德層面便是儒學的「仁恕」之道，而在禮學上，「仁恕」之道就是辭讓的實踐，焦循從禮學的視角上主張：「理」只會造成人與人間的紛爭，但「禮」的本質在於辭讓，因爲「仁恕」的意涵乃爲「己所不欲，勿施於人」，是以能讓。可知，焦循認爲人性中的好惡之欲能透過知的能力而進入道

德領域。換言之，人類的道德行為，除了人性中原本既有的善根外，更因為有認知好惡的能力，再藉由後天的教化，進而實踐辭讓之禮，此即為「能知故善」。

　　而關於人性論，阮元則主張人性可分為「血氣」與「心知」，前者為欲望，後者為仁義，二者缺一不可。人性在此矛盾之下，唯有「節性」才能臻至彰顯德性與保性命的境地，而「節性」乃是雙線並行：「治情欲」與「修仁義」。阮元以漢儒的「相人偶」來論「仁」，即主張「此一人與彼一人相人偶，而盡其敬禮忠恕等事之謂也」，簡言之，「仁」乃是二人以上的相處之道。是以「修仁義」，即是實踐於群體之事。

　　至於為何要提到保性命？乃是因為阮元將「性」與「命」視為關係緊密的二者，而其定義的「命」為命祿與天道之結合，而由「保性命」的觀點出發，阮元又提出「威儀」說，而「威儀」即是「禮」，此一系列的途徑，乃是阮元論人性中較為特別的一部份，其云：「此威儀為德之隅，性命所以各正也。」在其看來，威儀除了是禮的實踐外，亦是恪守人倫分際的行為，如果人人皆能依禮而行，則人性中的欲望與仁義皆可至中庸，故言「各正也」。

　　由上可知，揚州諸儒的學術內容與義理思想可以得出：皆包含了群體的意識於其中，是以人性論會與禮制、威儀有密切關係，此與宋明理學強調的純粹的內化德性有很大的不同，揚州諸儒的義理思想中除了正視「情」與「欲」的積極性和不可磨滅性外，更重要的理解到人具有特殊的「知（智）」性，是以能經由後天的學習而將性善培養成道德實踐。

（三）對實用之學與諸子學的關注

　　在清代即有儒者們稱頌揚州諸儒的學術成就為「通」，而梁啟超、張舜徽亦持此一看法，如張舜徽云：「以為吳學最專，徽學最精，揚州之學最通。」誠如張氏所言，揚州儒者在博通方面確實是有其特色，但仍可以用「實用之學」與「子學」來統攝，因為經學所囊括的乃是一切政治之事、社會之事，舉凡與人事社會制度相關者，皆能納入經學範疇之中，是以天文、地理、水利以及算學知識的考辨與探索，可納入揚州儒者對於經學範疇的關注；而子學的部分，則是從學術源流的視角，對於先秦諸子學術的重整與闡發。

　　在地理與水利方面的關注，揚州儒者中以阮元的成果較為可觀，但大致上其以考辨《尚書‧禹貢》篇中的地理文獻為主，尤其是「三江考」，應是與其久居江南一帶有關，阮元以「地圓」的概念來進行傳統地理圖的考辨。另

外，關於黃河下游易淤積的問題，阮元則利用幾何學的圖示來解釋其原由，可見西學在實測方面的知識引進中國後，對於揚州儒者們確實產生一定程度的影響，雖然乾嘉時期中國知識階層以「西學中源」說做爲主流，但是多數的儒者還是願意在此一主流思潮下，採納西方之長來塡補傳統學術的不足。

清儒處在回歸經學與西學東傳的影響下，在治經的方法中，除了在考證上力主「實事求是」之外，與歷代儒者最大的差異，乃在於願意投入對數（算）學或研究、或考辨的工夫，而其成就亦顯著的超越於歷代儒者。換言之，清代以前，多數儒者對於傳統算學領域的評價不甚高，甚至將其歸爲技藝一類，但明末清初利瑪竇等傳教士挾著比當時中國更爲先進的測量儀器，以及更具明確邏輯的數學原理而來時，著實令儒者們感受到西學的強勢，故一部分的儒者們一方面欲了解西方的數學，另一方面也醞釀起「西學中源」說的思潮。

在嫻熟數理的康熙以統治者的身分贊同「西學中源」說後，稍後的乾嘉時期，儒者們對傳統算學的關注則隨著考據方法而起，亦對挖掘、考辨傳統算學的成就感到興趣與迫切。焦循、淩廷堪與阮元，對於西學與傳統算學即有一定程度的涉獵，而其中的焦循對於宋金元時期的算學成果最爲戮力，其所撰寫的《天元一釋》、《開方通釋》等，即是對宋金元的算學成就做重整，而《加減乘除釋》更是中國第一部的算學理論之作，意義非凡。在此著作問世之前，中國傳統算學的著作均詳於解題步驟而忽略理論的建構，焦循即云：「此書主於明加減乘除之理，……不復詳其術也。」在西學方面，焦循所關注的是幾何學的層面，其《釋弧》、《釋輪》、《釋橢》等作品，便是汲取西學中的天體運行諸論，如江藩〈釋橢序〉所云：「稽古法之九章，考西術之八線，窮弧矢之微，盡方圓之變。」其用意之一亦乃是印證中、西算學之理爲一同。

在闡發先秦諸子學上，揚州諸儒中的汪中與淩廷堪對於荀子的地位大有重新表彰之意，除了荀子，汪中對於墨子的歷史定位亦有新的評價。事實上，從《述學·附鈔·年譜》一文中可知，汪中涉及先秦諸子學，其目的原欲建構出中國學術史源流，是以諸子學的部分不可偏廢。清代是經學復興的時期，而荀子乃是維護經學最關鍵的儒者，汪中即在此一立基點上，給予了荀子不亞於孟子的地位，其除了校正《荀子》與荀子的生平考定外，更認爲儒學的經典之所以能傳至後世，實與荀子有密切關係，「荀卿之學出於孔氏而尤有功

於諸經」即是。

　　淩廷堪則從尊禮的角度來稱頌荀子，其認為「飲食男女，人之大欲」必須制禮以節之，故禮者「身心之矩則，性道之所寄」，而若以孟、荀二儒相較，荀子顯然長於禮，因為荀子之著作，「所述者皆禮之逸文，所推者皆禮之精義」，雖然荀子主張性惡之說，但淩氏從上智與下愚的方面來詮釋性惡，其〈荀卿頌〉云：「孟曰性善，荀曰性惡。折衷至聖，其理非鑿。善固上智，惡亦下愚。」當然，吾人可以從詮釋學的角度來論這一段引文的內容，但回到儒學之內來看，荀子確實是對於禮的推擴與傳承有其功，是以淩氏認為荀子的禮學不悖離孔子，甚至云：「後人尊孟而抑荀，無乃自放於禮法之外乎！」足見理學長期尊孟一系，在乾嘉時期則有所鬆動。事實上，汪中等人對於學術源流的認知是超乎宋明理學，是以會提出孔荀或孟荀並舉，亦可說是實事求是的治經成果。

　　因汪中本有志於釐清學術源流之故，是以對於墨子及其著作亦有深入的探索，惟今多散佚，僅留兩篇《墨子》的序文，但顯見其對於墨學的推崇，從中亦可見出其考辨墨學之源的轉變，如其於〈墨子序〉中認為墨子之學源於周之史官；而〈墨子後序〉中又言周代「官失其業，九流以興，於是各執其一術以為學，諱其所從出」，對於墨學之源則又顯得保留，然而汪中主張墨子的思想有其救世之術，如「國家昏亂，則語之尚賢尚同；國家貧則語之節用節葬」云云，認為九流之中惟墨學能與儒學抗衡。

　　由上可知，揚州諸儒在明代中葉以降的儒學內部之爭下，不僅承續了回歸經學的治學途徑，並且受到戴震義理思想的啟發，特別在性善論與崇禮的層面上展現了前現代的特色，前者即主張人類的智性能使性善由初始的蒙昧養成，進一步朝向性善的圓滿，並足以使歷史不斷的進化；後者則強調人與人之間的關係及結構，此即涉及了部分社會學的範疇，特別是戴震標舉出「以情絜情」的立場後，人之「欲」與「情」均被保留於人性之中，以往以儒者信奉不移的「理」被揚州儒者們徹底解構。當然，吾人不能因此就斷言平等的思想乃由此而出，畢竟在清末以前，儒學思想中仍是以階級秩序做為社會的結構組成。

二、揚州諸儒的思維方式呈現

　　關於思維方式的分析，涉及了邏輯或認知方式的研究，是釐清研究對象

之所以如此呈現的思想脈絡探究，而此一思想脈絡，多半來自文化或所處環境的底蘊，方造就如此的思考方式。以中國傳統儒者而言，包含揚州儒者在內，必定有趨近於一致的思維方式，此一部分可歸納爲文化的傳承；另一部份是偏向地區性質抑或時代性質。

（一）以有形之經驗界爲價值的思維方式

本書第五章的內容以呈現出揚州儒者的爭儒學正統的動機以及重利的思維方式，業經明中葉以降至明清之際的幾位大儒，捨棄了以「理」爲第一義的論述，開始對於「理」、「氣」（「道」、「器」）關係的重新詮釋後，「理在氣中」成爲趨勢，王夫之甚至以「惟器論」爲其義理主軸，又經集大成者——戴震建立起以「形而前」、「形而後」一體不二的氣化思維與義理思想後，後繼的揚州諸儒則已將焦點放置於具體的、現象的經驗層面，總的來說，就是以有形（形而下或形而後）爲主體的一種思維方式，此一方式乃是有別於宋明理學家的思路。

1、重建經驗面向的儒學思想體系

首先，先論述關於宋明理學的部分。在理學家的認知中，道德的範疇乃是直承心性，而心性又能契合於天理（道），此即以形而上爲主體的思路。在宋儒建立起上述的思維方式之前，儒學原是以五經範疇做爲最高指導性的文獻，而排在先王與孔子之後的則爲顏回等以四門分科的幾位弟子，曾子僅是列爲其中之一，然而宋代以降，理學家將曾子、子思與孟子這一系的地位抬升，並又從原本屬於《禮記》中的〈大學〉以及〈中庸〉兩篇獨立出來，與《論語》、《孟子》合注爲《四書》。至元仁宗皇慶二年（1313 年），正式將朱熹的《四書章句集注》納入科舉後，意味著官方亦承認《四書》的地位。

另外，朱熹又在儒學原本的「道統」說中，開闢出「道學」一系，將顏回、曾子、子思、孟子接續在孔子之後，孟子之後則列出二程。朱熹的目的，顯然就是要建構出以心性論爲主體的儒學一系，朱熹云：「若吾夫子，則雖不得其位，而所以繼往聖、開來學，其功反有賢於堯舜者。」直言孔子的貢獻猶在那些具有治國功績的先王之上，而至於漢唐的儒者，則完全忽視。可知，朱熹所設想的儒者，僅限於其所認可的，能列入「道學」行列之人，更確切的說，朱熹所作所爲，即在樹立起儒學的正統，而不在此列的，通通被視爲視爲非正統之流。朱氏在列舉「道學」一系時，是以一種排除一切的「異端」的方式進行篩選，是其在自詡爲闡揚孔孟儒學時的一種思維方式，而且，以

廣義的立場來看，此一「異端」甚至包含了漢唐的儒者。

排除「異端」以創造出適合聖人之道的具體實踐的可能，是所有儒者均會存在的思維方式，亦是儒者們必須面對的課題，只是會因應時代、環境的差異，而所排除的對象也會有所不同。是以回到清代揚州的汪中、凌廷堪、焦循以及阮元等儒者的視野上，排除「異端」以突顯出自身學術所代表的正統性，可說是與理學家的思維方式如出一轍。當然，從宋明理學到清中葉的揚州諸儒，其間必然有一過渡的時期，以下就以顧炎武爲例。

明清之際的顧炎武主張經學才是理學的主體，是以不論程朱一系抑或是陸王一系，皆因受了禪學影響而成爲其批判的對象，顧氏云：「而淫於禪學者實多，然其說蓋出於程門。」以及：「象山則自立一說……，而其所謂『收拾精神，掃去階級』，亦無非禪之宗旨矣。」對於理學的兩大學派，顧氏皆以禪學視之，足見在顧炎武的思路裡，宋明理學絕非同等於儒學，眞正的理學乃是建構在經學之上，基於此，顧氏對於理學家涉及經學著作者，則評價相對正向許多，如「〈太極圖〉，〈通書〉、〈西銘〉、〈正蒙〉，亦羽翼六經之作也」，是以可知，顧炎武是從依據經學與否做爲其批判的準則。然而經學的內容涵蓋甚廣，是以理學僅僅以內聖層面的心性論來建構儒學，忽略了經世與具體的層面，故仍是顯得不足。

事實上，顧炎武所反對的理學，是空疏不實、純粹抽象的形而上之理，此意味著「理」如果是具體的「物理」；是擁有實踐性質的「事理」，那即是顧炎武所肯定的「理」，是以才會有「古之理學者，經學也」的說法，而這樣的「理」，顧炎武認爲只能藉由經學來發掘，而非自臆於胸、不見於儒學文獻。

雖然清初或批判或修正理學的聲音有之，但更多的是屬於理學內部之爭，兩派儒者紛紛以考證方式捍衛自己的學術立場，如黃宗羲的《易學象數論》；閻若璩的《尚書古文疏證》等等，而朱陸之爭的結果，最終是兩敗俱傷。至乾嘉時，程朱的義理學雖仍保有指定官學的地位，但是儒者們卻都以考據方法做爲主力，直到戴震始作《原善》、《孟子字義疏證》，才出現新型態的義理學，否則就如胡適所言：「全個智識階級，都像剝奪了『哲學化』的能力。」不是只認程朱義理爲唯一義理，不然就是將義理學視爲玄虛之學而不願涉及。

戴震是公認的考據學大家，理應與其他當時的儒者一樣，以考據做爲其

志業，然而事實上，戴震認爲考據方法只能是一個過程，而不是儒學的核心，儒學的核心仍在於義理，是以義理學的闡發才是儒者最終的目標。其云：「形，謂已成形質；形而上，猶曰形以前；形而下，猶曰形以後。」關於「形而上」與「形而下」的觀點，戴震均將其具體形象化，尤其是形而上不再是抽象的範疇。而「理」則定義爲：「賢人聖人之理義非它，在乎典章制度者是也。」將理學家原本設定的抽象至高之「理」轉爲「事理」、「物理」與「人情之理」。

戴震的目的其實就是要破除理學的義理架構，重而建構出具體性爲主體的新義理學。而稍後於戴震的揚州諸儒則繼續在此一脈絡上強化義理學的內涵，目的就是將理學從儒學中排除。換言之，爭儒學正統的思維在揚州儒者的論述上是相當顯著的。

揚州諸儒從汪中到阮元，皆標榜著「事實求是」的態度，此一態度亦是治經的標準，而揚州諸儒爭儒學正統的途徑，便是從經學範疇予以切入。首先，凌廷堪考證儒學古籍中不曾使用過「理」字來攘斥理學，甚至連《孟子字義疏證》中戴震賦予「理」的新義理意，亦被凌氏批評。在凌氏的思路中，「理」來源自異端，其考《論語》與〈大學〉文字，皆未見一「理」字，「徒因釋氏以理事爲法界，遂援之而成此新義」，將「理」與釋氏掛鉤，顯然是刻意將理學的在儒學的正統性直接抹消，此爲其中之一而已。

再者，凌氏又將理學家常言的「體用」說亦利用考證的方式予以從儒學中去除，如「《論語》『禮之用』，本無『體』字」，一方面指出儒學向來是致用實踐之學外，另一方面批判理學家因爲「禪學盛行，相沿既久，視爲固然，竟忘『理事』、『體用』本非聖人之言」云云。當然，凌廷堪所辨正統與異端的例子不只本文所列舉，其大量運用古籍來論證儒學，更以歷代學術源流的高度來正本清源，最後其總結：「僞士不可以亂眞儒也，猶之魚目不可以混美珠也；虛聲不可以紊實學也，猶之燕石不可以冒良珏也。」足證其視己爲正統的思維。

從江藩的《國朝漢學師承記》中記載汪中本欲意撰寫〈六儒頌〉而未竟一事，可知汪中對於儒學的學術源流十分關注，江藩云：「君治經宗漢學，謂國朝諸儒崛起，接二千餘年沉淪之序。」可知汪中有意將漢儒與清儒的經學成就，以類似「道統」的觀念建構起來，而其言的「二千餘年沉淪」，乃是指玄學、佛學與理學興盛的時代，然而漢代的讖緯之學亦在汪中認定的異端之

中。與淩廷堪一樣，汪中亦以考證方法來駁斥理學，理學家主張由曾子所述的〈大學〉，在汪中考證下，認為實無法認定其作者。又主張〈大學〉之所以被理學家選中，主因在於內容較能為理學家所用，並非是〈大學〉真能傳達出孔子的思想，汪中云：「今〈大學〉不著何人之言，以為孔子義，無所據。」當然，汪中所憑藉的還是考證的方式。

除了考證批判〈大學〉一篇外，汪中又針對《四書》編序來攻擊理學，認為該書將〈大學〉置於首；〈中庸〉居次；《論語》又居於後，按師生輩分的順序而言，顯然是安排失當，其云：「宋儒既藉〈大學〉以行其說，慮其孤立無輔，則牽引〈中庸〉以配之，然曾子授業於孔門，而子斯則其孫也，今以次于《論語》之前，無乃僭乎！」以上總總，汪中認為理學並非真正的儒學，僅是假藉儒學之名，闡發無關乎儒學的義理而已。

以闡發致用之學為職志的汪中，對於禮學的關注程度亦十分高，其云：「古之為教也以四術，書則讀之，詩樂同物，……揖讓周旋，是為行禮。」所謂的「禮」就是人與人之間的應對進退得宜，而詩、書、樂三術都與「禮」關係密切，合為四術，同淩廷堪一樣，汪中亦認為「禮樂不可斯須去身」，而理學鮮少言禮而多談性命之學，汪中以儒學正統的視角而論，認為「後世群居終日，高談性命而謂之講學，吾未之前聞也」，其不撰「後儒」而言「後世」，可推知汪中正統儒學的定義。

焦循在建構儒學義理學的思維之中，展現出與汪中、淩廷堪、阮元稍有不同的面向。焦循反對「考據」與「漢宋」之名，這涉及了當時多數儒者不識得儒學義理有相當大的關係，是以焦循欲正本清源，不僅指出考據只是方法學而不等於經學，義理學更非僅只有宋明理學，儒學的義理乃是蘊藏於經學之中，捨棄經學則義理無所依據，焦循批評道：「趙宋以下，經學一出臆斷，古學幾亡。」是以焦循對於古學非常看重，而古學即是經學，焦循的思維中唯有稱古學或經學，正統的儒學義理才有被時儒認知的可能，若停留在言考據、言漢宋，則只會割裂經學與義理的連繫，造成乾嘉時期多數的儒者混淆。

事實上，焦循所認同的儒學一如戴震，而其更將《周易》的權變思想貫徹在其學術主張上，是以可見其一方面繼承戴震的義理，一方面贊同王陽明知權變之道而有教化之功，因為認為真正的儒者乃是通儒，而非執一端之人，執一端則恐與異端之學無誤。時儒無論是為執考據抑或執性命，在焦循看來

皆是持一端之人，絕非正統的儒學。

關於阮元的學術傾向，在其許多文字當中便可見出梗概，上文已經提過「漢宋之爭」中，阮元實際的立場乃以維護漢學爲己任，是以在諸多概念上，阮元會從經學或相關古籍中尋求能駁斥宋明理學的證據，如「太極」一辭，理學家以「理」來詮釋「太極」的內涵，而陰陽、四象等等，皆是由太極所生，即「理」生「氣」，「氣」再化生萬物的概念，因爲理統攝一切，故萬物皆有理（太極）云云。但是關於「太極」，阮元則有截然不同的觀點，其考證的「太極」乃指北極星是也，其引虞翻的注云：「太極，太一也。」以及鄭康成注〈乾・鑿度〉曰：「太一者，北辰之神名。」

是以阮元的結論是「太極即太一，太一即北辰，北辰即北極」。在阮元看來，理學家的諸多詮釋都是來自於臆測，未經過考證的玄虛思想，其云：「天地本於太極，孔子之言，節節明顯，而後儒舍其實以求其虛。」阮元的解釋均是由感官與對當時物理的理解，故「太極」亦從原本抽象之體，變成舉目可見的天體運行之極。藉由經學考證與西學實測的結合，阮元推翻理學的本體論述。

另外，理學的「克己復禮」論，將「己」等同於私欲處理，阮元基於承認人性之欲的立場，引毛奇齡所云的「馬融以約身爲克己」，以說明「己」的本意，倘若解釋成「私欲」，則不僅無所憑據，更不符合《論語》原意。又，《孟子》一書深得理學家看重，朱熹亦有《孟子集注》，然而阮元卻認爲唯有趙岐的《孟子注》最符合孟子，其云：「趙岐注最爲詳明質實，漢以前直至三代，所謂性命者，不過如此。」亦即《孟子》所言的性命之學，其實只是分爲兩大類，「仁義禮智」與「口目耳鼻」，即心知與血氣而已，「如舍此以別求精微，則入於老釋之趣矣」，理學家在《孟子》的性命說上大做文章，添加許多精妙的論述，在在只是釋、道理論的移植而已，即不屬於儒學的範疇。

從以上淩廷堪、汪中、焦循與阮元四位儒者，以駁斥宋明儒的義理內涵爲其做法，其背後的思維便是欲突顯出儒學義理的正統，而此一正統，自然就是四人所認同並主張的義理。

2、「義」與「利」的縖合

長久以來，儒者們對「義」與「利」二者的觀點，泰半都是主張著存義而去利的態度，然而，「義」與「利」二者，並非單純的二分法，此間其實牽涉了立場的問題，是以從漢代的《鹽鐵論》的爭論中，便可以見出「義」、「利」

之間的複雜性。從立場上而言，便是統治階層與庶民階層的「義」、「利」關係，統治者所言之「義」其實就是「公利」，而庶民階層所言之「利」就是「私利」。儒者之所以長期存義而去利，有非常重要的一個關鍵，就是儒者所關注的對象，向來多在統治階層之中，無論是先秦的孔孟荀，抑或是漢代以降的儒者們。換言之，儒學其實是根據統治階層的立場所設定的，有關「義」、「利」的相關論述，必然是因應統治階層，至於廣大的庶民階層實在不適宜以相同的論述來要求，但多數的儒者卻長期忽略現實的狀況。

此一情況，亦是到明代中葉才逐漸翻轉，首先是李贄，其云：「穿衣吃飯即是人倫物理，除卻穿衣吃飯，無倫物矣。」將私欲與人倫縮合，即：吃飯穿衣是個人之欲，某層面上屬於「私」的範疇，亦是物質性的範疇，而李贄直言人倫不能超脫於物質與個人之私之外，這在明代中葉以前實為罕見，其又云：「夫私者人之心也。人必有私而後其心乃見。」簡言之，人類若是沒有私心，則不可能有心，意思便是有私心方有積極進取的可能性。而與李贄同時的呂坤，亦提出了「民情有五，皆生於便，見利則趨」之說，認為趨於「利」乃天生使然，不可能禁絕。是以，「利」的必然性在明中葉所提出，代表儒者開始正視起現實性的層面。

乾嘉時期，經過清初前儒們如陳確在「義」與「利」的辯證上，更進一步的將儒者治生的重要性予以合理且正向的肯定；顧炎武、黃宗羲亦從其所關注的角度談如何獲「利」以富民強國之道。而戴震則是以個人的智性立場論述如何「趨利避害」，汪中、焦循等人，便在此一翻轉後的形成一較為普遍的認知上，將「義」與「利」的關係在基於現實的層面上完成結合，以汪中為例，其對於社會弱勢者的處境十分關注，在考察過古籍資料後，汪中發現古代聖賢對於寡婦的問題處理較為不足，其云：「吾觀先王之世，耆老孤子，則司門遺人得以委積財物養之，惟寡婦無聞。」是以其欲創建「貞苦堂」來照顧寡婦；「孤兒社」則是用來撫育孤兒。

而汪中設想的「貞苦堂」並非是一間只有「義」而不涉及「利」的機構，除了基本所能供給給寡婦基本的食與衣外，更重要的是寡婦能支付與供給物等值的財力，即「任以女工絲枲之事，而酬其直」。可知汪中認為即便是寡婦，仍是有獲利的能力，只要給予其管道途徑即可。而孤兒亦然，除了培育其知識與能力外，時限將屆也要依其志向而分其職務，目的就是欲日後能使孤兒正常的治生，再取適當比例之財貨回饋給孤兒社，如此的運作方式，即有「義」

與「利」並存的關係。從汪中不避諱談「利」來看，即可確定：個人之「利」與公眾之「義」，兩者其實沒有必然的矛盾。再者，將「義」與「利」的並列，其思維方式應是立於經驗的，現實層面的，換言之，也就是顧及形而下的思維方式。

相較於汪中，焦循對於「義」與「利」的關係，所採取的是在理論上的匯集。其取《孟子》「天下之言性也，則故而已矣。故者以利爲本。」；《周易》「元亨利貞」、「利者，義之和也。」、「變而通之以盡利」；《荀子》「從命而利君謂之順」等爲證，提出「利」本有「合宜」，「順利」之意，而由此焦循引《禮記》「道者，義也」和《春秋繁露》「義者，謂宜在我者」，總結出：「其性能知事宜之在我，故能變通。」焦循藉由考證指出「義」與「利」二者有「合宜」的共通意，且合宜就是知曉變通而來。

而關於歷來儒者們奉之爲圭臬的「君子喻於義，小人喻於利」焦循認爲應分做兩個層次來看：其一是個人的層次，若僅是以個人道德論「義」、「利」，則可以只關注於「義」，此可能趨近於理學家所強調的「義」；其二是從政治的現實層次來看，廣大庶民的日常必定是與「利」息息相關，若從治國的視角來看，則無法如面對個人的德行時，能做到捨「利」而不顧。當然，焦循如此的分層次處理，也因爲懂得「變通」之故。

由上可知，「義」與「利」的關係，由原本對舉的認知，到「義」與「利」合，其最大的主因乃在於思維方式有所轉變，亦即揚州儒者們乃是由現實層面做爲論述「義」「利」關係的基礎點。

（二）清儒視野中的氣論思想呈現

此處主要呈現的是關於在「氣」的思想之下，包含凌廷堪、焦循、阮元等人在內的儒者們，所表現出來的思維方式，即氣化本身的建構外，尚與人性的本質以及清儒所對應到的時代性課題。

1、「變動不居」的連續性思維

《周易・繫辭下》云：「八卦成列，……剛柔相推，變化在其中矣。繫辭焉而命之，動在其中矣」；「變動不居，周流六虛，上下無常，剛柔相易」可視爲傳統中國知識分子的宇宙論，可以發現貫通《周易》的乃是一種氣化的宇宙論，時間與空間是不斷的變化與發展，沒有一刻是眞正的靜止，此即爲連續性的思維方式。

許多研究者皆主張中國的宇宙論就是連續性的，如學者金春峰云：「中國

古代自然觀的基本概念或基本圖示以有機、連續、系統為特徵。」「氣」確實是古代中國人認識世界的一種觀念，其形成的時間頗早，《莊子》中即有「萬物一也，……通天下一氣耳」的「氣」生萬物之說。最遲至兩漢時期，「氣」論已建構出一基本的輪廓，「氣」既是有形的萬象根源，亦是生命力的象徵，總而言之，一切的萬物包含於人在內，皆是氣化所成，而驅動此一現象的不來自於「氣」之外，而是其本身的屬性使然，「氣」分陰陽兩種屬性，陰為靜為聚，陽為動為散，天地萬物便在氣的屬性下聚散變化不止。

而儒學中應屬《孟子》最早提出關於「氣」的論述，孟子云：「我善養吾浩然之氣。……其為氣也，至大至剛，以直養而無害，則塞于天地之間。」所謂的浩然之氣，在孟子的觀念中，乃是一種依附於心志的精神力量，故而其關鍵不在「氣」，而在於「志」，換言之，「氣」亦可視為道德層次上的外顯。事實上，「氣」在先秦時期，其概念與來源相當多元，學者們在甲骨文或金文中所出現的「气」字，更有「乞求」，「迄今」，「訖終」等意，另外尚有「氣」、「（气火）」的字型，皆被認為是兩漢以後論述「氣」的來源。

總的來說，「氣」從多元字型與意涵，逐漸被解釋成天地萬物的生成來源，而「氣」本身的內容亦被系統化、理論化，最後形成一連續性的生成論並廣泛運用於諸多領域的觀念。

2、氣論思想與智性的連繫

兩漢到北宋之間，「氣」在知識分子的觀念中，絕大多屬於實體的、現象的意涵，而所有的知識分子皆主張陰陽之氣的交互作用下萬物引此而生而滅。而張載乃是進一步將「氣」賦予了形而上的意義，亦是令「氣」論的連續性思維與智性做連繫的起始。

張載稱「氣」的本體為「太虛」，「太虛」是無形不可見，「氣化」交感則稱為「太和」，其云：「太和所謂道，中涵浮沉、升降、動靜、相感之性。」是以「太和」乃是一種連續性的狀態，它同時也是具有浮沉、屈伸、動靜之「道」，從〈繫辭〉而言，「太和」亦是「陰陽」。對於張載而言，「太虛」做為本體，有形的萬物則是客體，是以萬物的消逝並非滅亡，只是散回「太虛」而已，即其所云：「聚亦吾體，散亦吾體，知死之不亡者，可與言性矣。」是以張載乃是由氣的本體來言「性」。

由於氣化有聚散，聚者為濁為滯；散者則為本體的通為清，是以「性」亦有二，即：「氣質之性」與「天地之性」，但張載云「氣質之性，君子有弗

性者焉」，因爲人類具有知覺與性，故能用「心」體證出本有的「天地之性」。在此張載又將「知」分爲「見聞之知」與「德性之知」，可視爲與「氣質之性」與「天地之性」的對應，而兩種「知」的排序下，自然是「德性」要高於「聞見」，但不代表後者就可以忽視，張載認爲「德性」仍得依靠「聞見」而成，即「亦有不聞不見自然靜生感者，亦源自昔聞見，無有勿事空感者」，這一脈絡乃與二程所言的截然不同，顯見張載是承認經驗來源的必要性。

明清之際的王夫之則繼承了張載的氣論，並在此一基礎上主張「性日生日成」之說。王夫之在《周易》的基礎上論述此一理論，其云：「《易》之爲道，〈乾〉、〈坤〉而已，〈乾〉六陽以成健，〈坤〉六陰以成順，而陰陽相摩，……錯綜變化。」天地萬物就是以陰陽交感的動態模式不斷進行著，彼此互滲，表面上雖然看似矛盾與對立，但實質上是連貫的、一體的，如《周易》中的卦爻所示，六十四卦皆可以找到彼此的對立卦，如〈乾〉☰☰與〈坤〉☷☷〈雷〉☳☳與〈風〉☴☴即是，也就因爲如此，又對立又連貫，是以方有不斷變化前進的動力。

在人性論的層面上，王夫之認爲凡所有的「性」皆源自「氣」，「未生則此理在太虛爲天之體性，已生則此理聚於形中爲人之性，死則此理氣仍返於太虛」是以「天地之性」同「太虛」不滅，而上文提過，「天地之性」可藉由體證而知，王夫之則將其以「元亨利貞」的四德予以具體化，其云：「天所成之人而爲性者，則故但有元亨利貞，以爲仁義禮智。」而《周易·上經·乾卦》：「〈乾〉，元亨利貞。」即〈乾〉乃六陽爻，爲氣的太虛本體，是以「元亨利貞」乃是通澈無滯以至合宜的狀態，此即爲《易》不斷變動的內涵，故而人所秉受的「性」勢必亦是同「元亨利貞」的模式。

王夫之又云：「性，體性也；太虛之體，絪縕太和，是以聚散無恆而不窮於運。孔子之學不厭，教不倦，人皆可學而不能幾。」太虛本體神妙無窮，其陰陽之交感運作不曾止息。人之性亦然，因秉受於太虛本體，故而所重者乃是學習的過程。王夫之將「天地之性」與孔子好學兩者之間做聯繫，最主要在於其主張陰陽之氣合和交感而變化無窮，否定了定靜不動的「理」的存在。而孔子本身亦云：「十五有志於學，……七十而從心所欲不逾矩。」乃是一進步的過程。

是以王夫之從陰陽氣化的變動不居之態，且視「氣」爲第一義後，又以「惟器論」爲其思想架構，並在此一「形器」架構下導出「性日生日成」說，

即「二氣之運，五行之實，始以爲胎孕，……形日以養，氣日以滋，理日以成，……故曰性者生也，日生而日成之也」。由是此，王夫之的理論便將人之德性視之爲後天滋養以成，乃與清中葉戴震、焦循等儒者們所強調的智性說形成了前後呼應。

同樣主張氣化生成萬物的戴震，其與王夫之所建構的脈絡基本上一致，「德性資於學問」說更是強調後天學習的重要性，即在「本受之氣」上，還需要有「資以養之氣」的幫助下，性善才得以趨近於完滿。而此說則被揚州儒者們所吸收，並反應在關於智性的論述之上。

凌廷堪的「學禮復性」說，大致上是承繼著戴震的思想而來，「學禮」即是「資以養之氣」，凌廷堪云：「性具於生初，而情則緣性而有者也。性本至中，而情則不能無過不及之偏，非禮以節之，則何以復其性焉。」從引文看來，人性本秉受「天地之性」而來，只因有情之故，故欲彰顯其面貌，便需要學習「禮」而使善得以彰顯。

須知凌氏的「學禮復性」說，並非認爲人本性之善即已經完滿，只是受「情」之所累。實際上，凌氏與戴震相同，皆認爲人本受之性雖然屬善，但僅是一素材而已，需經後天的琢磨，方有成就的可能，其以金礦類比人之善性，云：「良金之在曠野，非築氏之鎔鑄不能爲削焉，非栗氏之模範不能爲量焉。」是以可知，凌廷堪的復性說乃是由蒙昧到聖智的一個進步過程。天下之事物無窮盡到難以盡數認識，故而凌廷堪主張先從學習器數儀節開始，亦即是與禮制相關之事，明白禮對於人之性善有何作用，此乃是「致知」之意涵。事實上，審視凌廷堪的著作，即會發現，其言「致知」以學禮爲宗旨，但實際上其所謂的「禮」乃是廣義之禮制，甚至包含了數學在內，因數學亦起到維持社會體制的作用，是以凌廷堪的「學禮復性」說，確實是立基於智性的視角。

而焦循從戴震思想以及《周易》中亦得出「能知故善」之說，其嘗云：「分於道之謂命，形於一之謂性，分道之一以成一人之性，合萬物之性以爲一貫之道，一陰一陽，道之所以不已。」言下之意，陰陽五行之氣匯聚的比例爲「命」，其命加上形體則爲「性」，而所有的「性」皆統攝於陰陽氣化，故稱爲「道」，而道是連續不止的運作。可知焦循的宇宙氣化論與張、王、戴等儒均爲一致。

焦循認爲《周易》的卦爻就是陰陽氣化的不斷延續與變化，是以如〈既

濟〉是六十四卦中最穩定、完美的一卦，但陰陽氣化沒有止息的一刻，故而〈既濟〉不可能是最後一卦，〈未濟〉才是，而此卦又意味著連續的變動與發展，即「前者未終，後者已始，柔剛迭用，至於無窮。」焦循又將〈繫辭上〉的「成性存存，道義之門」提出，即代表著一切的存在，乃是永不止息的。

從人類社會的歷史來看，人類從上古母系社會到夫妻制，從狩獵到農耕，一系列的在在都顯示著不斷的進化，此即是人的知性使然。焦循指出，人性中的智性令人類懂得如何「趨吉避凶」，亦即各方面都朝向好的結果趨近。是以焦循的「能知故善」說，除了人性之善的外，亦包含社會各種具體的層面在內。而從焦循所論述的內容可知，從陰陽氣化的連續性思維到突顯人類智性的進化過程，其間的關聯性應是有線索可考的。

3、對「西學中源」說的啟發

明代萬曆年間，西方的傳教士首次進入中國，在其傳教的過程中，傳教士發現當時的中國知識分子普遍對於儒學之外的知識認識不多，而在大統曆屢屢發生誤差，朝廷欲改革曆法之下，傳教士之一的利瑪竇便積極的想藉由修曆的契機，來突顯西學在數學與實測方面的優越性。

最早與利瑪竇等人接觸的徐光啓等儒者，對於精確的西學，除了欽佩之餘，亦反思起中國古代的算學，徐光啓云：「唐虞之世，自羲和治曆，……《周官》六藝，數與居一焉；……至於今而此道盡廢，有不得不廢者矣。」徐氏認爲三代以前，數學領域亦爲強項，但至今已廢，而且不得不廢，應是徐光啓經過驗證中西方的數學後，發現西方數學在公式與原理證明的部分確實優於中國傳統算學，故有此論，然而徐氏亦透露出西學是「不意古學廢絕二千年後，頓獲補綴唐虞三代之闕典遺義」的想法。

稍後的方以智則認爲西學是「詳於質測，而拙於通幾」，而且其質測猶未達周全，不如古聖人所撰的《周易》備全。方以智認爲古學對於「質測」與「通幾」皆有所涉及，只是後儒墨守於一理而不能跟隨於聖人之後，當然方以智是站在氣化宇宙的視角上而有此論，其認爲《周易》已指出一條「由費知隱」的途徑，從而可知，方以智認爲西學的領先，乃是出在於中國儒者的問題，並非中學不如之故。

清初的王錫闡在中西學的比較上，其觀點與方以智相似，認爲西學的天文曆算方面缺乏「法意」的觀念，王氏云：「古人有言：『當順天以求合，不

當爲合以驗天。』」即主張曆法要依天道而立，不是假設一說而求驗天體合之與否？而王氏又引《周易》的〈革〉云：「革，君子以治曆明時。」便說明了曆法的目的。是以顯見王錫闡所代表的中國知識分子其思維方式與西方知識分子的思維方式是截然不同。

而被譽爲清代算學家之首的梅文鼎，雖吸收了不少西學的知識，但其畢生卻以維護古代算學爲志，其云：「吾惟求此理大顯，使古絕學不致無傳。」除了致力於挖掘古代算學外，另一方面梅氏亦尋找「西學中源」說的線索，包括從《周髀算經》，連《大戴禮記》、《黃帝內經》等亦成爲此說之證據，如其云：「是故《大戴禮記》則有曾子之說，《內經》則有岐伯之說，……地圓之說固不自歐邏西域始也。」而其更從《史記·曆書》中記載周室衰微後，「疇人子弟分散，或在諸夏，或在夷狄」爲證，說明西方乃因中學的西傳而有天文曆算的知識。

在清儒們致力於建構「西學中源」的完整度時，當時的康熙及傳教士其實亦在此一建構上提供了不小的助力。康熙嘗問及傳教士「借方根法」之事，當時傳教士便言「東來法」，指此代數法乃東方所傳，梅文鼎之孫瑴成便將「東來法」視之爲「西學中源」說的有力證明之一。而康熙敕撰的《數理精蘊》亦云：「中原之典章，既多缺佚，而海外之支流，反得眞傳，此西學之所以有本也。」此即強化了此說的立基點。

而整個乾嘉時期，「西學中源」成爲主流思潮，無論是戴震抑或是凌廷堪、焦循、阮元，對此說均爲肯定，並積極的投入古算學的闡發。如凌廷堪云：「西人點線面體之說，古聖人固已嘗言之，後人特未察耳。」焦循云：「金元之間，李仁卿學士作《測圓海鏡》、《益古演段》……宋末秦道古《數學九章》亦有天元一法。……國朝梅文穆公悟其爲歐邏巴借根法之所本。」阮元所撰的《疇人傳》中更是蒐羅清中葉以前「西學中源」說的相關資料。

而「西學中源」之所以能在知識分子之間形成共識，應與其具一致性的思維方式有密切關係，而《周易》的內容極可能是居於關鍵。《周易》做爲數千年來中國傳統宇宙論的重要基礎，意味者整個宇宙的生成與變化皆在《周易》中呈現出來，儒者們認爲，因爲有氣化交感的持續運行，才有天地與萬物，而其中最重要的就是天、地、人三者所體現出的天道、地道與人道，此三道因氣化的連續性思維而有緊密的連結，從諸多與經學相關的古籍上均可以發現天、地、人爲一的思想，如《周易·繫辭下》言六爻的組合即是「有

天道焉，有人道焉，有地道焉，兼三才而兩之，故六，六者非它也，三才之道也」，凌廷堪亦云：「古之儒者通天地人。」在在皆是「天人合一」的思想呈現。

在方以智、王錫闡、凌廷堪、阮元等儒者的視角中，西學就是缺乏了中國傳統中最重視的「天人合一」思想，是以只有移植到實測與運算的階段，而終無法達到體證「天道」並與之合的境界。追溯儒者之所以如此主張，乃是因爲長期下來，傳統的儒者對於氣化的連續性思維方式已是根深蒂固所致。故而此一思維表現在治曆的層面上，「敬授人時」便成爲儒者心目中的最高指導，如李光坡云：「聖人作曆，大抵爲順天受時而已。」阮元亦云：「堯命羲和，舜在璿璣，三代迭王，正朔遞改，蓋效法乾象，布宣庶績。」即是。

另外，「聖人」在儒者心目中的地位亦是值得關注的。「聖人」是指能體證天地之道，又能教化世俗者。從氣化的思維而言，天地萬物各自有其陰陽五行的屬性，而如朱熹所言：「惟聖人又得夫秀之精一。」即聖人乃是匯聚氣的一切精華所生。而《淮南子·地形訓》中有云：「中土多聖人。」此即是五方與陰陽之氣的結合有關，而按朱熹的「土，沖氣，故居中」說，土居中，因受四方之氣，是以最爲中和。換言之，在陰陽五行的架構下，東、南、西、北與中，五方皆有其德，而中土乃是最具盛德之方。是以「中土多聖人」或可視爲「西學中源」說的潛在助力。

總體而言，揚州學派在清中葉做爲儒學的中堅，而汪中、凌廷堪、焦循與阮元四位的學術成就亦是代表此一學派的立足基礎，雖然其治學方法與義理思想在某些層面上被認爲是具有「前現代」的特質，而從包含本書的上篇以及既有的研究成果中可以確定，揚州學派的學術成就確實是有現代與傳統交會的樞紐地位，然而揚州學派的學術的主體性，仍是汲取中國二千餘年的傳統學術而生，即義理學層面，乃是承繼戴震的「以情絜情」與「以學養智」說；而經學層面，則是近承顧炎武，遠承漢儒；而西學的部分，並未造成揚州學派的學術本質改變。換言之，實事求是的治學態度，純然可從儒學發展的內在理路中尋找出明顯的線索。

本書揭示的揚州學派的學術方法論，乃是中國傳統學術傳承二千餘年的理路，此從下篇分析汪中、凌廷堪、焦循、阮元的思維方式時更爲彰顯。當然，本書不去推測若中國儒學穩定的在「前現代」中持續發展，會不會開出

有如「現代」的路徑？唯一可以肯定的是，從歷史的事實來看，清中葉的揚州學派確實是中國傳統學術發展的一波高峰。

徵引書目

一、古籍文獻

經

1. 〔周〕卜子夏著:《子夏易傳》,《景印文淵閣四庫全書・經部一,易類》冊7,臺北,臺灣商務印書館,1983 年。

2. 〔晉〕王弼注;孔穎達疏:《周易正義》,臺北,廣文書局,1972 年。

3. 〔清〕李鼎祚著:《周易集解》,收錄於《景印文淵閣四庫全書・經部一》冊7,臺北,臺灣商務印書館,1983 年。

4. 〔清〕焦循著:《易學三書》,臺北,廣文書局,1977 年。

5. 〔民國〕周振甫著:《易經譯注》,北京,中華書局,2016 年。

6. 〔唐〕孔穎達等疏:《周易・尚書》,臺北,中華書局,2016 年。

7. 〔清〕李光地著:《尚書七篇解義》,《景印文淵閣四庫全書・經部六二・書類》冊68,臺北,台灣商務印書館,1983 年。

8. 〔民國〕唐文治編:《十三經讀本・周禮・儀禮》(二),臺北,新文豐出版社,1980 年。

9. 〔漢〕戴德著:《大戴禮記》四部叢刊初編經部,上海,上海商務印書館,1929 年。

10. 〔漢〕鄭玄注、賈公彥疏:《儀禮注疏》,臺北,廣文書局,1972 年。

11. 〔漢〕鄭玄注、孔穎達疏:《禮記注疏》,《景印文淵閣四庫全書・經部一・禮類》冊109,臺北,臺灣商務印書館,1983 年。

12. 〔漢〕鄭玄注、賈公彥疏:《周禮正義》,臺北,廣文書局,1972 年。

13. 〔宋〕王堯臣編:《崇文總目・卷一・禮類》,臺北,臺灣商務印書館,1965 年。

14. 〔清〕愛新覺羅弘曆注:《欽定三禮義疏》,收錄於《景印摛藻堂四庫全書薈要・經部》第 57 冊・禮類,臺北,世界書局,1986 年。

15. 〔清〕來保、李玉鳴等奉敕撰:《景印文淵閣四庫全書・政書類・欽定大清通禮》第 655 冊,臺北,臺灣商務印書館,1983〜1986 年。

16. 〔清〕江永著:《禮書綱目》,收錄於《景印文淵閣四庫全書・經部》第 133〜134 冊,臺北,臺灣商務印書館,1983〜1986 年。

17. 〔清〕凌廷堪注:《禮經釋例》,臺北,商務印書館,1966 年。

18. 〔清〕邵懿辰著:《禮經通論》,《皇清經解續編》,第三十六函,光緒十四年江陰南菁書院刊本。

19. 〔宋〕朱熹著:《家禮》,清光緒刊本,國家圖書館,善本室藏。

20. 〔漢〕趙岐注:《孟子》,四部叢刊初編經部,上海,上海商務印書館,1929 年。

21. 〔宋〕朱熹注:《四書章句集注》,北京,中華書局,2008 年。

22. 〔清〕毛奇齡著:《四書改錯》,收於《續修四庫全書・經部・四書類165》,上海,上海古籍書版社,2002 年。

23. 〔清〕焦循注:《論語通釋》,台北,國立編譯館據傅斯年圖書館藏木犀軒叢書影印,年份不詳。

24. 〔清〕戴震著:《原善・孟子字義疏證》,臺北,世界書局,1974 年。

25. 〔清〕焦循注:《孟子正義》,北京,中華書局,2007 年。

26. 〔漢〕董仲舒著:《春秋繁露》,四部叢刊初編經部,上海,上海商務印書館,1929 年。

27. 〔漢〕桓寬著:《鹽鐵論》,四部叢刊初編經部,上海,上海商務印書館,1936 年。

28. 〔晉〕郭璞注:《宋本爾雅》,臺北,藝文印書館,2013 年。

29. 〔清〕惠棟著:《九經古義》,新北,藝文印書館,1970 年。

30. 〔清〕段玉裁注:《說文解字注》,臺北,藝文印書館,2005 年。

31. 〔民國〕遲鐸集釋:《小爾雅集釋》,北京,中華書局,2008 年。

史

1. 〔周〕左丘明著:《左傳》,長沙,岳麓書社,1996 年。

2. 〔魏〕韋昭注:《國語》,臺北,中華書局,2016 年。

3. 〔漢〕司馬遷著:《史記》,長沙,岳麓書社,2001 年。

4. 〔漢〕班固著:《漢書》,臺北,鼎文書局,1991 年。

5. 〔清〕張廷玉等著:《明史》,臺北,鼎文書局,1993 年。

6. 〔清〕黃宗羲著:《明儒學案》,北京,中華書局,1985 年。

7. 〔清〕黃宗羲著:《宋元學案》,臺北,世界書局,1973 年。

8. 〔清〕朱軾、蔡世遠編:《歷代名儒傳》,收錄於《孔子文化大全文廟賢儒功德錄・歷代名儒傳》,濟南,山東友誼書社,1989 年。

9. 〔清〕蔣良騏撰:《東華錄》,北京,中華書局,1980 年。

10. 〔清〕焦循注:《禹貢鄭注釋》,收於《叢書集成三編 九二・禹貢鄭注釋》,新文豐出版,1996 年。

11. 〔清〕江藩著:《國朝漢學師承記》,北京,中華書局,2008 年。

12. 〔清〕章學誠著:《文史通義》,新北,史學出版社,1974 年。

13. 〔清〕阮元等著:《疇人傳彙編》,揚州,廣陵書社,2009 年。

14. 〔清〕皮錫瑞著:《經學歷史》,北京,中華書局,2008 年。

15. 〔民國〕周駿富輯:《清代傳記叢刊(013)・儒林集傳錄存》,臺北,明文書局,1985 年。

子

1. 〔周〕老子:《老子道德經》,臺北,世界書局,1973 年。

2. 〔周〕《黃帝內經素問》,四部叢刊初編子部,上海,上海商務印書館,1929 年。

3. 〔周〕《尹文子・關尹子・列子》,臺北,中華書局,2016 年。

4. 〔周〕呂不韋著:《呂氏春秋》,四部叢刊初編子部,上海,上海商務印書館,1929 年。

5. 〔漢〕劉安編:《淮南子》,上海,上海古籍出版社,2016 年。

6. 〔漢〕劉向著:《說苑》,四部叢刊初編子部,上海,上海商務印書館,1929 年。

7. 〔漢〕王充著:《論衡》,四部叢刊初編子部,上海,上海商務印書館,1929 年。

8. 〔漢〕王符著:《潛夫論》,四部叢刊初編子部,上海,上海商務印書館,1929 年。

9. 〔魏〕趙爽注:《周髀算經》,《中國科學技術典籍通彙・數學卷》一冊,鄭州,河南教育出版社,1993 年。

10. 〔隋〕王通著:《文中子中說》,臺北,世界書局,2009 年。

11. 〔宋〕汪晫編:《子思子》,《文淵閣四庫全書・子部・九・儒家類》冊703,臺北,臺灣商務印書館,1983 年。

12. 〔金〕李冶著:《敬齋古今黈》,北京,中華書局,1995 年。

13. 〔金〕李冶著:《測圓海鏡》,《中國科學技術典籍通彙・數學卷一》,鄭州,河南教育出版社,1993 年。

14. 〔宋〕秦九韶著：《數書九章》，《中國科學技術典籍通彙·數學卷一》，鄭州，河南教育出版社，1993 年。

15. 〔明〕朱世杰著：《四元玉鑒》，《中國科學技術典籍通彙·數學卷一》），鄭州，河南教育出版社，1993 年。

16. 〔明〕朱載堉著：《聖壽萬年曆》，收錄於《景印文淵閣四庫全書·子部》第 768 冊，臺北，台灣商務印書館，1986 年。

17. 〔明〕程大位著：《算學統宗》收錄於任繼愈主編：《中國科學技術典籍通彙·數學卷二》，鄭州，河南教育出版社，1993 年。

18. 〔明〕李之藻編：《天學初函》，臺北，學生書局，1972 年。

19. 〔清〕顧炎武著、黃汝成集釋：《日知錄集釋》，臺北，世界書局，1981 年。

20. 〔清〕方以智著：《物理小識》，《中國科學技術典籍通彙·物理卷一》，鄭州，河南教育出版社，1993 年。

21. 〔清〕梅文鼎著：《曆算全書》，收錄於《景印文淵閣四庫全書·子部》第 794～795 冊，臺北，臺灣商務印書館，1986 年。

22. 〔清〕梅文鼎著：《歷學疑問》，新北，板橋，藝文印書館，1971 年。

23. 〔清〕愛新覺羅玄燁：《御製數理精蘊》，《中國科學技術典籍通彙·數學卷三》，鄭州，河南教育出版社，頁 3～16。

24. 〔清〕梅瑴成著：《赤水遺珍》，收錄於《原刻景印從書集成三編》，臺北·藝文印書館，1971 年。

25. 〔清〕方東樹著：《漢學商兌》，叢書集成續編冊 42，臺北，新文豐出版社，1989 年。

26. 〔清〕焦循著：《里堂家訓》，《續修四庫全書·子部·儒家類》，上海，上海古籍出版社，2001 年。

27. 〔清〕焦循著：《加減乘除釋》，收錄於任繼愈主編：《中國科學技術典籍通彙，數學卷第四冊》，鄭州，河南教育出版社，1993 年。

28. 〔清〕焦循著：《天元一釋》，收錄於任繼愈主編：《中國科學技術典籍通彙，數學卷第四冊》，鄭州，河南教育出版社，1993 年。

29. 〔清〕焦循著：《易話》，收錄於《續修四庫全書·經部·易類》第 27 冊，上海，上海古籍出版社，2002 年。

30. 〔清〕焦循著：《釋弧》，收錄於《叢書集成·三編》第 29 冊，臺北，新文豐出版，1996 年。

31. 〔清〕焦循著：《釋輪》，收錄於《叢書集成·三編》第 29 冊，臺北，新文豐出版，1996 年。

32. 〔清〕焦循著：《釋橢》，收錄於《叢書集成·三編》第 29 冊，臺北，新

文豐出版，1996 年。

33. 〔清〕孫詒讓注：《墨子閒詁》，臺北，臺灣商務印書館，1965 年。

34. 〔清〕王先謙注：《荀子集解》，臺北，華正書局，2003 年。

集

1. 〔唐〕韓愈著：《朱文公校昌黎先生集》四部叢刊初編子部，上海，上海商務印書館，1929 年。

2. 〔宋〕周敦頤著：《周敦頤集》，北京，中華書局，2010 年。

3. 〔宋〕邵雍著：《漁樵問對》，上海，上海商務印書館，1929 年。

4. 〔宋〕張載著：《張載集》，北京，中華書局，2016 年。

5. 〔宋〕程顥、程頤著：《二程集》，北京，中華書局，2006 年。

6. 〔宋〕朱光庭編：《程氏外書》，《商務四部叢刊廣編程氏外書‧眉山堂先生文集‧石屏詩集‧晦庵先生文集》，臺北，台灣商務印書館，1981 年。

7. 〔宋〕朱熹編：《二程遺書》，收錄於《景印文淵閣四庫全書》第 698 冊，臺北，臺灣商務印書館，1983～1986 年。

8. 〔宋〕朱熹編：《朱子大全》，臺北，中華書局，2016 年。

9. 〔宋〕陳亮著：《陳亮集》，臺北，鼎文書局，1978 年。

10. 〔宋〕黎靖德編：《朱子語類》，長沙，岳麓書社，1997 年。

11. 〔明〕王守仁著：《王陽明全書》，臺北，中正書局，1970 年。

12. 〔明〕王守仁著、蕭無陂校釋：《傳習錄校釋》，長沙，岳麓書社，2012 年。

13. 〔明〕羅欽順著：《困知記》，臺北，廣文書局，1991 年。

14. 〔明〕王廷相著：《王廷相集》，北京，中華書局，1989 年。

15. 〔明〕呂坤著：《呻吟語》，北京，學苑出版社，1994 年。

16. 〔明〕徐愛編：《傳習錄》，台北，商務印書館，1994 年。

17. 〔明〕李贄著：《焚書‧續焚書》，長沙，岳麓書社，1998 年。

18. 〔明〕李贄著：《李贄文集》，北京，社會科學文獻出版社，2000 年。

19. 〔明〕袁宏道著：《袁中郎全集》，臺北，偉文出版社，1976 年。

20. 〔明〕劉宗周著：《劉宗周全集》，浙江古籍出版社，2007 年。

21. 〔清〕陳確著：《陳確集》，北京，中華書局，1979 年。

22. 〔清〕顧炎武著：《亭林文集》，《清代詩文集彙編》第 42 冊，上海，上海古籍出版社，2010 年。

23. 〔清〕黃宗羲著：《黃宗羲全集》，杭州，浙江古籍出版社，2005 年。

24. 〔清〕王夫之著：《船山全書》，長沙，嶽麓書社，1996 年。

25. 〔清〕王夫之著：《張子正蒙注》，北京，中華書局，2011 年。

26. 〔清〕蔡世遠著：《二希堂文集》，《景印文淵閣四庫全書・集部・別集類》冊 264，臺北，臺北商務印書館，1983 年。

27. 〔清〕愛新覺羅玄燁著：《聖祖仁皇帝御製文集》，收錄《景印文淵閣四庫全書・集部》第 1298～1299 冊，臺北，台灣商務印書館，1986 年，頁 1299～1560。

28. 〔清〕袁枚著：《小倉山房詩文集》，上海，上海古籍出版社，1988 年。

29. 〔清〕戴震著：《戴震全書》，合肥，黃山書社，1995 年。

30. 〔清〕戴震著：《戴震集》，臺北，里仁書局，1980 年。

31. 〔清〕錢大昕著：《嘉定錢大昕全集》，南京，江蘇古籍出版社，1997 年。

32. 〔清〕錢大昕著：《十駕齋養心錄》，臺北，廣文書局，2013 年。

33. 〔清〕程晉芳著：《勉行堂文集》，《續修四庫全書・集部・別集類》冊 1433，上海，上海古籍出版社，2002 年。

34. 〔清〕朱彝尊著：《曝書亭集》，臺北，中華書局，2016 年。

35. 〔清〕汪中著：《述學・容甫遺詩》，臺北，世界書局，1972 年。

36. 〔清〕焦循著：《雕菰集》，臺北，鼎文書局，1977 年。

37. 〔清〕阮元著：《揅經室集》，臺北，世界書局，1964 年。

38. 〔清〕阮元著：《定香亭筆談》，臺北，廣文書局，1968 年。

39. 〔清〕淩廷堪著：《校禮堂文集》，北京，中華書局，2006 年。

40. 〔清〕姚鼐著：《惜抱軒全集》，臺北，世界書局，1967 年。

41. 〔清〕王昶著：《湖海文傳》，民國上海文瑞樓石印本。

42. 〔清〕曾國藩著：《曾文正公全集》，臺北，世界書局，2012 年。

43. 〔清〕左宗植著：《清代詩文集彙編・慎盦文鈔》，上海，上海古籍出版社，2010 年。

44. 〔清〕章炳麟著：《太炎文錄》收錄於《續修四庫・別集・章氏叢書》冊 1577，上海，上海古籍出版社，1995 年。

二、今人研究專書（按姓氏筆劃）

1. 小野澤精一編著：《氣的思想——中國自然觀與人的觀念的發展》，上海，上海人民出版社，2007 年。

2. 牛建強著：《明代中後期社會變遷研究》，臺北，文津出版社，1997 年。

3. 王章濤著：《揚州學派人物年表》，揚州，廣陵書社，2007 年。

4. 王中江著：《近代中國思維方式演變的趨勢》，成都，四川人民出版社，

2008 年。

5. 方東美著：《方東美全集》，臺北，黎明文化，2005 年。

6. 任繼愈、馮友蘭等著：《老子哲學討論集》，北京，中華書局，1959 年。

7. 朱維錚編：《利瑪竇中文著譯集》，上海，上海復旦大學出版，2001 年。

8. 牟宗三著：《宋明儒的問題與發展》，臺北，聯經出版，2003 年。

9. 余英時著：《論戴震與章學誠》，臺北，東大圖書，1996 年。

10. 余英時著：《中國思想傳統的現代詮釋》，南京，江蘇人民出版社，2006 年。

11. 林慶彰、蔣秋華編：《明代經學國際研討會論文集》，臺北，中央研究院中國文哲研究所，2002 年。

12. 林啓屏著：《儒家思想中的具體性思維》，臺北，臺灣學生書局，2004 年。

13. 林存陽著：《三禮館：清代學術與政治互動的鍊環》，北京，社會科學文獻出版社，2008 年。

14. 何冠彪著：《明末清初學術思想研究》，臺北，臺灣學生書局，1991 年。

15. 沈清松著：《從利瑪竇到海德格》，臺北，臺灣商務印書館，2014 年。

16. 李曉春著：《張載哲學與中國古代思維方式研究》，北京，中華書局，2012 年。

17. 李信明著：《中國數學五千年》，臺北，臺灣書店，1998 年。

18. 李天綱著：《跨文化的詮釋——經學與神學的相遇》，北京，新星出版社，2007 年。

19. 吳根友著：《明清哲學與中國現代哲學諸問題》，北京，中華書局，2008 年。

20. 吳根友編：《多元範式下的明清思想研究》，北京，三聯書店，2011 年。

21. 吳展良編：《傳統思維方式與學術語言的基本特性論集》，臺北，國立臺灣大學出版中心，2010 年。

22. 何澤恆著：《焦循研究》，臺北，大安出版社，1990 年。

23. 何平著：《文化與文明史比較研究》，濟南，山東大學出版社，2009 年。

24. 周山編：《中國傳統思維方法研究》，上海，學林出版社，2010 年。

25. 周山編：《中國傳統類比推理系統研究》，上海，上海世紀出版股份有限公司，2011 年。

26. 祈龍威、林慶彰編：《清代揚州學術研究》（上、下），臺北，學生書局，2001 年。

27. 金春峰著：《哲學：理性與信仰》，臺北，東大圖書，1997 年。

28. 洪萬生著：《談天三友》，臺北，明文書局，1993 年。

29. 洪萬生著：《孔子與數學》，臺北，明文書局，1999 年。

30. 胡適著：《戴東原的哲學》，合肥，安徽教育出版社，2006 年。

31. 胡適著：《胡適文存》北京，星河圖書公司，2011 年。

32. 胡楚生著：《清代學術史研究》，臺北，臺灣學生書局，1993 年。

33. 祝平一著：《說地——中國人認識大地形狀的故事》，臺北，三民書局，2003 年。

34. 貢華南著：《知識與存在——對中國近現代知識論的存在論考察》，上海，學林出版社，2004 年。

35. 徐世昌編：《清儒學案》，《儒藏·史部》第三十冊，成都，四川大學出版社，2005 年。

36. 徐海松著：《清初士人與西學》，北京，東方出版社，2000 年。

37. 梁啓超著：《中國近三百年學術史》，北京，東方出版社，1996 年。

38. 郭明道著：《揚州學派的哲學思想與治學成就》，揚州，廣陵書社，2008 年。

39. 張舜徽著：《清代揚州學記》，武漢，華中師範大學出版，2005 年。

40. 張岱年著：《中國哲學史發凡論》，北京，中華書局，2005 年。

41. 張立文編：《中國哲學範疇精粹叢書——氣》，臺北，漢興出版社，1994 年。

42. 張麗珠著：《清代新義理學——傳統與現代的交會》，臺北，里仁書局，2005 年。

43. 張麗珠著：《清代義理學新貌》，臺北，里仁書局，2006 年。

44. 張麗珠著：《清代的義理學轉型》，臺北，里仁書局，2006 年。

45. 張麗珠著：《中國哲學史三十講》，臺北，里仁書局，2007 年。

46. 張汝倫著：《意義的探究——當代西方詮釋學》，台南，復漢出版社，1996 年。

47. 張壽安著：《以禮代理——淩廷堪與清中葉儒學思想之轉變》，石家莊，河北教育出版社，2001 年。

48. 張再林著：《中西哲學的歧異與會通》，北京，人民出版社，2004 年。

49. 張曉芬著：《天理與人欲之爭：清儒揚州學派「情理論」探微》，新北，花木蘭文化，2010 年。

50. 戚學民著：《阮元《儒林傳稿》研究》，北京，三聯書店，2011 年。

51. 曾昭旭著：《王船山哲學》，臺北，里仁書局，2008 年。

52. 趙航著：《揚州學派新論》，南京，江蘇文藝出版社，1991 年。

53. 趙航著：《揚州學派概論》，揚州，廣陵書社，2003 年。

54. 溝口雄三、小島毅編、孫歌譯：《中國思維的世界》，南京，江蘇人民出版社，2006 年。

55. 溝口雄三、鄭靜譯：《中國的公與私・公私》，北京，三聯書店，2011 年。

56. 溝口雄三、龔穎譯：《中國前進代思想的屈折與展開》，北京，三聯書店，2011 年。

57. 商瑈著：《一代禮宗——凌廷堪之禮學研究》，臺北，萬卷樓圖書股份有限公司，2004 年。

58. 戚學民著：《阮元儒林傳稿之研究》，北京，三聯書店，2011 年。

59. 陳來著：《宋元明哲學史教程》，北京，三聯書店，2010 年。

60. 陳榮華著：《葛達瑪詮釋學與中國哲學的詮釋》，臺北，明文書局，1998 年。

61. 陳遵嬀著：《中國古代天文學史》第一冊，臺北，明文書局，1988 年。

62. 陳居淵著：《焦循、阮元評傳》，南京，南京大學出版社，2006 年。

63. 曾春海著：《兩漢魏晉哲學史》，臺北，五南圖書出版，2004 年。

64. 傅雲龍、柴尚金著：《易學的思維》，臺北，大展出版社，2002 年。

65. 楊寬著：《戰國史》，上海，上海人民出版社，2003 年。

66. 楊晉龍編：《清代揚州學術》（上、下），臺北，中研院中國文哲所，2005 年。

67. 楊儒賓、黃俊傑編著：《中國古代思維方式探索》，臺北，正中書局，1996 年。

68. 楊儒賓、祝平次編：《儒學的氣論與工夫論》，臺北，臺灣大學出版，2005 年。

69. 雷中行著：《明清的西學中源論爭議》，臺北，蘭臺出版社，2009 年。

70. 趙暉著：《西學東漸與清代前期數學》，杭州，浙江大學出版，2010 年。

71. 劉孝敢編：《中國哲學與文化　第七輯　明清儒學研究》，桂林，廣西師範大學，2010 年。

72. 劉墨著：《乾嘉學術十論》北京，三聯書店，2006 年。

73. 劉又銘著：《理在氣中：羅欽順、王廷相、顧炎武、戴震氣本論研究》，臺北，五南圖書，2000 年。

74. 蔡仁厚著：《宋明理學——北宋篇》，臺北，臺灣學生書局，1995 年。

75. 鄭杰文著：《20 世紀墨學研究史》，北京，清華大學出版社，2002 年。

76. 樂愛國著：《中國傳統文化與科技》，桂林，廣西師範大學出版，2006 年。

77. 賴貴三著：《焦循雕菰樓易學研究》，臺北，里仁書局，1994 年。

78. 賴貴三著：《昭代經師手簡箋釋》，臺北，里仁書局，1999 年。

79. 賴貴三著：《臺灣兩岸焦循文獻考察與學術研究》，臺北，文津出版社，2008 年。

80. 錢穆著：《中國近三百年學術史》，臺北，商務印書館，1996 年。

81. 錢穆著：《宋明理學概述》，北京，九州出版社，2010 年。

82. 錢穆著：《莊子纂箋》，臺北，東大圖書有限公司，1993 年。

83. 錢穆著：《國史新論》，臺北，素書樓文教基金會，2001 年。

三、西譯專書

1. 柏拉圖 Platus 著：《蒂邁歐篇》，北京，世紀出版，2006 年。

2. 路先・列維－布留爾 Lucién Lévy-Brühl 著、丁由譯：《原始思維》，臺北，臺灣商務印書館，2001 年。

3. 漢斯－格奧爾格・伽達默爾 Hans-Georg Gadamer 著、洪漢鼎譯，北京，商務印書館，2010 年。

4. 尤根・歐斯特哈默 Jurgen Osterhammel 著、劉興華譯：《亞洲去魔化》，臺北，左岸文化事業，2007 年。

5. 斯圖特爾・夏皮羅 Stewart Shapiro 著、郝兆寬楊睿之譯《數學哲學——對數學的思考》，上海，復旦大學出版，2010 年。

6. 莫里斯・克萊因 Morris Kline 著、張理京等譯：《古今數學思想》（一），上海，上海科學技術出版，2003 年。

7. 莫里斯・克萊因 Morris Kline 著、劉志勇譯：《數學與知識的探求》，上海，復旦大學出版，2009 年。

8. 莫里斯・克萊因 Morris Kline 著、張祖貴譯：《西方文化中的數學》，上海，復旦大學出版社，2012 年。

9. 漢斯－格澳爾格・伽達默爾 Hans-Georg Gadamer 著，洪漢鼎譯：《詮釋學：真理與方法》，北京，商務印書館，2010 年。

10. 李約瑟 Noel Joseph Terence Montgomery Needham 著、陳立夫主譯：《中國之科學與文明》（三），臺北，臺灣商務印書館，1973 年。

11. 理查・尼茲彼 Richard E. Nisbett 著、劉世南譯：《思維的疆域》，臺北，聯經出版社，2007 年。

四、學術論文

1. 牛汝辰：〈清代測繪科技的輝煌及其歷史遺憾〉，《測繪軟科學研究》第 7 卷第 4 期，2001 年 11 月。

2. 田率：〈從《詩經》中的「束薪」看古代婚俗〉，《寧夏社會科學》第 6 期，2008 年 11 月。

3. 米志強、王衍臻：〈論中國古代地圖技術的發展〉，《城建史話》第 4 期，2002 年。

4. 江曉原：〈中國古代天學之官營傳統〉，《杭州師範學院學報》第 3 期，2002 年 5 月。

5. 林桂榛：〈大儒子弓身分與學說考——兼議儒家弓荀學派天道論之真相〉，《齊魯學刊》第 6 期，2011 年 6 月。

6. 林桂榛：〈荀子生卒年問題新證——以《鹽鐵論》兩則記載為中心〉，《邯鄲學院學報》第 24 卷第 1 期，2014 年 3 月。

7. 金觀濤、劉青峰：〈氣論與儒學的近代轉型——中國與日本前現代思想比較研究〉，《政大中文學報》第 11 期，2009 年 6 月。

8. 洪萬生：〈劉徽的數學貢獻〉，《科學發展》第 384 期，2004 年 12 月。

9. 張麗珠：〈清代之三禮學復興暨清初禮學名家〉，《經學研究集刊》第 6 期，2009 年 5 月。

10. 張敏、轟長久：〈汪中的社會福利思想探析〉，《廣西社會科學學報》總第 133 期，2006 年 7 月。

11. 陳治維：〈近四十年臺灣學界研究清儒義理學思想舉要論述〉，《興大人文學報》第 52 期，2014 年 3 月。

12. 楊治平：〈宋代理學「禮即是理」觀念的形成背景〉，《臺大文史哲學報》第 82 期，2015 年 5 月。

13. 戴景賢：〈論戴東原章實齋認識論立場之差異及其所形塑學術性格之不同〉，《文與哲》第 10 期，2007 年 6 月。

14. 戴景賢：〈市鎮文化背景與中國早期近代智識群體——論清乾隆嘉慶時期吳皖之學之興起及其影響〉，《文與哲》第 13 期，2008 年 12 月。

15. 李雅清著：《焦循《易》學之數理思維》，國立政治大學，中國文學所碩士論文，2002 年。

16. 溫航亮著：《汪中思想研究》，蘇州大學博士論文，2008 年。

附　錄

圖一　今長江中下游之走勢圖，即粗黑線所標示

圖二　〈禹迹圖〉之長江中下游，黑框中央處一段顯示正東走勢

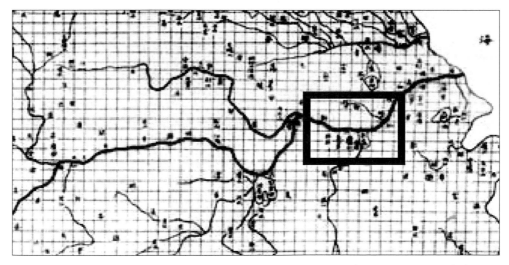

圖一和圖二皆爲長江中下游段，圖二黑框中央處乃呈現正東流向，圖一則爲東北流向，以圖一爲精確，參見頁 125。

圖三　阮元所繪〈禹貢〉三江圖

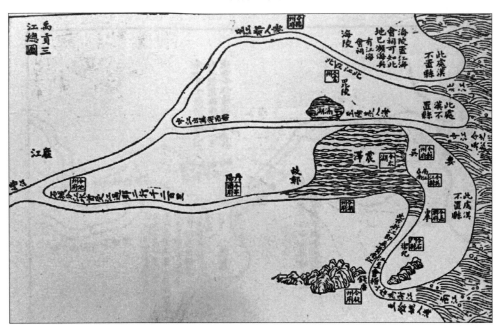

圖四　鄭氏南江東迤圖

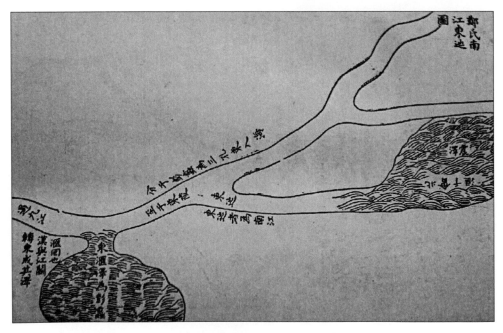

圖三和圖四皆清楚可見〈禹貢〉的「三江」，是一江分爲三股下游入海，參見頁127
～128。

圖五　《初學記》引鄭元孔安國所注之圖

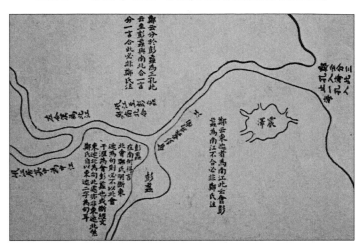

上圖的〈禹貢〉「三江」與圖三、圖四的「三江」有異，上
圖的「三江」是三源匯爲一江而入海，參見頁 130。

圖六　黃河淤積示意圖

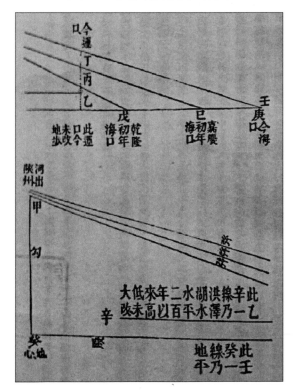

阮元以三角形的勾股定理來說明黃河下游淤積的原因，參見頁 133。

圖七　雲南黑水圖

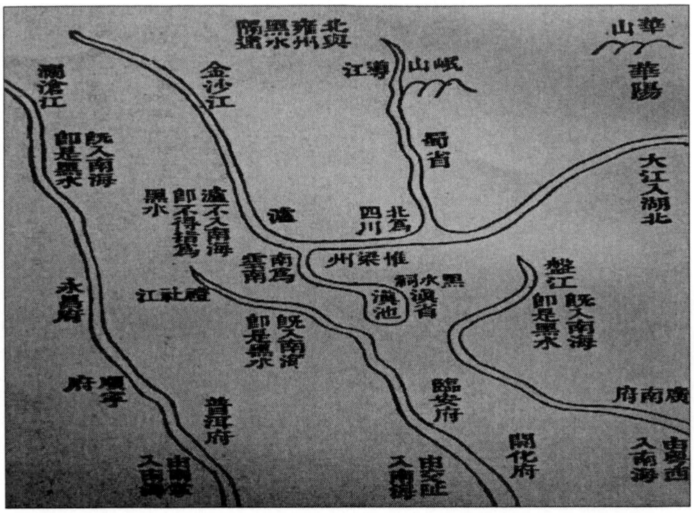

雲南水系分別注入湖北與入南海，參見頁 135。

圖八　圓城圖式

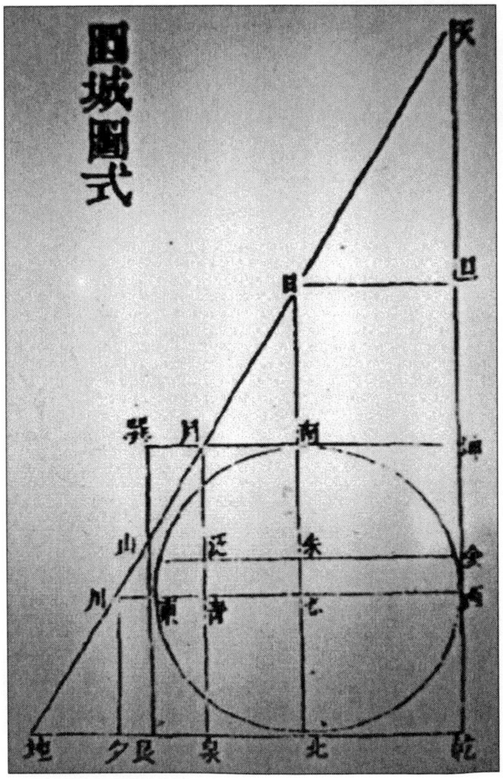

以左圖的股邊爲例，其出現天、旦、坤、金、西、乾，並不利於數學被普遍化認知的簡便性，足知在李冶的時代，數學的符號和理論化尚未建構，參見頁 170。

圖九　勾股定理

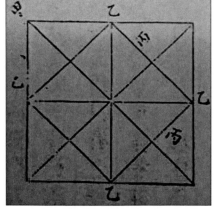

上圖甲、乙、丙三邊，乙和丙構成一直角等腰三角形，丙爲勾和股，乙爲弦，丙平方後相加等於乙平方。同理，甲和乙亦構成一等腰直角三角形，甲爲弦，乙爲勾和股。甲之於乙等於乙之於丙，參見頁 172。

圖十　七衡六間圖

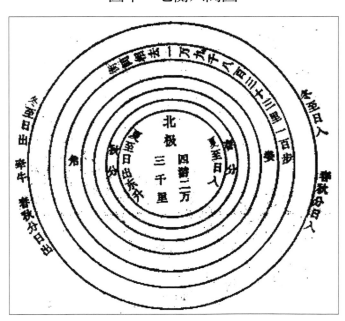

此圖爲「蓋天説」的模型，説明太陽運行的規律。太陽於夏至日運行的軌道爲最內層的同心圓，稱爲「內衡」，冬至日運行的軌道則爲最外層，稱爲「外衡」。其餘節氣則在內衡與外衡之間。圓心爲北極星，日月星晨皆依北極而轉，參見頁 285。